法官谈维权系列

刘玉民 总主编

法官谈
怎样保护
务工人员权益

刘玉民 朱成辉 曲明辉 编著

THE JUDGE TALKS
ABOUT RIGHTS PROTECTION
SERIES

中国民主法制出版社
全国百佳图书出版单位

图书在版编目（CIP）数据

法官谈怎样保护务工人员权益/刘玉民，朱成辉，
曲明辉编著．—北京：中国民主法制出版社，2023.3
（法官谈维权系列/刘玉民主编）
ISBN 978 - 7 - 5162 - 3059 - 6

Ⅰ.①法…　Ⅱ.①刘…　②朱…　③曲…　Ⅲ.①劳动法
—案例—中国　Ⅳ.①D922.505

中国国家版本馆 CIP 数据核字（2023）第 002273 号

图书出品人: 刘海涛
责 任 编 辑: 逯卫光

书名/ 法官谈怎样保护务工人员权益
作者/ 刘玉民　朱成辉　曲明辉　编著
出版·发行/ 中国民主法制出版社
地址/ 北京市丰台区右安门外玉林里 7 号（100069）
电话/（010）63055259（总编室）　　63058068　63057714（营销中心）
传真/（010）63055259
http: //www.npcpub.com
E-mail: mzfz@ npcpub.com
经销/ 新华书店
开本/ 16 开　710 毫米×1000 毫米
印张/ 18　**字数/** 237 千字
版本/ 2023 年 6 月第 1 版　2023 年 6 月第 1 次印刷
印刷/ 三河市宏图印务有限公司

书号/ ISBN 978 - 7 - 5162 - 3059 - 6
定价/ 66.00 元

作者简介

刘玉民 男，北京市密云区人民法院党组书记、院长，二级高级法官，法学博士。曾任北京市高级人民法院组织宣传处处长、办公室主任，北京市西城区人民法院党组副书记、副院长。出版著作100余部，参与省部级课题12个，发表理论文章52篇，获得学术调研奖项33次。

朱成辉 男，1981年11月生，汉族，中国政法大学民商法学硕士，中共党员。自2005年入职北京市密云区人民法院以来，该同志始终工作于审执工作一线，先后在执行庭、派出法庭、民事审判庭工作，现任西田各庄人民法庭副庭长、四级高级法官。多年以来，该同志审结各类民商事案件2000余件，撰写的论文曾获评"北京市法院执行理论与实务论文评比活动"优秀奖，参与审结的案件曾获评北京市审判监督案件典型案例，撰写的多篇案例曾被《人民法院案例选》等书籍收入，个人曾获评北京市优秀法官，三次荣获县区人民满意的政法干警称号、三次荣立个人三等功，多次获嘉奖、优秀共产党员等荣誉。

曲明辉 女，1982年2月生，法律硕士学位。2009年7月进入北京市密云区人民法院工作，先后在民庭、研究室工作，现为西田各庄法庭审判员、四级高级法官。共审结劳动争议案件2000余件，妥善化解了多起群体性劳动争议纠纷，2021年被评为"人民法庭先进个人"。撰写的多篇案例分析被《人民法院案例选》及《中国法院年度案例》丛书采用。

总序

习近平总书记指出："依法治国是坚持和发展中国特色社会主义的本质要求和重要保障，是实现国家治理体系和治理能力现代化的必然要求。我们要实现经济发展、政治清明、文化昌盛、社会公正、生态良好，必须更好发挥法治引领和规范作用。"党的十八大以来，以习近平同志为核心的党中央从全局和战略高度定位法治、布局法治、厉行法治，领导全党全国人民解决了许多长期想解决而没有解决的法治难题，办成了许多过去想办而没有办成的法治大事，开辟了全面依法治国的新境界，推动法治中国建设取得了历史性的成就，创立了习近平法治思想，实现了马克思主义法治理论中国化时代化的历史性飞跃，为全面依法治国提供了根本遵循和行动指南。党对全面依法治国的领导更加坚强有力，健全了党领导法治建设的工作机制和程序，建立起党政主要负责人履行推进法治建设第一责任人职责制度。宪法得到全面贯彻实施，设立国家宪法日和宪法宣誓制度，宪法制度已转化为治国理政的强大效能。法律规范体系更加完备系统管用，坚持科学立法、民主立法、依法立法，统筹推进"立改废释纂"，修改宪法，编纂民法典，加快重点领域、新兴领域、涉外领域立法，以良法促进了发展、保障了善治。法治政府建设迈上新台阶，颁布和实施了两个五年《法治政府建设实施纲要》，深入推进"放管服"改革，持续深化行政执法体制改革，法治政府建设推进机制基本形成，依法行政制度体系日益健全，严格规范公正文明执法水平普遍提高。司法体制改革取得历史性突破，司法质量、效率和公信力持续提升，人民群众对司法公正的认可度明显提高。法治社会建设取得实质性进展，全社会办事依法、遇事找法、解决问题用法、化解矛盾靠法的法治环境正在逐步形成。涉外法治工作开辟新局面，运用法治手段维护国家主权、安全、发展利益的能力显著提升。依规治党实现历史性跃升，党内法规制度建设推进力度之大前所未有，依规治党取得成效之显著前所未有，为世界政党治理贡献了中国智慧和中国方案。法治工作队伍建设成效卓著，忠于党、忠于国家、忠于人民、忠于法律的队伍逐步建成，法治工作队伍的规模、结构和素质更加优化。

法律是神圣的，但不是神秘的。深入开展全民普法，大力弘扬社会主义法治文化，让法律走出神圣的殿堂，来到人民群众中间，是习近平法治思想的重要内容，也是法律职业者重要而光荣的职责。作为首都基层法院，我们自觉履行"谁执法谁普法"的主体责任，通过庭审直播、新闻发布、"法律十进"、"法院开放日"等形式，线上线下有机结合，积极开展普法宣传。开展庭审网络直播，方便人民群众足不出户"在线学法"；全面推进新闻发布月例会制度，针对热点问题梳理典型案例、总结类案特点、作出法官提示，召开发布会；组织法官送法进机关、进学校、进社区、进企业、进军营等"法律十进"专场，精准开展"定制普法"；在国家宪法日等重要节点举行"法院开放日"活动，邀请社会各界近距离参与司法实践。通过官方微博、微信公众号、今日头条等新媒体平台，发布原创普法漫画、视频、公益广告，借力互联网让法治宣传深入人心。同时，深挖"密、云、法、院"四字内涵，建立"密之语"心理工作室，创办《云之声》院刊，打造"法之谈"培训品牌，树立"院之人"集体群像，努力形成"水云深处"书香密法的浓厚氛围。与中央民族大学、北京航空航天大学、北京农学院等高校密切联系，共同开展实践调查、理论研讨、课题研究，促进法学教育与司法实践良性互动、有机结合，不断提升各项工作水平。

法律的生命在于适用，案例是法律适用的结晶，是活的法律。马克思曾言："法律是普遍的。应当根据法律来确定的案件是个别的。要把个别的现象归结为普遍的现象就需要判断。法官的责任是当法律运用到个别场合时，根据他对法律的诚挚的理解来解释法律。"可以说，人民法官正是通过公正审理各类案件，向社会解释着法律、传输着正义。每一个司法案例都蕴藏着法官的判断和思考，都体现着法官的经验和智慧。运用司法案例进行普法宣传，既贴近实际、贴近生活、贴近群众，又案法交融、前沿权威、通俗易懂，具有强大的生命力和重要的现实意义。有鉴于此，我院与中国民主法制出版社反复研究论证，策划了这套"法官谈维权系列"丛书。

　　该套丛书包括未成年人权益保护、公民权益损害赔偿、婚姻家庭与继承权益守护、务工人员权益保护、妇女和儿童权益保护、消费者权益保护和老年人权益守护7册内容，15名优秀法官参与编写，很多案例改编于他们审理的真实案例。丛书内容全面系统，案例新颖精准，体例和谐统一，分析透彻简明，相信必将成为广大学法、用法者的良师益友。在此特别感谢中国民主法制出版社给予的难得机会，为我院持续抓好审判主业、着力提升工作质效、全面培养人才骨干提供了坚实抓手和有益载体，也实现了我院与出版单位全面合作、协同共进的多年愿望。

　　奉法者强则国强，奉法者弱则国弱。我们将时刻牢记职责使命，以党和国家大局为重，以最广大人民利益为念，坚守法治精神、忠诚敬业、锐意进取、勇于创新，与广大法界同人携手奋进，努力为中国特色社会主义法治国家建设作出更大的贡献。

　　是为序。

北京市密云区人民法院

党组书记、院长　刘玉民

2022年10月

前言

习近平总书记强调：劳动关系是最基本的社会关系之一。要最大限度增加和谐因素、最大限度减少不和谐因素，构建和发展和谐劳动关系，促进社会和谐。要依法保障职工基本权益，健全劳动关系协调机制，及时正确处理劳动关系矛盾纠纷。劳动是推动人类社会进步的根本力量，平凡岗位的劳动者是我们美好生活的建设者和奉献者。保护劳动者的合法权益是我国宪法和法律的重要内容，也是司法机关的职责和使命。农民工作为特殊的劳动者，他们的辛勤劳动推动了中国的现代化过程，而在现实生活中他们的合法权益却经常受到侵害，长期被拖欠劳动报酬，随意被延长工作时间，不能享有工伤待遇等情况屡见不鲜。因此，向农民工群体普及劳动争议领域的相关法律知识至关重要。

本书是"法官谈维权系列"丛书的组成部分，重点宣讲劳动法、劳动合同法、劳动争议调解仲裁法、《工伤保险条例》及《最高人民法院关于审理劳动争议案件适用法律问题的解释（一）》等法律法规和司法解释。所构建的相对健全的法律法规体系，更好地保障了农民工的合法权益。

在编辑的过程中，我们始终坚持把维护农民工的合法权益放在首位，结合我国的劳动法律法规与司法实践，对农民工权益进行了系统的分类与阐述。本书有以下几个特点：

一、内容丰富，体例统一。本书将有关农民工权益保护的问题分为签订合同、工时与休假、劳动报酬、劳动保护与福利、特殊保护、劳动争议处理六个部分，涉及面广，基本覆盖农民工维护合法权益中遇到的问题。全书各部分均严格地遵循同一体例，"维权要点""典型案例""法官讲法""法条指引"四部分贯穿每个案例，案例注重理论与实践相结合，便于读者学习研究。

二、以案说法，形式独特。本书通过一些具有代表性的农民工维权案例，结合相关劳动法律法规，以法官的视角对案情进行梳理，明晰应当适用的法律法规，深入浅出地做到释法明理。案例覆盖面广，便于读者深入细致地理解案例与之对应的法律法规，做到学有所获，学有所用。

三、条理分明，通俗易懂。本书为兼顾"专业性"与"大众性"，从案例选取出发，挑选具有普适性和代表性的案例，在"法官讲法"部分，对案例所涉法条适用及实务中的具体应用进行深入分析，力求兼顾不同层次的读者。通过阅读本书，既能引起理论研究和司法实务专业人士的思考，也能满足普通读者学法和用法，增强法律意识和维权本领的需求。

四、法理相融，守正创新。本书在编辑过程中力求将法理与情理相结合，一方面让农民工在维权时做到有的放矢；另一方面让农民工感受到法律的温度。全书涉及农民工权益保护和劳动法律、法规的方方面面，为农民工维护自身合法权益和司法、立法实践提供了有益的借鉴和广泛的参考。

本书广泛参考了现有研究成果与相关资料，中国民主法制出版社编审逯卫光、北京市密云区人民法院教育培训科负责人杨雪做了大量的协调工作，在此一并表示衷心的感谢。

编　者
2022 年 10 月

目录 CONTENTS

第一章 农民工如何签订劳动合同

1. 农民工有权订立劳动合同吗?

【维权要点】

劳动合同是劳动者与用人单位确立劳动关系,明确双方权利和义务的协议。建立劳动关系应当订立劳动合同。所有用人单位与职工全面实行劳动合同制度,用人单位各类职工享有的权利是一样的。农民工当然有权与用人单位订立劳动合同。

【典型案例】

李某,男,1979年6月出生,系某大学的成教毕业生。由于他不属于国家教委统一计划的普招生,因此毕业后,他的户口还是属于农村户口。但他工作努力,积极上进,多次受聘于几家公司。他也曾多次跳槽,跳槽的原因其实都归结为一点:由于没有与用人单位签订合同,正当权益得不到保护。2018年1月,李某应聘到某公司工作。李某觉得该公司的待遇不错,很想长期在此工作。于是,李某吸取以前的教训,在工作期间多次要求与公司签订劳动合同,以明确双方的权利义务关系,但公司每次都以对方是农村户口为由不同意与李某签订劳动合同。李某很气愤,觉得维护不了自己的合法权益。

【法官讲法】

劳动法及劳动合同法实施后,所有用人单位与职工全面实行劳动合同制度,在用人单位各类职工享有的权利是一样的。本案中,用人单位以李某是农村户口为由不与李某签订劳动合同是违法的,侵害了李某的合法权益,李某可以依法要求企业签订劳动合同。企业有劳动争议调解委员会的，也可以向调解委员会申请调解解决。通过以上两种途径都不能解决的，李某可以向当地劳动保障部门的劳动监察机构投诉，劳动监察机构将会责令企业限期改正，如果企业就此解除与李某的劳动关系，李某可就此事向当地劳动争议仲裁委员会申请仲裁。如对仲裁裁决不服，可以自收到仲裁裁决书之日起15日内向人民法院提起诉讼。

【法条指引】

中华人民共和国劳动法

第十六条 劳动合同是劳动者与用人单位确立劳动关系、明确双方权利和义务的协议。

建立劳动关系应当订立劳动合同。

中华人民共和国劳动合同法

第十条 建立劳动关系，应当订立书面劳动合同。

已建立劳动关系，未同时订立书面劳动合同的，应当自用工之日起一个月内订立书面劳动合同。

用人单位与劳动者在用工前订立劳动合同的，劳动关系自用工之日起建立。

2. "临时工"也要签订劳动合同吗？

【维权要点】

我国劳动法、劳动合同法实施后，所有用人单位与职工全面实行劳动合同制度，在用人单位各类职工享有的权利是一样的，过去意义上相对于正式工而言的临时工已经不复存在，用人单位在临时性岗位上用工，应当与其签订劳动合同并依法为其缴纳各种社会保险，使其享有有关的福利待遇。

【典型案例】

王某职高毕业后从农村来到某市找工作，在人才招聘会上他发现某企业招聘的职位自己能够胜任，于是他赶紧询问有关情况。企业负责招聘的人员告诉他，他所应聘的职位是临时性的，想干可以，但随时可能被辞退。王某想想就同意了，到企业上班不久，他发现企业跟自己没有签订劳动合同，也没给自己缴纳养老保险费，便找到企业人事部门询问原因。人事部门答复他，因为他是临时工，所以不用签订劳动合同，本企业只和正式工签劳动合同，按企业的规定，临时工不享受社会保险待遇。

【法官讲法】

劳动法、劳动合同法实施后，所有用人单位与职工全面实行劳动合同制度，各类职工享有的权利是平等的，过去意义上相对于正式工而言的临时工名称已经不复存在，用人单位如在临时性岗位上用工，应当与劳动者签订劳动合同并依法为其缴纳各种社会保险，使其享有有关的福利待遇。本案中，企业以王某是临时工为理由，不与他签订劳动合同，不为其缴纳养老保险金的做法是错误的。王某可以向当地劳动保障部门投诉，如果企业就此解除与王某的劳动关系，王某可就此事向当地劳动争议仲裁委员会申请仲裁。如对仲裁裁决不服，可以自收到仲裁裁决书之日起 15 日内向人民法院提起诉讼。

【法条指引】

中华人民共和国劳动法

第十六条 劳动合同是劳动者与用人单位确立劳动关系、明确双方权利和义务的协议。

建立劳动关系应当订立劳动合同。

中华人民共和国劳动合同法

第十条 建立劳动关系，应当订立书面劳动合同。

已建立劳动关系，未同时订立书面劳动合同的，应当自用工之日起一个月内订立书面劳动合同。

用人单位与劳动者在用工前订立劳动合同的，劳动关系自用工之日起建立。

劳动部办公厅对《关于临时工等问题的请示》的复函

一、关于是否还保留"临时工"的提法问题。

《劳动法》施行后，所有用人单位与职工全面实行劳动合同制度，各类职工在用人单位享有的权利是平等的。因此，过去意义上相对于正式工而言的临时工名称已经不复存在。用人单位如在临时性岗位上用工，应当与劳动者签订劳动合同并依法为其建立各种社会保险，使其享有有关的福利待遇，但在劳动合同期限上可以有所区别。

3. 口头订立的劳动合同有法律效力吗？

【维权要点】

劳动合同应当以书面形式订立。在中国境内的企业、个体经济组织与劳动者之间，只要形成劳动关系，即劳动者事实上已成为企业、个体经济组织的成员，并为其提供有偿劳动，适用劳动合同法。

【典型案例】

向某是某村村民，觉得在家干农活挣不到钱，于是 2018 年 3 月 1 日便托人找到某建筑公司并成为该建筑公司的一名建筑小工。由于是朋友介绍的，双方也就没有签订书面的劳动合同，只是口头讲定了工资、奖金、合同期限等合同事宜。2019 年冬季，由于建筑公司业务减少，于是建筑公司就把向某的工资由每月 4000 元降为 2500 元。向某不同意，建筑公司干脆以双方签订的口头合同无效为由，不再让向某上班。于是双方发生纠纷。向某到劳动争议仲裁委员会申请仲裁。

【法官讲法】

这是一起因劳动合同形式引发争议的案件，依据法律规定，向某与建筑公司所形成的口头劳动合同不具有法律效力，双方的关系应该按事实劳动关系处理，建筑公司不能降低向某的工资，同时应与向某平等协商签订书面的劳动合同。向某与建筑公司所签订的劳动合同采用了口头形式，根据我国劳动法的规定，该合同是没有法律约束力的。但是，由于向某已经为建筑公司实际工作了一年多，双方已经形成了事实劳动关系，应该适用劳动法及劳动合同法的规定。

事实劳动关系，是指双方未订立书面劳动合同或不存在合法有效的书面劳动合同，而客观存在劳动关系的状态。导致事实劳动关系的原因是多方面的，既有劳资双方均缺乏订立合同法律意识的情况，亦有用人单位为规避缴纳社会保险等法律义务而故意不签订或拖延签订劳动合同的情况，也存在因原有书面劳动合同到期未及时续签等情况。依据劳动合同法的相关规定，劳动关系的确立以是否实际用工为标准，并不以是否签订劳动合同为标准。故在双方未签订书面劳动合同的情形下，只要用人单位实际用工，双方之间即存在事实劳动关系。鉴于事实劳动关系无法通过书面劳动合同等直接有效的证据予以确认，故在实践中通常通过工资支付记录、社会保险缴纳记录、考勤记录等凭证综合进行判断。这里需要强调的是，确认劳动关系需要同时具备几个条件：其一，劳动者与用人单位双方均具有法律规定的主体资格；其二，用人单位招用劳动者，劳动者在用人单位的管理、指挥、监督下劳动，且其劳动归属于用人单位业务组成部分，即劳动者已经成为用人单位组织的成员；其三，用人单位向劳动者支付劳动报酬，即劳动者的劳动具有有偿性。而在无书面劳动合同的情形下，对诉争双方之间是否存在上述法律关系作出判断，可借助工资支付凭证、社保缴纳记录凭证等。除上述文件规定列举的凭证外，劳动者获得的由用人单位颁发的证书、奖状、用人单位为其出具的委托书、其代表用人单位签署的合同等证据，能显示与用人单位存在关联的劳动成果等亦可作为综合考量双方是否存在劳动关系的依据。

【法条指引】

中华人民共和国劳动法

第十九条　劳动合同应当以书面形式订立，并具备以下条款：

（一）劳动合同期限；

（二）工作内容；

（三）劳动保护和劳动条件；

（四）劳动报酬；

（五）劳动纪律；

（六）劳动合同终止的条件；

（七）违反劳动合同的责任。

劳动合同除前款规定的必备条款外，当事人可以协商约定其他内容。

中华人民共和国劳动合同法

第十条 建立劳动关系，应当订立书面劳动合同。

已建立劳动关系，未同时订立书面劳动合同的，应当自用工之日起一个月内订立书面劳动合同。

用人单位与劳动者在用工前订立劳动合同的，劳动关系自用工之日起建立。

4. 用人单位与农民工就试用期所作的口头约定是否有效？

【维权要点】

试用期，是指用人单位与劳动者为相互了解而约定的考察期限。试用期应当包含在劳动合同之内。试用期条款只适用于初次就业或者再就业时改变劳动岗位或工种的劳动者。用人单位仅在招聘公告或面试时向劳动者提示试用期及具体期限，而未与劳动者签订书面劳动合同，或者在合同中未具体约定试用期条款的，试用期的约定无效。若用人单位与劳动者已签订书面劳动合同，劳动合同中仅约定试用期，却未约定劳动合同期限的，由于劳动合同缺少必备条款，法律规定的试用期不成立，该期限为劳动合同期限。

【典型案例】

农民工郝某自 2017 年 3 月 19 日起在某网络公司工作，双方未签订劳动合同，但口头约定郝某任销售经理一职，试用期为 3 个月，试用期每月工资标准为 3000 元，转正后每月工资标准为 5000 元。网络公司按每月3000 元标准支付了郝某工资。2017 年 6 月 18 日，网络公司因业务方向调整而与郝某解除劳动关系，未向其支付经济补偿金。郝某认为网络公司应按正式职工的标准向自己足额支付工资并支付经济补偿金。于是向某区劳动争议仲裁委员会提起仲裁，请求裁决网络公司补发郝某 2017 年 3 月 19日至 6 月 18 日期间的工资 6000 元并支付解除劳动关系经济补偿金。某网络公司同意向郝某支付解除劳动关系经济补偿金，但不同意按正式职工的标准补发郝某工资。

【法官讲法】

试用期，是指用人单位与劳动者为相互了解而约定的考察期限。试用期具有两个特点：一是劳动关系处于不稳定的状态。劳动者和用人单位中的任何一方都有可能随时提出解除劳动关系。用人单位在招收劳动者，特别是对新录用的劳动者，虽然经过考察，但对一个人的能力、品德等方面的全面了解，往往不能通过一次考察全面做到。因此，对于一些重要岗位上的劳动者，用人单位为了进一步在工作实践中考察劳动者的能力，往往与劳动者约定一定期限的试用期。这样也就形成了双方在试用期间的相互考察，双方在试用期间或试用期满后都有可能解除劳动合同。二是试用期约定的限制。劳动法第 21 条规定："劳动合同可以约定试用期。试用期最长不得超过六个月。"劳动合同法第 19 条第 1 款规定："劳动合同期限三个月以上不满一年的，试用期不得超过一个月；劳动合同期限一年以上不满三年的，试用期不得超过二个月；三年以上固定期限和无固定期限的劳动合同，试用期不得超过六个月。"第 4 款规定："试用期包含在劳动合同期限内。劳动合同仅约定试用期的，试用期不成立，该期限为劳动合同期限。"试用期条款只适用于初次就业或者再就业时改变劳动岗位或工种的劳动者，在同一用人单位，如果劳动者的工作岗位没有发生变化，则试用期只能约定一次。

有关试用期的约定在以下情形下无效：一是反复约定试用期的无效。劳动合同法第 19 条第 2 款规定："同一用人单位与同一劳动者只能约定一次试用期。"初次就业试用期条款只适用于初次就业或者再就业时改变劳动岗位或工种的劳动者，因此，用人单位对工作岗位没有发生变化的同一劳动者只能试用一次，那种与劳动者续订劳动合同时以重新约定试用期为由，降低劳动者的工资待遇的做法因违法而属于无效行为。二是未订立正式劳动合同的试用期合同无效。劳动合同法第 7 条规定："用人单位自用工之日起即与劳动者建立劳动关系。用人单位应当建立职工名册备查。"第 10 条规定："建立劳动关系，应当订立书面劳动合同。已建立劳动关系，未同时订立书面劳动合同的，应当自用工之日起一个月内订立书面劳动合同。用人单位与劳动者在用工前订立劳动合同的，劳动关系自用工之日起建立。"第 19 条第 3、4 款规定："以完成一定工作任务为期限的劳合同或者劳动合同期限不满三个月的，不得约定试用期。试用期包含在劳动合同期限内。劳动合同仅约定试用期的，试用期不成立，该期限为劳动合同期限。"有的用人单位为达到不与劳动者订立劳动合同的目的，仅仅和劳动者约定试用期或者仅仅订立试用期合同，而不与劳动者订立正式的劳动合同。用人单位聘用劳动者不签订劳动合同是违反法律规定的，订立劳动合同又是约定试用期的前提条件，用人单位与劳动者单独签订试用期合同，其所约定的试用期无效，这个期限应视为劳动合同的期限。本案中，某网络公司未与郝某签订正式的劳动合同，双方之间只有口头约定的试用期限、试用期工资、期满工资，对于此种没有签订正式劳动合同的试用期合同，应当认定为无效。三是设定超长试用期的行为无效。劳动合同法第19条第1款规定："劳动合同期限三个月以上不满一年的，试用期不得超过一个月；劳动合同期限一年以上不满三年的，试用期不得超过二个月；三年以上固定期限和无固定期限的劳动合同，试用期不得超过六个月。"

因此，在劳动合同法正式实施后，本案中郝某在某网络公司工作，网络公司应与郝某签订劳动合同。双方未签订书面劳动合同违反了法律规定。某网络公司应采用变更劳动合同的期限，或者按照约定的转正工资标准支付工资的办法来处理。同时，网络公司因业务方向调整单方决定与郝某解除劳动关系，则郝某享有向网络公司要求支付经济补偿金的权利。某网络公司应按双方约定的转正工资标准支付解除劳动关系的经济补偿金。

【法条指引】

中华人民共和国劳动合同法

第十条 建立劳动关系，应当订立书面劳动合同。

已建立劳动关系，未同时订立书面劳动合同的，应当自用工之日起一个月内订立书面劳动合同。

用人单位与劳动者在用工前订立劳动合同的，劳动关系自用工之日起建立。

第十九条 劳动合同期限三个月以上不满一年的，试用期不得超过一个月；劳动合同期限一年以上不满三年的，试用期不得超过二个月；三年以上固定期限和无固定期限的劳动合同，试用期不得超过六个月。

同一用人单位与同一劳动者只能约定一次试用期。

以完成一定工作任务为期限的劳动合同或者劳动合同期限不满三个月的，不得约定试用期。

试用期包含在劳动合同期限内。劳动合同仅约定试用期的，试用期不成立，该期限为劳动合同期限。

5. 设立中的公司与劳动者之间建立的是劳动关系吗？

【维权要点】

我国法律未就设立中的公司的用工行为作出禁止性规定，但亦未对设立阶段的公司与所招用的劳动者之间法律关系的性质作出直接和明确的规定。但因设立的公司尚未办理营业执照，不具备独立承担民事责任的主体资格，亦不具备劳动法中所规定的用人单位的主体资格，故应认定双方之间在上述期间并不存在劳动关系。一旦发生争议，应将用人单位或者出资人列为当事人，双方之间的法律关系一般按劳务关系处理。待公司的设立行为完成，取得营业执照，则其所招用劳动者之间的法律关系自然转变为劳动关系性质，双方之间权利义务受劳动法律调整。

【典型案例】

经张某招聘，农民工王某自2018年5月起参与甲公司的设立工作，2019年3月甲公司正式注册成立，张某任该公司法定代表人。2019年4月，双方签订了3年期劳动合同。2021年8月，甲公司因内部机构变动欲对王某工作岗位进行调整，王某不同意公司关于岗位的调整决定，甲公司提出解除双方劳动合同，王某亦表示同意。后双方因离职补偿问题发生争议，王某提出仲裁申请，要求甲公司支付2018年5月至2021年8月的未休年休假工资，并自2018年5月开始计算其在本单位工作年限从而核算解除劳动关系经济补偿金。仲裁裁决后，张某不服裁决提起诉讼。人民法院经审理认定，甲公司于2019年3月方注册成立，此前不具备建立劳动合同关系的主体资格，双方之间不存在劳动关系，王某要求甲公司支付2018年5月至2019年3月的未休年休假工资的诉讼请求不予支持，但甲公司应支付成立后至王某离职期间的未休年休假工资。甲公司提出并与王某协商一致解除劳动合同，甲公司应当向王某支付解除劳动关系经济补偿金。但同上文所述理由，解除劳动关系经济补偿金的工作年限应自 2019 年 3 月开始起算，算至 2021 年 8 月，人民法院据此核算了甲公司应向王某支付的解除劳动关系经济补偿金的数额。

【法官讲法】

本案形式上的争议焦点是对甲公司与王某建立劳动关系的时点的认定，上述问题的实质是设立期间的公司与所招用劳动者之间所存在法律关系性质如何认定。对此有一种观点认为，即便未签订书面劳动合同，但劳动者为设立中的公司提供有偿劳动并接受其管理，且劳动者所提供的劳动是其业务的组成部分，应当认定双方之间存在劳动关系。另一种观点则认为，设立中的公司不具备独立的用工主体资格，其与劳动者之间不能建立劳动法意义上的劳动关系。我们认为，依据《关于确立劳动关系有关事项的通知》规定的确立劳动关系的标准，其中的主体要件要求用人单位和劳动者均符合法律、法规规定的主体资格。设立阶段的公司尚未进行注册登记领取营业执照，并不具备法律上的民事主体资格，更遑论劳动法上的用人单位主体资格，故在此阶段不应认定其与劳动者之间存在劳动关系，而应按劳务关系处理。待公司成立取得用人单位的主体资格后，其与劳动者之间的法律关系则自动"升级"转变为劳动关系。

值得注意的是，在公司设立过程中因筹备所产生的相关权利义务（包括与所招用劳动者之间的权利义务），一旦公司注册成立，一般应由设立后的公司承受；如公司未能注册成立，则应由出资人承受。依据《最高人民法院关于审理劳动争议案件适用法律问题的解释（一）》的规定，双方由此发生争议的，应当将用人单位或者其出资人列为当事人。

如上文所述观点，本案发生在甲公司的筹备设立阶段，因其不具备法律上的用人单位的主体资格，与王某之间建立的并非劳动关系。但在此期间王某为其提供劳务，其为王某支付报酬，双方之间法律关系的性质符合劳务关系的性质，应认定为劳务关系。劳务关系系平等民事主体之间所建立的法律关系，双方当事人之间的权利义务并不当然适用劳动法律的规定，而是依据双方的协议予以确定。带薪年休假制度以及解除劳动合同经济补偿金制度均系我国劳动法律所规定的法律制度，王某所主张甲公司注册成立之前的未休年休假工资，因没有双方之间的协议作为依据，无法得到支持。关于解除劳动关系经济补偿金问题，依据劳动合同法的相关规定，用人单位向劳动者提出解除劳动合同并与劳动者协商一致解除劳动合同的，应当向劳动者支付经济补偿；经济补偿按劳动者在本单位工作的年限，每满一年支付一个月工资的标准支付；月工资是指劳动者在劳动合同解除或终止前12个月平均工资。本案中依据查明的事实，双方解除劳动关系的原因系甲公司与王某协商一致并由甲公司提出解除劳动合同，故甲公司应当按王某在本单位的连续工作年限以及其离职前12个月平均工资支付解除劳动关系经济补偿。对于王某在本单位工作年限的核算是本案的另一争议焦点。但同样因甲公司未注册成立前即筹备期间双方之间不存在劳动关系，双方对劳务关系期间的离职经济补偿问题亦未进行特别的约定，故在计算王某本单位连续工作年限时上述期间亦不应计算在内。

【法条指引】

中华人民共和国劳动合同法

第二条 中华人民共和国境内的企业、个体经济组织、民办非企业单位等组织（以下称用人单位）与劳动者建立劳动关系，订立、履行、变更、解除或者终止劳动合同，适用本法。

国家机关、事业单位、社会团体和与其建立劳动关系的劳动者，订立、履行、变更、解除或者终止劳动合同，依照本法执行。

第四十六条 下列情形之一的，用人单位应当向劳动者支付经济补偿：

（一）劳动者依照本法第三十八条规定解除劳动合同的；

（二）用人单位依照本法第三十六条规定向劳动者提出解除劳动合同并与劳动者协商一致解除劳动合同的；

（三）用人单位依照本法第四十条规定解除劳动合同的；

（四）用人单位依照本法第四十一条第一款规定解除劳动合同的；

（五）除用人单位维持或者提高劳动合同约定条件续订劳动合同，劳动者不同意续订的情形外，依照本法第四十四条第一项规定终止固定期限劳动合同的；

（六）依照本法第四十四条第四项、第五项规定终止劳动合同的；

（七）法律、行政法规规定的其他情形。

第四十七条 经济补偿按劳动者在本单位工作的年限，每满一年支付一个月工资的标准向劳动者支付。六个月以上不满一年的，按一年计算；不满六个月的，向劳动者支付半个月工资的经济补偿。

劳动者月工资高于用人单位所在直辖市、设区的市级人民政府公布的本地区上年度职工月平均工资三倍的，向其支付经济补偿的标准按职工月平均工资三倍的数额支付，向其支付经济补偿的年限最高不超过十二年。

本条所称月工资是指劳动者在劳动合同解除或者终止前十二个月的平均工资。

6. 用人单位在签订劳动合同时收取抵押金，是否合法？

【维权要点】

用人单位在与劳动者订立劳动合同时，不得以任何形式向劳动者收取定金、保证金或抵押金（物）。

【典型案例】

孙某与刘某系职高毕业生，由于二人均为农村生源，因此毕业后他们的户口都属于农村户口。2017 年毕业后，二人相约到县城里去找工作。接连找了几天，都没有成功。不是工作条件恶劣，就是工资低得可怜，或是老板看不起他们，二人非常失落。一日，他们在一个招聘信息栏目上看到饭店招聘服务员，试用期 3 个月。他俩觉得自己恰好符合上面的要求，非常高兴。于是，他们都去报名应聘了，结果都如愿以偿，被该饭店招聘为服务员。试用期满后，饭店同意与孙某和刘某签订为期 3 年的劳动合同，但要求二人每人先要交 1000 元抵押金方可签订。二人对此提出疑问。饭店则说，这是饭店的规定，你们愿干就干，不干就走人。二人考虑了很久，想想工作那么难找，加上为家里减轻负担，迫切需要找份工作。于是各自被迫缴纳了 1000 元抵押金后才与饭店签订了为期 3 年的劳动合同。

【法官讲法】

劳动合同法第 9 条规定："用人单位招用劳动者，不得扣押劳动者的居民身份证和其他证件，不得要求劳动者提供担保或者以其他名义向劳动者收取财物。"饭店在签订劳动合同同时收取孙某与刘某的抵押金违反了国家法律的有关规定，应当予以制止。孙某与刘某可以向当地劳动保障部门投诉，如果企业就此解除与二人的劳动合同，二人可在被解除劳动合同后向当地劳动争议仲裁委员会申请仲裁。如对仲裁裁决不服，可以自收到仲裁裁决书之日起 15 日内向人民法院提起诉讼。

【法条指引】

中华人民共和国劳动合同法

第九条　用人单位招用劳动者，不得扣押劳动者的居民身份证和其他证件，不得要求劳动者提供担保或者以其他名义向劳动者收取财物。

7. 劳动合同中约定"工伤概不负责条款"，是否有效？

【维权要点】

劳动合同作为劳动者与用人单位之间确立劳动关系、明确双方权利义务的协议，双方在订立劳动合同时要经过平等协商，平衡双方的权利义务关系。在劳动合同中约定"工伤概不负责条款"加重了劳动者的负担，免除用人单位责任，应属无效约定，用人单位不能以此作为免责事由。

【典型案例】

2018 年 11 月 2 日，某建筑公司承包了一路段的土方工程，随后租用 2 台挖土机并录用农民工施工。某建筑公司未为农民工缴纳工伤保险等社会保险，且与农民工在合同中约定：农民工的报酬为每天 150 元，工伤事故由农民工自负，某建筑公司概不负责。2019 年 3 月 7 日，农民工严某正在挖土时，被山上滚下的巨石砸伤左腿。某建筑公司当即叫来两个农民工将严某送至医院，并预付了 1 万元医疗费。经医生诊断，严某左腿胫骨粉碎性骨折。当天严某入院治疗，至 2019 年 4 月 13 日出院，共用去医疗费 5 万余元。其间，严某之妻多次找某建筑公司追加医疗费，均遭某建筑公司拒绝。同年 6 月，严某向劳动行政部门申请工伤认定，在认定为工伤并进行劳动能力鉴定后，要求某建筑公司支付相关工伤保险待遇。某建筑公司辩称，在与严某签订的合同中已明确规定工伤事故由农民工自负，公司概不负责，对严某受伤不承担任何责任。

【法官讲法】

本案中，某建筑公司与农民工在合同中约定的"工伤事故由民工自负，某建筑公司概不负责"的免责条款无效。由于该条款是对造成人身伤害的免责条款，这类约定不利于保护公民，尤其是农民工的人身健康安全和生命安全，也严重违反社会公德，所以我国法律规定此类免责条款约定无效。订立劳动合同，应当遵循平等自愿、协商一致的原则，不得违反法律、行政法规的强制性规定。劳动合同作为劳动者与用人单位之间确立劳动关系、明确双方权利义务的协议，双方在订立劳动合同时要经过平等协商，在劳动合同中约定"工伤概不负责"条款加重了劳动者的负担，免除用人单位责任，违反法律、行政法规的强制性规定，应属无效，用人单位不能以此作为免责事由。此外，职工在因工伤残的情况下应享受工伤保险待遇包括医疗、生活保障和经济补偿。劳动者因工负伤的全部医疗费、药费以及就医路费等全部由用人单位承担。本案中，作为用人单位的某建筑公司依法应对严某因工伤所遭受的损失承担赔偿责任。严某有权要求某建筑公司支付医疗费用等工伤保险待遇。人民法院应对严某的诉讼请求予以支持，判令某建筑公司支付严某相关工伤保险待遇。

【法条指引】

中华人民共和国劳动法

第十八条 下列劳动合同无效：

（一）违反法律、行政法规的劳动合同；

（二）采取欺诈、威胁等手段订立的劳动合同。

无效的劳动合同，从订立的时候起，就没有法律约束力。确认劳动合同部分无效的，如果不影响其余部分的效力，其余部分仍然有效。

劳动合同的无效，由劳动争议仲裁委员会或者人民法院确认。

中华人民共和国劳动合同法

第二十六条　下列劳动合同无效或者部分无效：

（一）以欺诈、胁迫的手段或者乘人之危，使对方在违背真实意思的情况下订立或者变更劳动合同的；

（二）用人单位免除自己的法定责任、排除劳动者权利的；

（三）违反法律、行政法规强制性规定的。

对劳动合同的无效或者部分无效有争议的，由劳动争议仲裁机构或者人民法院确认。

8. 在合同中约定农民工不能结婚，是否有效？

【维权要点】

婚姻自由是宪法赋予公民的基本权利。依据我国原婚姻法的规定，男女双方只要符合法律规定，完全出于自愿，就有结婚的权利，可以建立夫妻关系。任何组织和个人都不能干涉公民的婚姻自由。违反法律、行政法规强制性规定签订劳动合同的，劳动合同无效或者部分无效。

【典型案例】

2016 年 5 月 15 日，某酒店为了拓展业务，公开面向全县招聘礼仪小姐。农民倪某凭借自己出色的表现应聘成功。同年 5 月 25 日，倪某与酒店签订了为期 5 年的劳动合同，合同约定：“凡与本酒店签订劳动合同的礼仪小姐，在合同约定的期限内不得结婚。否则按违约处理，须解除劳动合同并向酒店缴纳 3000 元违约金。”当时，倪某还不满结婚年龄，所以不加考虑就签订了劳动合同。但是，到了 2017 年 2 月，已满结婚年龄的倪某因男友所在企业要分房子，为了能分到住房，倪某与男友领取结婚证并举行了婚礼。酒店得知倪某结婚并怀有身孕的消息后，以倪某违背劳动合同约定为由，于 2017 年 6 月提出解除与倪某的劳动合同并要求倪某缴纳 3000 元违约金。倪某认为，酒店禁止员工结婚的规定侵犯了自己的婚姻自由，酒店让其缴纳 3000 元违约金不合法。因此，向当地劳动争议仲裁委员会申请仲裁，请求裁决某酒店解除合同行为违法并要求继续履行劳动合同。

【法官讲法】

婚姻自由是宪法赋予公民的基本权利。依据我国原婚姻法的规定，男女双方只要符合法律规定，完全出于自愿，就有结婚的权利，可以建立夫妻关系。任何组织和个人都不能干涉公民的婚姻自由。本案中，用人单位——酒店与劳动者倪某签订劳动合同时，约定凡与本酒店签订劳动合同的礼仪小姐，在合同期间，未经本店允许，不得结婚。从实质上看，酒店这种做法干涉了倪某的婚姻自由，是违反法律规定的。尽管在订立劳动合同时，倪某也同意了该项条款。但是，依据劳动合同法第26条"下列劳动合同无效或者部分无效：（三）违反法律、行政法规强制性规定的……"的规定，该条款因违反法律规定而不具备法律效力，对双方都没有约束力。另外，劳动合同法第3条第1款规定："订立劳动合同，应当遵循合法、公平、平等自愿、协商一致、诚实信用的原则。"从劳动合同的订立来看，本案中，酒店在订立劳动合同时，违背了平等自愿的原则。劳动合同法第25条规定："除本法第二十二条和第二十三条规定的情形外，用人单位不得与劳动者约定由劳动者承担违约金。"该法第22条规定劳动者违反服务期约定的内容、第23条规定有关竞业限制的内容，本案中所发生事实不在其列，故酒店约定违约金不符合法律规定。同时酒店在签订劳动合同时，利用自己的优势地位，附加不合理条款。倪某不明情况，只能被动地接受该项条款，对倪某来说，显然是极不公平的。酒店以倪某违反劳动合同为由，要求倪某缴纳3000元违约金不仅违反了法律规定，而且严重侵害了劳动者的合法权益。因此，当地劳动争议仲裁委员会应当裁决支持倪某的仲裁请求，依法撤销酒店解除劳动合同的决定。

【法条指引】

中华人民共和国劳动合同法

第二十六条 下列劳动合同无效或者部分无效：

（一）以欺诈、胁迫的手段或者乘人之危，使对方在违背真实意思的情况下订立或者变更劳动合同的；

（二）用人单位免除自己的法定责任、排除劳动者权利的；

（三）违反法律、行政法规强制性规定的。

对劳动合同的无效或者部分无效有争议的，由劳动争议仲裁机构或者人民法院确认。

9. 用人单位与农民工约定"生死条款"，是否具有法律效力？

【维权要点】

劳动合同中出现的诸如"劳动中发生的疾病、伤残、死亡，一律由本人自负，用人单位不承担任何责任"的条款，被称之为"生死条款"。根据我国有关法律规定，用人单位免除自己的法定责任、排除劳动者权利的；违反法律、行政法规强制性规定的，劳动合同无效或者部分无效。

【典型案例】

2017 年 2 月 24 日，农民工马某来到某压延厂打工，与压延厂签订了用工合同，其主要内容为：厂部所有员工都属合同制人员……全厂职工都必须严格按照操作规程安全生产，若发生意外工伤事故，责任自负，工资发至当日当班，工伤事故严重致残者，一次性发给补助费 8000 元，其他概不负责。2018 年 4 月 20 日晚 11 点左右，马某在厂里与另一名工人一道抬铁水，当他们将滚烫的铁水从炉内往外倾倒时，四处乱溅的高温铁水突然溅到马某右眼内，未戴防护面具的马某顿时昏倒在地。马某的右眼伤势较重，尽管医院全力救治，但已无法重见光明。最后，马某只得同意接受右眼球摘除手术。住院期间，马某向压延厂借 12000 元用于住院治疗。后马某申请工伤认定并进行劳动能力鉴定，当地劳动鉴定委员会鉴定为"残疾程度五级"。此后，马某多次要求压延厂给予赔偿，压延厂表示愿意为马某继续安排工作，在扣除马某所借的 12000 元后一次性支付 18000 元补助金，此后不再承担其他费用。马某认为，压延厂从事的是高度危险的高温作业，在右眼失明的情况下，自己根本不可能继续胜任该厂工作，遂拒绝接受压延厂继续安排工作，提出解除劳动关系并要求压延厂直接支付其其他工伤保险待遇。在压延厂没有任何回应的情况下，马某向劳动争议仲裁委员会提出仲裁申请。

【法官讲法】

劳动合同中出现的诸如"劳动中发生的疾病、伤残、死亡，一律由本人自负，用人单位不承担任何责任"的条款，被称之为"生死条款"。本案中，用人单位压延厂与劳动者马某所签订的劳动合同中的"若发生意外事故，责任自负，工资发至当日当班，工伤事故严重致伤者，一次性发给补助费8000元"的条款，尽管与"一律由本人自负，用人单位不承担任何责任"略有不同，但在性质上基本相同。因此，本案中，双方当事人在劳动合同中对工伤待遇的约定当属"生死条款"一类。对于此类条款，劳动合同法第3条第1款规定："订立劳动合同，应当遵循合法、公平、平等自愿、协商一致、诚实信用的原则。"第26条规定："下列劳动合同无效或者部分无效：（一）以欺诈、胁迫的手段或者乘人之危，使对方在违背真实意思的情况下订立或者变更劳动合同的；（二）用人单位免除自己的法定责任、排除劳动者权利的；（三）违反法律、行政法规强制性规定的。对劳动合同的无效或者部分无效有争议的，由劳动争议仲裁机构或者人民法院确认。"可见，马某与压延厂在劳动合同中对劳动者因工造成伤害后有关补助标准的约定，明显违反国家法律的有关规定，不应受到法律保护。

国务院《工伤保险条例》第36条规定："职工因工致残被鉴定为五级、六级伤残的，享受以下待遇：（一）从工伤保险基金按伤残等级支付一次性伤残补助金，标准为：五级伤残为18个月的本人工资，六级伤残为16个月的本人工资；（二）保留与用人单位的劳动关系，由用人单位安排适当工作。难以安排工作的，由用人单位按月发给伤残津贴，标准为：五级伤残为本人工资的70%，六级伤残为本人工资的60%，并由用人单位按照规定为其缴纳应缴纳的各项社会保险费。伤残津贴实际金额低于当地最低工资标准的，由用人单位补足差额。经工伤职工本人提出，该职工可以与用人单位解除或者终止劳动关系，由工伤保险基金支付一次性工伤医疗补助金，由用人单位支付一次性伤残就业补助金。一次性工伤医疗补助金和一次性伤残就业补助金的具体标准由省、自治区、直辖市人民政府规定。"根据上述规定，本案中，原告马某应当享受下列工伤待遇：从工伤保险基金按伤残等级支付一次性伤残补助金，五级伤残标准为18个月的本人工资；保留原告马某与用人单位的劳动关系，由用人单位安排适当工作；如果用人单位难以安排马某工作的，由用人单位按月发给伤残津贴，五级伤残标准为本人工资的70%，并由用人单位按照规定为其缴纳应缴纳的各项社会保险费。伤残津贴实际金额低于当地最低工资标准的，由用人单位补足差额；如果原告马某本人提出解除劳动合同，可以与用人单位解除或者终止劳动关系，由用人单位支付一次性工伤医疗补助金和伤残就业补助金，具体标准按省、自治区、直辖市人民政府的规定。因此，劳动争议仲裁委员会应当裁决支持马某的仲裁请求。

【法条指引】

中华人民共和国劳动合同法

第三条第一款 订立劳动合同，应当遵循合法、公平、平等自愿、协商一致、诚实信用的原则。

第二十六条 下列劳动合同无效或者部分无效：

（一）以欺诈、胁迫的手段或者乘人之危，使对方在违背真实意思的情况下订立或者变更劳动合同的；

（二）用人单位免除自己的法定责任、排除劳动者权利的；

（三）违反法律、行政法规强制性规定的。

对劳动合同的无效或者部分无效有争议的，由劳动争议仲裁机构或者人民法院确认。

工伤保险条例

第三十六条 职工因工致残被鉴定为五级、六级伤残的，享受以下待遇：

（一）从工伤保险基金按伤残等级支付一次性伤残补助金，标准为：五级伤残为18个月的本人工资，六级伤残为16个月的本人工资；

（二）保留与用人单位的劳动关系，由用人单位安排适当工作。难以安排工作的，由用人单位按月发给伤残津贴，标准为：五级伤残为本人工资的70%，六级伤残为本人工资的60%，并由用人单位按照规定为其缴纳应缴纳的各项社会保险费。伤残津贴实际金额低于当地最低工资标准的，由用人单位补足差额。

经工伤职工本人提出，该职工可以与用人单位解除或者终止劳动关系，由工伤保险基金支付一次性工伤医疗补助金，由用人单位支付一次性伤残就业补助金。一次性工伤医疗补助金和一次性伤残就业补助金的具体标准由省、自治区、直辖市人民政府规定。

10. 用人单位与农民工约定"社会保险由劳动者自缴"，是否有效？

【维权要点】

我国建立的社会保险制度具有强制性，用人单位必须依法为劳动者缴纳社会保险。用人单位免除自己的法定责任、排除劳动者权利的；违反法律、行政法规强制性规定的，劳动合同无效或者部分无效。

【典型案例】

李某系外地来京务工人员。2018 年 8 月被甲公司聘为员工。双方签订了劳动合同，约定合同期限自 2018 年 8 月 15 日起至 2020 年 8 月 14 日止，李某每月工资为 4000 元，社会保险费由李某自行缴纳。劳动合同到期后，双方没有续订劳动合同，后李某离职。2020 年 10 月 28 日，李某向当地劳动行政部门反映，要求甲公司为其补缴工作期间社会保险。

【法官讲法】

根据我国劳动法第 73 条的规定，劳动者在下列情形下，依法享受社会保险待遇：（1）退休；（2）患病、负伤；（3）因工伤残或者患职业病；（4）失业；（5）生育。劳动者死亡后，其遗属依法享受遗属津贴。劳动者享受社会保险待遇的条件和标准由法律、法规规定。劳动者享受的社会保险金必须按时足额支付。《社会保险费征缴暂行条例》第 4 条第 1 款规定，缴费单位、缴费个人应当按时足额缴纳社会保险费。上述规定表明我国建立的社会保险制度具有强制性，用人单位必须依法为劳动者缴纳社会保险。用人单位与劳动者之间不能就是否缴费以及缴费的金额和比例问题自行协商来规避法规的明文规定。劳动合同法第 26 条规定："下列劳动合同无效或者部分无效：（一）以欺诈、胁迫的手段或者乘人之危，使对方在违背真实意思的情况下订立或者变更劳动合同的；（二）用人单位免除自己的法定责任、排除劳动者权利的；（三）违反法律、行政法规强制性规定的。对劳动合同的无效或者部分无效有争议的，由劳动争议仲裁机构或者人民法院确认。"本案中，甲公司与李某约定"社会保险费由李某自缴"显然属于用人单位免除自己的法定责任、排除劳动者的权利，同时也违反国家法律、法规的强制性规定，应当属于无效。甲公司应当依法为李某补缴工作期间的社会保险。

【法条指引】

中华人民共和国劳动合同法

第二十六条 下列劳动合同无效或者部分无效：

（一）以欺诈、胁迫的手段或者乘人之危，使对方在违背真实意思的情况下订立或者变更劳动合同的；

（二）用人单位免除自己的法定责任、排除劳动者权利的；

（三）违反法律、行政法规强制性规定的。

对劳动合同的无效或者部分无效有争议的，由劳动争议仲裁机构或者人民法院确认。

中华人民共和国劳动法

第七十三条 劳动者在下列情形下，依法享受社会保险待遇：

（一）退休；

（二）患病、负伤；

（三）因工伤残或者患职业病；

（四）失业；

（五）生育。

劳动者死亡后，其遗属依法享受遗属津贴。

劳动者享受社会保险待遇的条件和标准由法律、法规规定。

劳动者享受的社会保险金必须按时足额支付。

11. 劳动合同约定工程款结清后再支付劳动报酬，是否有效？

【维权要点】

工资应当以货币形式按月支付给劳动者本人。不得克扣或者无故拖欠劳动者的工资。用人单位与劳动者就劳动报酬约定"待工程款付清后予以支付"，属于用人单位将与第三方发包单位之间的风险责任转嫁至劳动者，该约定因排除劳动者权利、免除用人单位法定责任而无效。

【典型案例】

2018年8月，某建筑安装工程公司承接一工程项目，聘用农民工张某等人为该工程项目工作。双方签订了劳动合同。合同中约定，"整个工程施工共支付张某劳动报酬3万元，待工程款付清后予以支付"。后某建筑安装工程公司在承建这一工程项目过程中，因撤退部分施工人员，致使工程延期交付，发包单位一直未支付工程款。2019年6月，张某等人向人民法院起诉，要求依法判决给付拖欠的劳动报酬。某建筑安装工程公司辩称，欠款属实，双方所附条件合法有效，因发包单位至今未能结算工程款，双方所附条件尚未成就，故暂时不能支付张某等人的劳动报酬。

【法官讲法】

劳动合同法第15条规定："以完成一定工作任务为期限的劳动合同，是指用人单位与劳动者约定以某项工作的完成为合同期限的劳动合同。用人单位与劳动者协商一致，可以订立以完成一定工作任务为期限的劳动合同。"本案中，某建筑安装工程公司与张某等人订立的有关完成工程项目的合同即属于此种劳动合同。双方就劳动报酬约定"待工程款付清后予以支付"，属于用人单位某建筑安装工程公司将与第三者发包单位之间的风险责任转嫁于张某等人。换言之，如果某建筑安装工程公司不能从发包单位结算到工程款，某建筑安装工程公司就可不必再向张某等人支付劳动报酬，张某等人的汗水就可能白流。由此可见，双方的利益明显不均衡、不对等，张某等人的利益取决于某建筑安装工程公司，某建筑安装工程公司具有明显优势，合同显然有失公平。我国劳动合同法第26条规定："下列劳动合同无效或者部分无效：（二）用人单位免除自己的法定责任、排除劳动者权利的……"本案中，某建筑安装工程公司与张某等人关于劳动报酬支付时间的约定就应属于无效条款。

另外，劳动法第50条规定："工资应当以货币形式按月支付给劳动者本人。不得克扣或者无故拖欠劳动者的工资。"劳动合同法第30条规定：

"用人单位应当按照劳动合同约定和国家规定,向劳动者及时足额支付劳动报酬。用人单位拖欠或者未足额支付劳动报酬的,劳动者可以依法向人民法院申请支付令,人民法院应当依法发出支付令。"

【法条指引】

中华人民共和国劳动合同法

第十五条 以完成一定工作任务为期限的劳动合同,是指用人单位与劳动者约定以某项工作的完成为合同期限的劳动合同。

用人单位与劳动者协商一致,可以订立以完成一定工作任务为期限的劳动合同。

第二十六条 下列劳动合同无效或者部分无效:

(一)以欺诈、胁迫的手段或者乘人之危,使对方在违背真实意思的情况下订立或者变更劳动合同的;

(二)用人单位免除自己的法定责任、排除劳动者权利的;

(三)违反法律、行政法规强制性规定的。

对劳动合同的无效或者部分无效有争议的,由劳动争议仲裁机构或者人民法院确认。

第三十条 用人单位应当按照劳动合同约定和国家规定,向劳动者及时足额支付劳动报酬。

用人单位拖欠或者未足额支付劳动报酬的,劳动者可以依法向当地人民法院申请支付令,人民法院应当依法发出支付令。

中华人民共和国劳动法

第五十条 工资应当以货币形式按月支付给劳动者本人。不得克扣或者无故拖欠劳动者的工资。

12. 用人单位代签劳动合同,农民工能否主张劳动合同无效并单方提出解除劳动关系?

【维权要点】

订立劳动合同,应当遵循合法、公平、平等自愿、协商一致、诚实信用的原则。未经劳动者事前授权，事后也未予追认而由用人单位代签的劳动合同，因该劳动合同不是双方协商一致的结果，劳动合同无效。劳动者提前 30 日以书面形式通知用人单位，可以解除劳动合同。

【典型案例】

2017 年 4 月，农民工林某进入某公司工作，没有签订劳动合同。2017 年 5 月，某公司为每个职员都拟定了一份 3—5 年不等的劳动合同。由于林某是某公司的销售骨干，所以某公司为林某拟定的劳动合同期限为 5 年。林某认为期限太长，拒绝在合同上签字，于是某公司瞒着林某，指示当时林某的上司代替林某在合同上签字。2018 年 4 月，林某向某公司递交了书面报告，提出将于 2018 年 5 月与公司解除劳动关系。2018 年 5 月，某公司没有任何回应，林某此后就不去上班了，并且要求公司结清工资，返还其档案材料。此时，某公司以 2017 年由当时林某的上司代林某签订的劳动合同没有到期为由，不同意林某解除劳动合同申请并且要求林某赔偿提前解除合同给某公司造成的损失。双方就此产生争议。

【法官讲法】

我国劳动合同法第 3 条第 1 款规定："订立劳动合同，应当遵循合法、公平、平等自愿、协商一致、诚实信用的原则。"本案是一起由他人代为签订劳动合同引发的典型劳动争议案件。某公司出示的合同是公司单方面拟定的，林某不同意其中的期限条款，也没有在上面签字，这就证明了该劳动合同不是双方协商一致的结果，尽管用人单位要求林某上司代其签字，但未经林某事前授权，也未经其事后追认，并非林某真实意思表示，故该劳动合同对林某不具有约束力。劳动合同法第 37 条规定："劳动者提前三十日以书面形式通知用人单位，可以解除劳动合同……"本案中，林某向公司递交了书面的辞职报告，并且在递交报告之后的一个月之内仍然照常上班，直到一个月后，公司仍然没有回应才停止上班，并两次要求解除劳动合同以及返还个人档案材料。由此可见，林某解除合同的方式完全符合法律的规定，尽管公司不同意，但是双方的劳动关系自林某递交书面辞职报告之日起一个月后就自动解除了，所以林某不用向公司支付任何经济赔偿金。

【法条指引】

中华人民共和国劳动合同法

第三条第一款　订立劳动合同，应当遵循合法、公平、平等自愿、协商一致、诚实信用的原则。

第二十六条　下列劳动合同无效或者部分无效：

（一）以欺诈、胁迫的手段或者乘人之危，使对方在违背真实意思的情况下订立或者变更劳动合同的；

（二）用人单位免除自己的法定责任、排除劳动者权利的；

（三）违反法律、行政法规强制性规定的。

对劳动合同的无效或者部分无效有争议的，由劳动争议仲裁机构或者人民法院确认。

第二十七条　劳动合同部分无效，不影响其他部分效力的，其他部分仍然有效。

第三十七条　劳动者提前三十日以书面形式通知用人单位，可以解除劳动合同。劳动者在试用期内提前三日通知用人单位，可以解除劳动合同。

13. 农民工在用人单位变更组织形式后拒绝履行原劳动合同，应当如何处理？

【维权要点】

用人单位变更名称、法定代表人、主要负责人或者投资人等事项，不影响劳动合同的履行。为了保护劳动者的合法权益，劳动者既可以选择解除劳动合同，也可以选择与变更后的用人单位继续履行合同。

【典型案例】

农民工骆某系某无线电厂的职工，双方签订的劳动合同至2018年4月期限届满。2017年3月，该厂改制为某电子有限责任公司（以下简称"电子公司"），接受了无线电厂的所有债权、债务，并负责安置原企业的全部职工。当电子公司通知原属无线电厂的职工办理劳动合同变更手续时，由于包括骆某在内的多名女工嫌新企业的劳动强度大、工资待遇低，都拒绝与电子公司签订劳动合同，电子公司便通知她们不要上班了，停发了工资和各项福利待遇，并拒绝给予经济补偿。骆某等女工向当地劳动争议仲裁委员会申请仲裁。

【法官讲法】

本案的焦点在于用人单位组织形式变更后劳动合同的效力。除了劳动合同法第 33 条规定的名称、法定代表人、主要负责人或者投资人等事项的变更外，实践中还存在着用人单位组织形式的变更。以公司为例，公司组织形式的变更是公司变更的一种重要形式，它是指在保持公司法人人格持续性的前提下，将公司从一种形式转变为另一种形态的行为，如由有限责任公司变更为股份有限公司。基于变更前后原用人单位法人人格的同一性，用人单位组织形式的变更一般不影响合同的履行，变更前公司的权利义务当然由变更后的公司继续享有和承担。存在的问题是，用人单位组织形式的变更将引起公司的名称变化，造成原劳动合同中的一方当事人名称在现实中并不存在。此时，若劳动者与变更后的单位未重新签订劳动合同，他是否仍享有相关的权利义务？为了保护劳动者的合法权益，应解释为用人单位组织形式的变更给予了劳动者而不是用人单位重新选择的机会。劳动者既可以选择解除劳动合同，也可以选择与变更后的用人单位继续履行合同。结合上述观点，可对本案分析如下：

第一，劳动者以拒绝签订劳动合同的方式解除了劳动合同。劳动者在知悉用人单位改制的情况下，基于对用人单位"劳动强度大、工资待遇低"的判断而拒绝与之签订合同，根据上述分析，可以理解为劳动者与变更形式后的用人单位解除了劳动合同。

第二，此种情况下用人单位是否应支付经济补偿金。我国劳动合同法第 46 条规定："有下列情形之一的，用人单位应当向劳动者支付经济补偿：（一）劳动者依照本法第三十八条规定解除劳动合同的；（二）用人单位依照本法第三十六条规定向劳动者提出解除劳动合同并与劳动者协商一致解除劳动合同的；（三）用人单位依照本法第四十条规定解除劳动合同的；（四）用人单位依照本法第四十一条第一款规定解除劳动合同的；（五）除用人单位维持或者提高劳动合同约定条件续订劳动合同，劳动者不同意续订的情形外，依照本法第四十四条第一项规定终止固定期限劳动合同的；（六）依照本法第四十四条第四项、第五项规定终止劳动合同的；（七）法律、行政法规规定的其他情形。"据此，用人单位解除劳动合同需要支付经济补偿金的情况包括三种：协商解除劳动合同的情形；用人单位根据客观原因而非劳动者的主观原因解除劳动合同的情形，也称为非过失性辞退；用人单位因经济性裁员而解除劳动合同的情形。本案中，劳动者系因改制后公司比此前单位劳动强度大、工资待遇低为由不同意继续履行原劳动合同，如果经核实确实存在该情形，按照上述规定，用人单位应支付经济补偿金。

【法条指引】

中华人民共和国劳动合同法

第三十三条　用人单位变更名称、法定代表人、主要负责人或者投资人等事项，不影响劳动合同的履行。

第三十六条　用人单位与劳动者协商一致，可以解除劳动合同。

第四十条　有下列情形之一的，用人单位提前三十日以书面形式通知劳动者本人或者额外支付劳动者一个月工资后，可以解除劳动合同：

（一）劳动者患病或者非因工负伤，在规定的医疗期满后不能从事原工作，也不能从事由用人单位另行安排的工作的；

（二）劳动者不能胜任工作，经过培训或者调整工作岗位，仍不能胜任工作的；

（三）劳动合同订立时所依据的客观情况发生重大变化，致使劳动合同无法履行，经用人单位与劳动者协商，未能就变更劳动合同内容达成协议的。

第四十六条　有下列情形之一的，用人单位应当向劳动者支付经济补偿：

（一）劳动者依照本法第三十八条规定解除劳动合同的；

（二）用人单位依照本法第三十六条规定向劳动者提出解除劳动合同并与劳动者协商一致解除劳动合同的；

（三）用人单位依照本法第四十条规定解除劳动合同的；

（四）用人单位依照本法第四十一条第一款规定解除劳动合同的；

（五）除用人单位维持或者提高劳动合同约定条件续订劳动合同，劳动者不同意续订的情形外，依照本法第四十四条第一项规定终止固定期限劳动合同的；

（六）依照本法第四十四条第四项、第五项规定终止劳动合同的；

（七）法律、行政法规规定的其他情形。

14. 劳动合同约定工作岗位随机调整，农民工能否自行变换工作岗位？

【维权要点】

职工应当依照法律的规定遵守用人单位的各项规章制度，根据用人单位生产发展的需要，适时与其签订劳动合同及上岗合同，明确双方的权利义务，服从用人单位的管理，保障自身的合法权益。农民工要变换工作岗位，必须与用人单位签订上岗合同和办理相应的手续。

【典型案例】

农民工薛某于 2016 年与某工厂签订了劳动合同。劳动合同中约定：薛某的工作岗位随企业经营管理需要而作相应的调整，上岗和换岗都应当签订上岗合同。薛某被安排在该厂运输队担任搬运工。2016 年 5 月，薛某因病不能继续从事强体力劳动，退出工作岗位等待企业安置。2017 年 3 月，该厂新车间投入生产。由于该车间的工作环境和条件较好，职工的工资和福利待遇均高于其他部门，薛某向工厂提出将自己调到该车间工作。工厂负责人以该车间对工人技术水平要求较高，薛某不符合相应条件为由未予同意。后薛某向当地劳动争议仲裁委员会提请仲裁，请求裁决某工厂安排自己到新车间工作。

【法官讲法】

我国劳动法第 16 条规定："劳动合同是劳动者与用人单位确立劳动关系、明确双方权利和义务的协议。建立劳动关系应当订立劳动合同。"劳动合同法第 3 条规定："订立劳动合同，应当遵循合法、公平、平等自愿、协商一致、诚实信用的原则。依法订立的劳动合同具有约束力，用人单位与劳动者应当履行劳动合同约定的义务。"根据上述规定，用人单位与劳动者签订劳动合同是有法律依据的，是实行合同化管理的需要。作为企业，依照法律的规定享有劳动用工权、人事管理权、内部机构设置等权利。只有充分行使这些权利，才能使企业在日趋激烈的市场竞争中占有一席之地，保障企业正常的经营与发展。而企业与职工签订的劳动合同、上岗合同，正是通过对人才的合理、优化配置，体现对劳动用工的科学化管理，达到企业生产经营的目的。作为职工应当依照法律的规定遵守企业的各项规章制度，根据企业生产发展的需要，适时与企业签订劳动合同及上岗合同，明确双方的权利义务，才能保障职工自身的合法权利。若职工不服从企业的管理，将使企业无法正常生产经营，也无法使职工自身权益得到法律的保护。

本案中，薛某在与某工厂签订的劳动合同中约定：薛某的工作岗位随企业经营管理需要而作相应的调整，上岗和换岗应当签订上岗合同。因此，在薛某因病退出工作岗位后，再重新上岗和调整工作岗位，应当与企业签订上岗合同。薛某在向工厂提出到新车间工作的要求后，工厂负责人明确答复其不适合该车间工作岗位要求，在审查该车间对工人相关要求合理的情况下，如果薛某确实不符合该岗位要求，鉴于对用人单位用工管理权、决定权的尊重，薛某关于安排其到新车间工作的请求无法得到支持。如果薛某身体确已康复，恢复了劳动能力，应当由某工厂视企业的经营管理需要加以安排，并按照劳动合同的约定签订上岗合同和办理相应的手续。

【法条指引】

中华人民共和国劳动法

第十六条 劳动合同是劳动者与用人单位确立劳动关系、明确双方权利和义务的协议。

建立劳动关系应当订立劳动合同。

第十七条 订立和变更劳动合同，应当遵循平等自愿、协商一致的原则，不得违反法律、行政法规的规定。

劳动合同依法订立即具有法律约束力，当事人必须履行劳动合同规定的义务。

15. 因农民工原因未与用人单位签订劳动合同，用人单位需要支付二倍工资差额吗？

【维权要点】

劳动合同法对书面劳动合同的签订作出了强制性的规定，并针对用人单位不与劳动者签订劳动合同的行为设立了二倍工资差额的惩罚性赔偿。这是为防止用人单位侵害劳动者权益而无法得到约束所设立的惩罚性规定。因此，用人单位作为管理者，应积极与劳动者签订劳动合同，如果因劳动者原因不签订的，应及时按照法律规定书面通知劳动者终止劳动关系。否则仍应承担向劳动者支付二倍工资差额的责任。

【典型案例】

2018 年 8 月 1 日，王某到某快餐公司应聘送餐员一职，由于人手短缺，某快餐公司当日即决定招用王某并安排王某立刻上岗，但未与王某签订书面劳动合同。后王某离职。2019 年 7 月，王某申请仲裁，要求确认双方自 2018 年 8 月 1 日至 2019 年 6 月 30 日期间存在劳动关系，并要求某快餐公司支付未签订书面劳动合同二倍工资差额。仲裁支持了王某的仲裁请求，某快餐公司不服仲裁裁决，诉请人民法院判令无须支付王某未签订书面劳动合同二倍工资差额。庭审中，某快餐公司主张其公司人事经理多次要求与王某签订劳动合同，但王某总是以正在送餐没有时间为由予以推脱，后因琐事较多，人事经理将王某未签合同一事忘记，直至王某离职未再督促其签订合同。某快餐公司提交了人事经理与王某的两次电话录音，录音中人事经理均要求王某有时间到公司把劳动合同签了，王某均答复有时间就去。人民法院审理后认为，建立劳动关系，应当订立书面劳动合同，用人单位作为管理者，有义务按照法律规定及时与劳动者签订劳动合同，确定双方权利义务关系。本案中，某餐饮公司虽提交证据证明其公司曾督促王某签订劳动合同，但在王某未按法律规定签订劳动合同的情况下，该公司未及时行使相应管理权，未按照法律规定书面通知王某终止劳动关系，而是继续用工，放任双方不稳定的权利义务关系持续。故本案中，虽然系因劳动者王某原因未签订劳动合同，但基于法律明确规定用人单位签订劳动合同的法定义务及在劳动者不签订劳动合同情况下用人单位的相应权利，某餐饮公司均未依法行使，故依法判决某餐饮公司应支付王某未签订书面劳动合同二倍工资差额。

【法官讲法】

对于支付未签订书面劳动合同二倍工资差额的条件，实践中存在不同观点。一种观点认为，《中华人民共和国劳动合同法实施条例》第6条规定："用人单位自用工之日起超过一个月不满一年未与劳动者订立书面劳动合同的，应当依照劳动合同法第八十二条的规定向劳动者每月支付两倍的工资，并与劳动者补订书面劳动合同；劳动者不与用人单位订立书面劳动合同的，用人单位应当书面通知劳动者终止劳动关系，并依照劳动合同法第四十七条的规定支付经济补偿。前款规定的用人单位向劳动者每月支付两倍工资的起算时间为用工之日起满一个月的次日，截止时间为补订书面劳动合同的前一日。"因此，如果因为劳动者的原因未能签订劳动合同，用人单位有权立即终止双方劳动关系，否则，用人单位就存在过错，就应该支付二倍工资。另一种观点认为，自用工之日起超过一个月不足一年，用人单位有足够证据证明未与劳动者签订书面劳动合同的原因在于劳动者，则用人单位就无须支付二倍工资。对于上述观点，笔者赞同第一种观点。劳动合同法规定二倍工资差额这一惩罚性赔偿，旨在提高书面劳动合同的签订率，进而通过书面劳动合同的方式将双方权利义务进行固定，以达到保护劳动者、防止用人单位侵害劳动者权益的目的。故用人单位作为劳动合同签订的发起人，其有义务督促劳动者及时签订劳动合同以明确双方的权利义务，当劳动者不按法律规定签订劳动合同时，用人单位应及时行使法律赋予的终止劳动关系的权利，确保双方劳动关系处于平衡稳定的状态。

同时，实践中也出现了一些劳动者故意不与用人单位签订劳动合同，企图以此索要未签订书面劳动合同二倍工资差额的情形。比如，公司人力资源部经理未与公司签订劳动合同的案件屡屡出现。就这一问题，笔者认为，人力资源部经理是劳动者中的特殊人群，其熟知法律的各项规定；同时，其本身即是公司整个人力资源工作运行的负责人，签订和保管劳动合同属于其工作职责范围，因此如果出现未签订劳动合同的情况，有些是其工作疏忽所致，说明其工作存在过失，有些则是故意而为，本身即存在从中获利的主观恶意。因此，无论是主观故意还是工作过失，这种不签订劳动合同的不利后果均不应该由用人单位来承受。

【法条指引】

中华人民共和国劳动合同法

第十条 建立劳动关系，应当订立书面劳动合同。

已建立劳动关系，未同时订立书面劳动合同的，应当自用工之日起一个月内订立书面劳动合同。

用人单位与劳动者在用工前订立劳动合同的，劳动关系自用工之日起建立。

第八十二条 用人单位自用工之日起超过一个月不满一年未与劳动者订立书面劳动合同的，应当向劳动者每月支付二倍的工资。

用人单位违反本法规定不与劳动者订立无固定期限劳动合同的，自应当订立无固定期限劳动合同之日起向劳动者每月支付二倍的工资。

中华人民共和国劳动合同法实施条例

第六条 用人单位自用工之日起超过一个月不满一年未与劳动者订立书面劳动合同的，应当依照劳动合同法第八十二条的规定向劳动者每月支付两倍的工资，并与劳动者补订书面劳动合同；劳动者不与用人单位订立书面劳动合同的，用人单位应当书面通知劳动者终止劳动关系，并依照劳动合同法第四十七条的规定支付经济补偿。

前款规定的用人单位向劳动者每月支付两倍工资的起算时间为用工之日起满一个月的次日，截止时间为补订书面劳动合同的前一日。

16. 劳动合同显失公平，应当如何处理？

【维权要点】

显失公平的劳动合同是可撤销的合同。当事人一方享有撤销权。撤销权的行使，一般而言为撤销权人单方的行为，无须相对人表示同意。撤销权人要求撤销合同的，应当向人民法院或者仲裁机构提出请求。

【典型案例】

2020 年 10 月，单某与某公司签订了为期 1 年的劳动合同。合同约定，实行计件工作制，每件产品 3 元，日定额 80 件。不能完成定额，将从已经加工的件数中扣除相当件数的加工费。由于单某没有加工该产品的经验，不了解加工每件产品需要花费的时间，公司招聘人员也没有作出相应的解释，便草草地签订了合同。在工作过程中，单某发现加工每件产品至少要花费 10 分钟，每天工作 8 小时根本无法完成定额。单某向公司提出降低劳动定额并适当增加每件产品的加工费，遭到公司拒绝。单某遂向公司提出终止劳动合同。公司告知单某，违反劳动合同必须支付违约金。双方经多次协商未果，2021 年 1 月，单某向当地劳动争议仲裁委员会提出仲裁申请，要求撤销双方签订的劳动合同。

【法官讲法】

本案中，由于公司规定的劳动定额过高，超过了合理的限度，致使劳动者在正常情况下无法完成劳动定额，其已经完成的产品的劳动报酬还会被扣除，直接造成的后果就是劳动者的权利和义务不对等，违背了等价有偿的原则。按照我国民法典的规定，撤销权人要求撤销合同的，应当向人民法院或者仲裁机构提出请求，单某选择了向仲裁机构申请仲裁以解决劳动争议的方式，程序合法，仲裁请求具有事实和法律根据，应当得到支持，仲裁委员会应裁决撤销单某与某公司之间签订的劳动合同。

【法条指引】

中华人民共和国民法典

第一百五十一条 一方利用对方处于危困状态、缺乏判断能力等情形，致使民事法律行为成立时显示公平的，受损害方有权请求人民法院或者仲裁机构予以撤销。

中华人民共和国劳动法

第十七条 订立和变更劳动合同，应当遵循平等自愿、协商一致的原则，不得违反法律、行政法规的规定。

劳动合同依法订立即具有法律约束力，当事人必须履行劳动合同规定的义务。

中华人民共和国劳动合同法

第三条 订立劳动合同，应当遵循合法、公平、平等自愿、协商一致、诚实信用的原则。

依法订立的劳动合同具有约束力，用人单位与劳动者应当履行劳动合同约定的义务。

17. 用人单位可否单方解除劳动合同？

【维权要点】

劳动合同法规定用人单位可以启动单方解除的情形，用人单位作出单方解除决定时必须理由法定、证据充分、程序合法并考虑限制性解除的特定情形，否则存在构成违法解除的风险。

【典型案例】

2018 年 7 月，被告王某进入原告某通信公司工作，劳动合同约定王某从事销售工作，基本工资每月 3840 元。该公司的《员工绩效管理办法》规定：员工半年、年度绩效考核分别为 S、A、C1、C2 四个等级，分别代表优秀、良好、价值观不符、业绩待改进；S、A、C（C1、C2）等级的比例分别为 20%、70%、10%；不胜任工作原则上考核为 C2。王某原在该公司分销科从事销售工作，2019 年 1 月后因分销科解散等原因，转岗至华东区从事销售工作。2018 年下半年、2019 年上半年及 2020 年下半年，王某的考核结果均为 C2。某通信公司认为，王某不能胜任工作，经转岗后，仍不能胜任工作，故在支付了部分经济补偿的情况下解除了劳动合同。2021 年 7 月 27 日，王某提起劳动仲裁。后仲裁委裁决某通信公司支付王某违法解除劳动合同赔偿金。某通信公司认为其不存在违法解除劳动合同的行为，故于同年 11 月 1 日诉至人民法院，请求判令不予支付违法解除劳动合同赔偿金。

【法官讲法】

劳动合同法第 36 条、第 39 条、第 40 条、第 41 条规定了用人单位单方解除权，因用人单位解除权的行使将使劳动者丧失工作机会，故法律对该权利的行使进行严格限定。用人单位必须做到理由法定、证据充分、程序合法并考虑限制性解除的特定情形，否则存在构成违法解除的风险。如用人单位以劳动合同法第 40 条第 1 项规定与劳动者解除劳动合同的，须提交证据证明劳动者在医疗期满后不能从事原工作，也不能从事另行安排的工作，必要情况下应对劳动者进行劳动能力鉴定；依据该条第 2 项与劳动者解除劳动合同的，必须举证证明劳动者不能胜任工作，经过培训或调整工作岗位后，仍不能胜任工作。本案中，原告某通信公司以被告王某不胜任工作，经转岗后仍不胜任工作为由，解除劳动合同，对此应负举证责任。根据《员工绩效管理办法》的规定，"C（C1、C2）考核等级的比例为 10%"，虽然王某曾经考核结果为 C2，但是 C2 等级并不完全等同于"不能胜任工作"，某通信公司仅凭该限定考核等级比例的考核结果，不能证明劳动者不能胜任工作，不符合据此单方解除劳动合同的法定条件。虽然 2019 年 1 月王某从分销科转岗，但是转岗前后均从事销售工作，并存在分销科解散导致王某转岗这一根本原因，故不能证明王某系因不能胜任工作而转岗。因此，某通信公司主张王某不能胜任工作，经转岗后仍然不能胜任工作的依据不足，存在违法解除劳动合同的情形，应当依法向王某支付经济补偿标准二倍的赔偿金。另外，劳动者在用人单位等级考核中居于末位等次，不等同于"不能胜任工作"，不符合单方解除劳动合同的法定条件，用人单位不能据此单方解除劳动合同。

【法条指引】

中华人民共和国劳动合同法

第三十六条 用人单位与劳动者协商一致，可以解除劳动合同。

第三十九条 劳动者有下列情形之一的，用人单位可以解除劳动合同：

（一）在试用期间被证明不符合录用条件的；

（二）严重违反用人单位的规章制度的；

（三）严重失职，营私舞弊，给用人单位造成重大损害的；

（四）劳动者同时与其他用人单位建立劳动关系，对完成本单位的工作任务造成严重影响，或者经用人单位提出，拒不改正的；

（五）因本法第二十六条第一款第一项规定的情形致使劳动合同无效的；

（六）被依法追究刑事责任的。

第四十条 有下列情形之一的，用人单位提前三十日以书面形式通知劳动者本人或者额外支付劳动者一个月工资后，可以解除劳动合同：

（一）劳动者患病或者非因工负伤，在规定的医疗期满后不能从事原工作，也不能从事由用人单位另行安排的工作的；

（二）劳动者不能胜任工作，经过培训或者调整工作岗位，仍不能胜任工作的；

（三）劳动合同订立时所依据的客观情况发生重大变化，致使劳动合同无法履行，经用人单位与劳动者协商，未能就变更劳动合同内容达成协议的。

第四十一条 有下列情形之一，需要裁减人员二十人以上或者裁减不足二十人但占企业职工总数百分之十以上的，用人单位提前三十日向工会或者全体职工说明情况，听取工会或者职工的意见后，裁减人员方案经向劳动行政部门报告，可以裁减人员：

（一）依照企业破产法规定进行重整的；

（二）生产经营发生严重困难的；

（三）企业转产、重大技术革新或者经营方式调整，经变更劳动合同后，仍需裁减人员的；

（四）其他因劳动合同订立时所依据的客观经济情况发生重大变化，致使劳动合同无法履行的。

裁减人员时，应当优先留用下列人员：

（一）与本单位订立较长期限的固定期限劳动合同的；

（二）与本单位订立无固定期限劳动合同的；

（三）家庭无其他就业人员，有需要扶养的老人或者未成年人的。

用人单位依照本条第一款规定裁减人员，在六个月内重新招用人员的，应当通知被裁减的人员，并在同等条件下优先招用被裁减的人员。

第四十二条 劳动者有下列情形之一的，用人单位不得依照本法第四十条、第四十一条的规定解除劳动合同：

（一）从事接触职业病危害作业的劳动者未进行离岗前职业健康检查，或者疑似职业病病人在诊断或者医学观察期间的；

（二）在本单位患职业病或者因工负伤并被确认丧失或者部分丧失劳动能力的；

（三）患病或者非因工负伤，在规定的医疗期内的；

（四）女职工在孕期、产期、哺乳期的；

（五）在本单位连续工作满十五年，且距法定退休年龄不足五年的；

（六）法律、行政法规规定的其他情形。

18. 农民工是否有权与用人单位签订无固定期限的劳动合同？

【维权要点】

劳动者在一个用人单位连续工作满 10 年以上的，在续订劳动合同时，如果双方均同意延续劳动合同，劳动者提出订立无固定期限的劳动合同的，用人单位应当与劳动者订立无固定期限的劳动合同。无固定期限的劳动合同可以防止用人单位在利用完劳动者黄金工作年限后就不再与劳动者续签合同，从而损害劳动者的合法权益。

【典型案例】

徐某系某村个体运输司机，因为技术好，2011 年 10 月他被某实业公司招收为合同制工人，签订了 5 年期限劳动合同，安排到汽车驾驶岗位工作。2016 年 10 月，徐某又与公司续签了为期 5 年的劳动合同。2021 年 10 月，公司又提出与徐某续签劳动合同，期限还是 5 年，但是徐某提出要签订无固定期限的劳动合同，双方发生争议。

【法官讲法】

本案中，徐某有权与公司签订无固定期限的劳动合同。按照劳动法第 20 条、劳动合同法第 14 条的规定，徐某已经为公司工作了 10 年，并且已经连续签订了 2 次固定期限劳动合同，符合法律规定的用人单位应当签订无固定期限劳动合同的情形，而且双方均同意续签劳动合同。虽然徐某是农民工，但在徐某要求签订无固定期限劳动合同的情况下，公司应该与他签订无固定期限的劳动合同。

【法条指引】

中华人民共和国劳动法

第二十条 劳动合同的期限分为有固定期限、无固定期限和以完成一定的工作为期限。

劳动者在同一用人单位连续工作满十年以上，当事人双方同意续延劳动合同的，如果劳动者提出订立无固定期限的劳动合同，应当订立无固定期限的劳动合同。

中华人民共和国劳动合同法

第十四条 无固定期限劳动合同，是指用人单位与劳动者约定无确定终止时间的劳动合同。

用人单位与劳动者协商一致，可以订立无固定期限劳动合同。有下列情形之一，劳动者提出或者同意续订、订立劳动合同的，除劳动者提出订立固定期限劳动合同外，应当订立无固定期限劳动合同：

（一）劳动者在该用人单位连续工作满十年的；

（二）用人单位初次实行劳动合同制度或者国有企业改制重新订立劳动合同时，劳动者在该用人单位连续工作满十年且距法定退休年龄不足十年的；

（三）连续订立二次固定期限劳动合同，且劳动者没有本法第三十九条和第四十条第一项、第二项规定的情形，续订劳动合同的。

用人单位自用工之日起满一年不与劳动者订立书面劳动合同的，视为用人单位与劳动者已订立无固定期限劳动合同。

19. 雇主拒付工资，农民工可否要求解除劳动合同？

【维权要点】

根据劳动法、劳动合同法的规定，当用人单位存在未及时足额支付劳动报酬、未按约定提供劳动保护或者劳动条件等违法行为的情形下，农民工可单方要求与用人单位解除劳动合同并要求其支付解除劳动合同经济补偿金。

【典型案例】

个体户汪某夫妇开办了一家小餐馆。2018 年 3 月，汪某雇用农村姑娘邱某做服务员，双方签订了一份劳动合同。劳动合同中约定：邱某在汪某家吃住，每月工资 2400 元，合同期限为 1 年，任何一方不得提前解除劳动合同，否则必须支付给对方 3000 元的违约金。邱某上班后发现，自己不仅要端茶送饭、洗盘刷碗，还要买菜洗菜做很多事情，一天 10 个小时下来，十分劳累。但考虑到家里的确太穷，还指望她挣钱，便咬咬牙坚持了下来。3 月底，邱某要求汪某发给她当月的工资，汪某以手头资金周转不灵为由，要求邱某等些日子。4 月底，当邱某再次要求汪某发工资的时候，汪某回答说，合同中仅规定每月 2400 元钱，没规定什么时候发，应当认为是合同到期后一起支付。邱某不同意，表示如果不给钱，她就走人。汪某则说，走人可以，但必须支付 3000 元的违约金。邱某只好忍气吞声，接着做服务员。同年 5 月，邱某经人指点，向当地劳动争议仲裁委员会申请仲裁，要求解除与汪某夫妇的劳动合同并要求支付工资及解除劳动合同经济补偿金。

【法官讲法】

根据劳动合同法第 30 条、第 38 条的规定，首先，汪某夫妇拒不按照合同付给邱某工资，邱某有权要求解除劳动合同，虽然双方仅在合同中约定邱某的月工资为 2400 元，并未约定发工资的时间，也不能认为是在合同期满时一次发给，这不仅有悖常理，而且违反了法律规定。其次，汪某夫妇应当支付邱某的工资并给予相应的经济补偿金。依据劳动合同法第 38 条的规定，劳动者以用人单位未及时足额支付劳动报酬为由提出解除劳动合同的，因系用人单位存在过错，导致劳动者被迫解除劳动合同，故用人单位应当支付解除劳动合同经济补偿金。具体标准为按劳动者在本单位工作的年限，每满 1 年支付 1 个月工资的标准向劳动者支付。6 个月以上不满 1 年的，按 1 年计算；不满 6 个月的，向劳动者支付半个月工资的经济补偿。

【法条指引】

中华人民共和国劳动合同法

第三十条　用人单位应当按照劳动合同约定和国家规定，向劳动者及时足额支付劳动报酬。

用人单位拖欠或者未足额支付劳动报酬的，劳动者可以依法向当地人民法院申请支付令，人民法院应当依法发出支付令。

第三十八条 用人单位有下列情形之一的，劳动者可以解除劳动合同：

（一）未按照劳动合同约定提供劳动保护或者劳动条件的；

（二）未及时足额支付劳动报酬的；

（三）未依法为劳动者缴纳社会保险费的；

（四）用人单位的规章制度违反法律、法规的规定，损害劳动者权益的；

（五）因本法第二十六条第一款规定的情形致使劳动合同无效的；

（六）法律、行政法规规定劳动者可以解除劳动合同的其他情形。

用人单位以暴力、威胁或者非法限制人身自由的手段强迫劳动者劳动的，或者用人单位违章指挥、强令冒险作业危及劳动者人身安全的，劳动者可以立即解除劳动合同，不需事先告知用人单位。

20. 农民工因病休假，用人单位能否以此为由解除劳动合同？

【维权要点】

根据劳动合同法的规定，劳动者患病或者非因工负伤，在规定的医疗期内，用人单位不得单方面与劳动者解除劳动合同。农民工作为劳动者中的一员，当然受该法律规定的保护，以维护农民工的合法权益。

【典型案例】

王某于 2003 年 4 月被某养鸡场招收为合同制工人，合同期限至 2013 年 4 月。2013 年 5 月 1 日双方订立劳动合同，为期 4 年。2016 年 3 月，王某因患腰椎间盘突出症需休假 2 个月。场方同意王某休假。但是，2 个月以后王某病未痊愈要求再延长 1 个月的假期。场方不同意延长王某的假期，称如果王某再不来上班，就与王某解除劳动合同。王某由于病未痊愈无法上班，于是场方就与王某解除了劳动合同。王某不服，向劳动争议仲裁委员会申请仲裁。

【法官讲法】

为了保护劳动者，我国劳动法、劳动合同法规定了劳动者患病或非因工负伤的医疗期，这个医疗期就是用人单位不得解除劳动合同的期限，而且在医疗期满后，如果劳动者能从事原工作或能从事用人单位另行安排的工作，用人单位就应继续履行劳动合同。本案中，在王某法定的医疗期未满的情况下，养鸡场不能解除与王某的劳动合同。王某的医疗期满后，只有其不能从事原工作也不能从事养鸡场另行安排的工作，养鸡场才能解除与王某的劳动合同。

【法条指引】

中华人民共和国劳动合同法

第四十条　有下列情形之一的，用人单位提前三十日以书面形式通知劳动者本人或者额外支付劳动者一个月工资后，可以解除劳动合同：

（一）劳动者患病或者非因工负伤，在规定的医疗期满后不能从事原工作，也不能从事由用人单位另行安排的工作的；

（二）劳动者不能胜任工作，经过培训或者调整工作岗位，仍不能胜任工作的；

（三）劳动合同订立时所依据的客观情况发生重大变化，致使劳动合同无法履行，经用人单位与劳动者协商，未能就变更劳动合同内容达成协议的。

第四十一条　有下列情形之一，需要裁减人员二十人以上或者裁减不足二十人但占企业职工总数百分之十以上的，用人单位提前三十日向工会或者全体职工说明情况，听取工会或者职工的意见后，裁减人员方案经向劳动行政部门报告，可以裁减人员：

（一）依照企业破产法规定进行重整的；

（二）生产经营发生严重困难的；

（三）企业转产、重大技术革新或者经营方式调整，经变更劳动合同后，仍需裁减人员的；

（四）其他因劳动合同订立时所依据的客观经济情况发生重大变化，

致使劳动合同无法履行的。

裁减人员时，应当优先留用下列人员：

（一）与本单位订立较长期限的固定期限劳动合同的；

（二）与本单位订立无固定期限劳动合同的；

（三）家庭无其他就业人员，有需要扶养的老人或者未成年人的。

用人单位依照本条第一款规定裁减人员，在六个月内重新招用人员的，应当通知被裁减的人员，并在同等条件下优先招用被裁减的人员。

第四十二条　劳动者有下列情形之一的，用人单位不得依照本法第四十条、第四十一条的规定解除劳动合同：

（一）从事接触职业病危害作业的劳动者未进行离岗前职业健康检查，或者疑似职业病病人在诊断或者医学观察期间的；

（二）在本单位患职业病或者因工负伤并被确认丧失或者部分丧失劳动能力的；

（三）患病或者非因工负伤，在规定的医疗期内的；

（四）女职工在孕期、产期、哺乳期的；

（五）在本单位连续工作满十五年，且距法定退休年龄不足五年的；

（六）法律、行政法规规定的其他情形。

21. 农民工未出示病休证明而自行休息 1 个月，用人单位能否与其解除劳动合同？

【维权要点】

用人单位招用劳动者时，应当如实告知劳动者工作内容、工作条件、工作地点、职业危害、安全生产状况、劳动报酬，以及劳动者要求了解的其他情况；用人单位有权了解劳动者与劳动合同直接相关的基本情况，劳动者应当如实说明。

【典型案例】

2014 年，农民工单某与某工厂签订了为期 10 年的劳动合同。2017 年2 月 2 日，单某经某医院诊断患有颈椎病，该医院自当日起医嘱要求单某病休 2 周，此后每 2 周为其出具需要病休的证明，直至 2017 年 7 月。单某因此未到某工厂工作并将 2017 年 2 月 2 日至 2017 年 5 月 8 日的病休证明交到某工厂，但 2017 年 5 月 8 日至 2017 年 6 月 8 日病休证明未交与某工厂，也未与某工厂办理相应的请假手续。2017 年 6 月 10 日，某工厂以单某违反该厂有关规章制度为由向单某发出解除劳动合同的通知，单某于2017 年 6 月 15 日收到该通知。单某因此向劳动争议仲裁委员会申请仲裁，要求撤销某工厂的解除决定。

【法官讲法】

处理本案的关键在于单某是否有如实告知的义务，是否应出示相关病休证明，将其实际享受医疗待遇的情况如实告知用人单位。劳动合同法第8 条规定："用人单位招用劳动者时，应当如实告知劳动者工作内容、工作条件、工作地点、职业危害、安全生产状况、劳动报酬，以及劳动者要求了解的其他情况；用人单位有权了解劳动者与劳动合同直接相关的基本情况，劳动者应当如实说明。"劳动者要实际享有自己的医疗期待遇，必须履行向用人单位告知的义务，这也是劳动者享受医疗期待遇的附随义务，即将其需要病休的具体时间等重要信息告知用人单位，否则对用人单位将不发生效力。本案中，单某未将 2017 年 5 月 8 日至 2017 年 6 月 8 日其可以享受医疗期待遇的重要信息告知某工厂，就某工厂而言，对于这一期间单某实际享受的医疗期不予确认不违反法律规定。需要明确的是，单某的如实告知义务对应用人单位某工厂知晓的权利，以及以劳动者未告知为由所生的抗辩的权利，而不是用人单位同意或不同意、批准或不批准劳动者病休的权利。

劳动者在与用人单位建立合法劳动关系后，应当遵守用人单位的规章制度，依照我国劳动法第 25 条、劳动合同法第 39 条规定即"劳动者有下列情形之一的，用人单位可以解除劳动合同：（二）严重违反用人单位的规章制度的……"。本案中，单某虽被诊断患有颈椎病并经医院建议进行病休，但应按照某工厂的规章制度履行请假手续，使单位知晓其病休情况。2017 年 5 月 8 日至 2017 年 6 月 8 日，单某既未到单位上班，也未向单位出示相关病休证明，某工厂因此解除与单某的劳动合同不违反相关法律法规。

综上，单某因没有尽到自己的如实告知义务应当承担相应的不利后果，劳动争议仲裁委员会应当依法驳回单某的仲裁请求。

【法条指引】

中华人民共和国劳动合同法

第八条　用人单位招用劳动者时，应当如实告知劳动者工作内容、工作条件、工作地点、职业危害、安全生产状况、劳动报酬，以及劳动者要求了解的其他情况；用人单位有权了解劳动者与劳动合同直接相关的基本情况，劳动者应当如实说明。

第三十九条　劳动者有下列情形之一的，用人单位可以解除劳动合同：

（一）在试用期间被证明不符合录用条件的；

（二）严重违反用人单位的规章制度的；

（三）严重失职，营私舞弊，给用人单位造成重大损害的；

（四）劳动者同时与其他用人单位建立劳动关系，对完成本单位的工作任务造成严重影响，或者经用人单位提出，拒不改正的；

（五）因本法第二十六条第一款第一项规定的情形致使劳动合同无效的；

（六）被依法追究刑事责任的。

22. 农民工提供虚假信息订立劳动合同有效吗？

【维权要点】

劳动合同是用人单位与劳动者双方就建立劳动关系协商一致达成的书面协议，因此，任何一方的相关信息都会对双方是否签订劳动合同、是否建立劳动关系的真实意思表示产生重要影响。根据劳动合同法第 26 条第 1 款第 1 项规定，以欺诈、胁迫的手段或者乘人之危，使对方在违背真实意思的情况下订立或者变更劳动合同的，劳动合同无效或者部分无效。然而由于存在竞争激烈、就业压力大等多方面原因，现实中，一些劳动者在应聘时提供虚假信息。劳动者的这种行为是否构成劳动合同法第 26 条所规定劳动合同无效的情形呢？笔者认为，就这一问题，不能简单判定，而需要结合具体情况加以分析。分析的关键在于，这些基本信息是否与工作相关、是否是劳动者有义务向用人单位如实说明的内容，以及是否会影响用人单位作出与该劳动者建立劳动合同的决定。

【典型案例】

韩某于 2018 年 5 月 11 日入职甲公司，双方签订了书面劳动合同。后双方因缴纳社会保险等事宜产生争议，韩某遂以未缴纳社会保险为由提出辞职，并申请仲裁要求甲公司支付解除劳动合同经济补偿金。仲裁并未支持韩某的申请请求，韩某遂起诉至人民法院。审理过程中，甲公司主张，韩某曾采用欺诈手段，以虚假的身份信息骗取在该公司的工作机会。2018 年 2 月，甲公司欲招聘一名人力资源主管，通过招聘网络发布了招聘信息。职位要求年龄三十岁以下，硕士以上学历。招聘网络根据韩某发布的应聘信息向我公司推荐了韩某。面试时，韩某提交了伪造的身份证，双方劳动合同应属无效。另外，我公司按照韩某提交的身份信息为其缴纳社会保险，因为身份虚假导致无法办理。经查实，韩某的身份信息确与真实情况不符。人民法院审理后认为，用人单位对员工的入职信息负有审核、校验的管理职责。甲公司未举证证明韩某身份信息虚假对劳动关系的履行造成实质性影响，也未举证证明其将招聘条件对韩某进行了提前告知，因此，对于甲公司所持的双方劳动合同应属无效的主张，人民法院并未采信。但韩某提交身份信息虚假，未能缴纳社会保险的过错并不在于甲公司。因此，韩某以未缴纳社会保险为由提出辞职并要求甲公司支付解除劳动合同的经济补偿金缺乏事实和法律依据，人民法院最终驳回了韩某的诉讼请求。

【法官讲法】

劳动合同法第 26 条第 1 款规定："下列劳动合同无效或者部分无效：（一）以欺诈、胁迫的手段或者乘人之危，使对方在违背真实意思的情况下订立或者变更劳动合同的；（二）用人单位免除自己的法定责任、排除劳动者权利的；（三）违反法律、行政法规强制性规定的。"劳动合同法第 8 条规定："用人单位招用劳动者时，应当如实告知劳动者工作内容、工作条件、工作地点、职业危害、安全生产状况、劳动报酬，以及劳动者要求了解的其他情况；用人单位有权了解劳动者与劳动合同直接相关的基本情况，劳动者应当如实说明。"因此，用人单位的知情权是有限的，否则就侵害了劳动者的隐私权。只有劳动者提供的虚假信息是与劳动合同直接相关、可能影响用人单位作出是否建立劳动关系的判断，才可能构成劳动合同法第26条规定的无效情形。因此，上述案例中虽然韩某提供的身份信息是虚假的，但是并没有对劳动关系的履行造成实质性影响，所以人民法院对甲公司所持双方劳动合同无效的主张并没有采纳。

而对于实践中广泛出现的学历或工作经历虚假的情况，笔者认为，首先，劳动者应该本着诚实信用的原则，如实提供相关信息。劳动者提供虚假信息的行为本身是不道德的、应该遭到谴责。其次，学历的虚假或工作经历的虚假并不当然产生劳动合同无效的法律后果。用人单位对劳动者的学历或工作经历等有特殊要求的，应该在招用录用时明确向劳动者提出。同时，用人单位在录用劳动者时对劳动者提供的信息负有审核、校验的管理职责。学历或工作经历本身并不等于胜任工作的能力，如果用人单位在招用录用劳动者的时候并未明确提出要求，而劳动者在实际工作中已经适应了工作环境、工作要求，完成了工作，用人单位并没有发现劳动者存在不足，那么则不能仅以学历虚假或工作经历虚假为由主张劳动合同无效。

【法条指引】

中华人民共和国劳动合同法

第八条　用人单位招用劳动者时，应当如实告知劳动者工作内容、工作条件、工作地点、职业危害、安全生产状况、劳动报酬，以及劳动者要求了解的其他情况；用人单位有权了解劳动者与劳动合同直接相关的基本情况，劳动者应当如实说明。

第二十六条　下列劳动合同无效或者部分无效：

（一）以欺诈、胁迫的手段或者乘人之危，使对方在违背真实意思的情况下订立或者变更劳动合同的；

（二）用人单位免除自己的法定责任、排除劳动者权利的；

（三）违反法律、行政法规强制性规定的。

对劳动合同的无效或者部分无效有争议的，由劳动争议仲裁机构或者人民法院确认。

23. 聘用人员待遇低下，患病期间能否被解除劳动合同？

【维权要点】

按照我国法律同工同酬的原则，同样的工作性质、职责任务、工作条件、劳动强度，工资报酬应该相同，这是社会公平信用的体现。同时，依照我国劳动法、劳动合同法的规定，劳动者患病或者非因工负伤，在规定的医疗期内的，用人单位不得解除劳动合同。

【典型案例】

农民工贺某在某电视台从事新闻编辑工作，从 2012 年参加工作至今，不仅工作积极努力，而且每年都能拿到各级的新闻奖。然而，就因为他是被聘用的，而不是分配或调入电视台的，因此从未享受过劳动法规定的各种福利待遇。只因是聘用的，他的基本工资比同岗位其他员工工资低一半，甚至出差补助都要比别人少，各种保险、补贴、公积金也都没有。2017 年 7 月底，他因病休了 3 个月假，病愈后回到单位，贺某发现工资已被停发，自己被解除聘用合同。无奈之下，贺某向劳动争议仲裁委员会申请仲裁，请求撤销电视台解除劳动合同决定，要求电视台继续履行劳动合同并补发病休期间工资。

【法官讲法】

本案涉及农民工贺某的同工同酬权被侵犯的救济问题。

首先，本案中电视台给贺某的基本工资比同岗位其他员工低一半的做法是不符合法律规定的，用人单位聘用员工应当实行同工同酬。依案情介绍，贺某从 2012 年在某电视台从事新闻编辑工作至今，不仅工作积极努力，而且每年都拿到各级的新闻奖，却没有在电视台得到平等的待遇。根据劳动法第 46 条第 1 款的规定以及同工同酬的原则，同样的工作性质、职责任务、工作条件、劳动强度，应实行同工同酬，这是社会公平信用的体现。因此，该电视台应及时纠正其同工不同酬之行为，给予贺某平等的劳动报酬待遇。

其次，电视台不应解除贺某的劳动合同并停发病休期间的工资。依照我国劳动合同法第 42 条的规定："劳动者有下列情形之一的，用人单位不得依照本法第四十条、第四十一条的规定解除劳动合同：（三）患病或者非因工负伤，在规定的医疗期内的……"我国劳动部《关于贯彻执行〈中华人民共和国劳动法〉若干问题的意见》第59条规定："职工患病或非因工负伤治疗期间，在规定医疗期间内由企业按有关规定支付其病假工资或疾病救济费，病假工资或疾病救济费可以低于当地最低工资标准支付，但不得低于最低工资标准的80%。"因此，该电视台应按此规定为贺某发放病假工资。

【法条指引】

中华人民共和国劳动法

第四十六条 工资分配应当遵循按劳分配原则，实行同工同酬。

工资水平在经济发展的基础上逐步提高。国家对工资总量实行宏观调控。

中华人民共和国劳动合同法

第十一条 用人单位未在用工的同时订立书面劳动合同，与劳动者约定的劳动报酬不明确的，新招用的劳动者的劳动报酬按照集体合同规定的标准执行；没有集体合同或者集体合同未规定的，实行同工同酬。

第四十二条 劳动者有下列情形之一的，用人单位不得依照本法第四十条、第四十一条的规定解除劳动合同：

（一）从事接触职业病危害作业的劳动者未进行离岗前职业健康检查，或者疑似职业病病人在诊断或者医学观察期间的；

（二）在本单位患职业病或者因工负伤并被确认丧失或者部分丧失劳动能力的；

（三）患病或者非因工负伤，在规定的医疗期内的；

（四）女职工在孕期、产期、哺乳期的；

（五）在本单位连续工作满十五年，且距法定退休年龄不足五年的；

（六）法律、行政法规规定的其他情形。

24. 农民工在试用期内要求修改合同，用人单位因此单方面解除劳动合同是否合法？

【维权要点】

在试用期内，除劳动者有法律规定的情形外，用人单位不得解除劳动合同。用人单位在试用期解除劳动合同的，应当向劳动者说明理由。

【典型案例】

某单位规定，凡来本单位工作的职员都须干满一年试用期。试用期间，只有工资没有奖金，一年后转正，工资上浮15%，奖金拿平均值，第三年工资继续上浮15%，奖金按部门利润提成。农民工李某应聘到该单位商务中心工作。在与单位签订劳动合同时，他没有仔细看清其中的条款便匆匆签字。双方约定合同期限为5年。事后李某才得知自己的试用期长达1年，心中很不舒服，几次要求与单位修改劳动合同。单位领导知道后十分恼火，遂决定单方面解除与李某的劳动合同。李某不服，向劳动争议仲裁委员会申请仲裁，要求撤销某单位单方面解除劳动合同的决定，继续履行劳动合同并支付其工资和奖金差额。

【法官讲法】

约定试用期有助于用人单位和劳动者之间相互了解，可以维护用人单位的利益，以考察劳动者是否与录用要求相一致；也可以维护劳动者的利益，以考察用人单位的劳动条件、劳动报酬等是否符合劳动合同的规定。但劳动合同的试用期不宜过长。试用期过长，不利于保护劳动者的劳动择业权。劳动法第21条规定："劳动合同可以约定试用期。试用期最长不得超过六个月。"劳动合同法第19条第1款对试用期的期限作了明确的规定："劳动合同期限三个月以上不满一年的，试用期不得超过一个月；劳动合同期限一年以上不满三年的，试用期不得超过二个月；三年以上固定期限和无固定期限的劳动合同，试用期不得超过六个月。"法律是严肃的，必须得到公民的充分尊重和严格遵守。本案中，某单位与李某签订了期限为5年的劳动合同，试用期不能超过6个月。某单位却无视法律规定而随意延长试用期，擅自规定职工的试用期为1年，明显违反了劳动法和劳动合同法的有关规定。因此，合同中约定一年试用期的条款是无效的。劳动合同法第21条规定："在试用期中，除劳动者有本法第三十九条和第四十条第一项、第二项规定的情形外，用人单位不得解除劳动合同。用人单位在试用期解除劳动合同的，应当向劳动者说明理由。"李某没有劳动合同法第39条和第40条第1项、第2项规定的"不符合录用条件"的情形，而且用人单位没有履行说明解除劳动合同理由的法定义务。因此，劳动争议仲裁委员会应当支持李某的仲裁申请，裁决认定某单位单方面解除劳动合同违法需要继续履行劳动合同，按照转正后待遇为李某发放工资和奖金。

【法条指引】

中华人民共和国劳动合同法

第十九条 劳动合同期限三个月以上不满一年的，试用期不得超过一个月；劳动合同期限一年以上不满三年的，试用期不得超过二个月；三年以上固定期限和无固定期限的劳动合同，试用期不得超过六个月。

同一用人单位与同一劳动者只能约定一次试用期。

以完成一定工作任务为期限的劳动合同或者劳动合同期限不满三个月的，不得约定试用期。

试用期包含在劳动合同期限内。劳动合同仅约定试用期的，试用期不成立，该期限为劳动合同期限。

第二十一条 在试用期中，除劳动者有本法第三十九条和第四十条第一项、第二项规定的情形外，用人单位不得解除劳动合同。用人单位在试用期解除劳动合同的，应当向劳动者说明理由。

第三十九条 劳动者有下列情形之一的，用人单位可以解除劳动合同：

（一）在试用期间被证明不符合录用条件的；

（二）严重违反用人单位的规章制度的；

（三）严重失职，营私舞弊，给用人单位造成重大损害的；

（四）劳动者同时与其他用人单位建立劳动关系，对完成本单位的工作任务造成严重影响，或者经用人单位提出，拒不改正的；

（五）因本法第二十六条第一款第一项规定的情形致使劳动合同无效的；

（六）被依法追究刑事责任的。

第四十条 有下列情形之一的，用人单位提前三十日以书面形式通知劳动者本人或者额外支付劳动者一个月工资后，可以解除劳动合同：

（一）劳动者患病或者非因工负伤，在规定的医疗期满后不能从事原工作，也不能从事由用人单位另行安排的工作的；

（二）劳动者不能胜任工作，经过培训或者调整工作岗位，仍不能胜任工作的；

（三）劳动合同订立时所依据的客观情况发生重大变化，致使劳动合同无法履行，经用人单位与劳动者协商，未能就变更劳动合同内容达成协议的。

25. 在试用期内，用人单位能否随时与农民工解除劳动关系？

【维权要点】

在试用期内，除劳动者有法律规定的情形外，用人单位不得解除劳动合同。用人单位在试用期解除劳动合同的，应当向劳动者说明理由。

【典型案例】

农民工赵某于 2017 年 3 月 29 日到某公司工作，双方签订了劳动合同及试用协议书，试用期限为 3 个月。按照某公司下发的《聘用岗位和薪酬说明》的规定，赵某担任某公司办公室秘书的职务，每月实发工资 5000 元，试用期月工资 3000 元，其余部分按年发放。2017 年 5 月 20 日，某公司向赵某下发了《解聘员工通知单》，其中载明该公司系因业务紧缩，不需要此岗位人员而辞退赵某，该通知单上除了公司领导签字外，没有该公司的公章。赵某认为自己工作尽心尽力，并没有过错，故不同意解除劳动关系。在多次协商无效后，赵某向区劳动争议仲裁委员会申请仲裁，要求确认某公司解除行为违法应继续履行劳动合同。仲裁过程中，某公司并未举证证明赵某不符合录用条件的事实存在。

【法官讲法】

试用期，是指用人单位和劳动者建立劳动关系后为相互了解、选择而约定的不超过 6 个月的考察期。它是双方劳动关系存续期间的一种特殊表现形式。试用期也属于劳动关系存续期间，因此双方的劳动权益同受劳动法、劳动合同法及其相关规定的保护。劳动合同法对劳动关系双方分别规定了试用期内解除劳动关系的条件。对于劳动者方面解除劳动合同的，该法第 37 条规定："……劳动者在试用期内提前三日通知用人单位，可以解除劳动合同。"劳动者不需任何附加条件，用人单位不得要求劳动者支付职业技能培训费，还应按照劳动者的实际工作天数支付工资。对于用人单位单方面解除劳动合同的，该法第39条规定："劳动者有下列情形之一的，用人单位可以解除劳动合同：（一）在试用期间被证明不符合录用条件的；（二）严重违反用人单位的规章制度的；（三）严重失职，营私舞弊，给用人单位造成重大损害的；（四）劳动者同时与其他用人单位建立劳动关系，对完成本单位的工作任务造成严重影响，或者经用人单位提出，拒不改正的；（五）因本法第二十六条第一款规定的情形致使劳动合同无效的；（六）被依法追究刑事责任的。"第40条规定："有下列情形之一的，用人单位提前三十日以书面形式通知劳动者本人或者额外支付劳动者一个月工资后，可以解除劳动合同：（一）劳动者患病或者非因工负伤，在规定的医疗期满后不能从事原工作，也不能从事由用人单位另行安排的工作的；（二）劳动者不能胜任工作，经过培训或者调整工作岗位，仍不能胜任工作……"第21条规定："在试用期内，除劳动者有本法第三十九条和第四十条第一项、第二项规定的情形外，用人单位不得解除劳动合同。用人单位在试用期解除劳动合同的，应当向劳动者说明理由。"实践中，劳动双方在有试用期约定的情形下，极易导致争议产生的是双方对"不符合录用条件"有不同的理解。对此，双方可以在约定试用期时一并对录用条件进行明确的约定，若没有约定，应当由人民法院或者劳动争议仲裁机构，综合衡量劳动者所在具体工作岗位的要求与劳动者工作能力之间的匹配程度来认定。劳动者在试用期内的工作表现被证明不能满足所在工作岗位要求的，可以认定劳动者不符合用人单位"录用条件"。这里所说的"录用条件"，既包括岗位要求的个体业务能力，也包括劳动者的团队协作能力，甚至包括劳动者的工作态度等细节，但用人单位必须证明这些能力与劳动者所在岗位的工作之完成具有密切的关联性。用人单位要证明劳动者在试用期内是否符合"录用条件"，必须依据劳动者在试用期内的工作表现，并经过一定的考核程序，在一定的期限内作出是否符合的结论，否则试用期一届满即视为劳动者符合用人单位的"录用条件"。

本案中，赵某工作尽心尽力，并没有过错。某公司也并未举证证明赵某不符合录用条件的事实存在。因此，该公司单方面解除与赵某劳动合同属于违法解除，对赵某的仲裁请求应予以支持。

【法条指引】

中华人民共和国劳动合同法

第二十一条　在试用期中，除劳动者有本法第三十九条和第四十条第一项、第二项规定的情形外，用人单位不得解除劳动合同。用人单位在试用期解除劳动合同的，应当向劳动者说明理由。

第三十七条　劳动者提前三十日以书面形式通知用人单位，可以解除劳动合同。劳动者在试用期内提前三日通知用人单位，可以解除劳动合同。

第三十九条　劳动者有下列情形之一的，用人单位可以解除劳动合同：

（一）在试用期间被证明不符合录用条件的；

（二）严重违反用人单位的规章制度的；

（三）严重失职，营私舞弊，给用人单位造成重大损害的；

（四）劳动者同时与其他用人单位建立劳动关系，对完成本单位的工作任务造成严重影响，或者经用人单位提出，拒不改正的；

（五）因本法第二十六条第一款第一项规定的情形致使劳动合同无效的；

（六）被依法追究刑事责任的。

26. 临时雇工的组织者与用工单位签订的"用工合同"是否属于"集体合同"？

【维权要点】

临时雇工的组织者与用工单位签订的"用工合同"不属于"集体合同"。它既不是由劳动者和用人单位各自选派的代表协商签订的，也不是以维护劳动者的合法权益为目的，这样的合同也没有遵循签订集体合同的特定程序。事实上，该合同是临时雇工的组织者代表工人与用人单位签订的一份不定期劳动合同。

【典型案例】

2016 年 12 月，肖某以某建筑队的名义与某建筑公司签订一份"用工合同"。合同约定由肖某负责组织民工。该合同对工人的管理、工资的分配与结算、福利待遇及工程结束的退场等都作了明确约定，同时还约定肖某必须服从该公司的组织领导与工作安排，如肖某不能保证劳动力数量，影响公司工程进度，公司有权辞退或罚款；施工期间公司支付给肖某所组织的人员部分生活费，余下费用待工程完工后一次付清；公司按肖某的工程量收入总额的10%给肖某作为施工管理费，包括管理人员工资、劳保福利、办公费、差旅费等。工人的工资以及保险金、福利费等都是由工人直接从公司领取，肖某的报酬也是从公司领取。该合同签订后，肖某组织了石某等40余名工人到工地施工。2017年1月，石某在施工中被搅拌机搅伤右臂。石某入院治疗13天，医药费已由公司支付。2017年3月，肖某、石某与公司达成协议，双方约定公司除垫付上述医药费外，一次性给付石某8万元作为日后一切治疗、治疗期间误工补助、交通等费用开支，石某放弃向公司索赔的权利。协议签订后，双方办理了公证。石某获得公司赔偿后，又以和肖某是雇佣关系为由，将肖某起诉到人民法院，要求肖某赔偿其各种损失共计8万元。肖某认为与石某不存在雇佣关系，自己只是代表建筑队的全体工人与某建筑公司签订了一份集体合同。且石某的损失已由公司赔偿，自己不应承担赔偿责任。

【法官讲法】

本案中，肖某以某建筑队的名义与某建筑公司签订的用工合同既不是由劳动者和用人单位各自选派的代表协商签订的，也不是以维护劳动者的合法权益为目的，没有遵循签订集体合同的特定程序。该合同不是劳动法和《集体合同规定》所称的"集体合同"。工人与公司之间虽然没有集体合同关系，并不意味着两者之间没有劳动关系。事实上，该合同是肖某代表工人与公司签订的一份不定期劳动合同。肖某以某建筑队的名义与公司签订用工合同，从表面上看是肖某承包工程之后，石某受肖某雇用而从事工程施工，双方形成雇佣关系，但该合同对工人的管理、工资的分配与结算、福利待遇及工程结束的退场等都作了明确约定，所有工人的工资以及保险金、福利费等都是由工人直接从公司领取，至于另外的10%，那是肖某的报酬，且也是从公司领取。从该合同的内容不难看出，所签的"用工合同"实际上是肖某代表工人与公司之间形成劳动合同关系的依据，肖某与石某之间不存在雇佣关系。石某在施工过程中所受伤害应由公司赔偿。鉴于公司已与肖某、石某达成赔偿协议，并进行了公证，该协议系双方真实意思表示，且不违反法律规定，具有法律效力。石某的损失已获赔偿，不能因同一损害事实再行主张权利。人民法院应当驳回石某的诉讼请求。

【法条指引】

中华人民共和国劳动法

第三十三条　企业职工一方与企业可以就劳动报酬、工作时间、休息休假、劳动安全卫生、保险福利等事项，签订集体合同。集体合同草案应当提交职工代表大会或者全体职工讨论通过。

集体合同由工会代表职工与企业签订；没有建立工会的企业，由职工推举的代表与企业签订。

第三十四条　集体合同签订后应当报送劳动行政部门；劳动行政部门自收到集体合同文本之日起十五日内未提出异议的，集体合同即行生效。

27. 个别用人单位未签订行业性集体合同，劳动者能否依据行业性集体合同要求该单位履行义务？

【维权要点】

行业性、区域性集体合同作为集体合同的一种，在法律没有特别规定时，应当适用集体合同的相关规定。集体合同订立后，应当报送劳动行政部门；劳动行政部门自收到集体合同文本之日起 15 日内未提出异议的，集体合同即行生效。

【典型案例】

某区建筑业行业工会是该区的行业性工会，工会主席得知近年来该行业由于收入不稳定导致技术熟练工人经常"跳槽"，企业雇用工人的工作不稳定，影响了该行业的健康发展，于是向该区建筑业行业协会提出集体协商的要求，该行业协会给予积极回应。双方都分别组织在建筑行业企业中选出集体协商的代表，并由这些代表征求各企业的劳动者和企业主的意见。双方就劳动报酬、社会保险与福利、工作时间和休息休假、劳动安全与卫生、劳动争议等方面进行协商。在协商一致的基础上形成了建筑行业集体合同，并由双方代表签字。在这份合同中有一项，企业应为职工提供免费食宿和生活必需品，其中包括免费使用水电等。

订立合同的次日，由区建筑行业协会将该合同报送区劳动保障行政部门。区劳动保障行政部门在收到文本后一直未置可否。该合同签订一个月后，张某来到该区务工，与一家经营建筑业的私营企业某公司订立劳动合同，但合同中并未涉及张某的食宿和生活用品等问题。后张某向某公司要求提供住宿，某公司以劳动合同没有规定为由予以拒绝。张某以某公司违反该区建筑行业集体合同向人民法院起诉，请求人民法院判令某公司履行该区建筑行业集体合同中企业应为职工提供免费食宿的义务。某公司答辩称：该区建筑行业集体合同并未经过区劳动保障部门的明确认可，故不具有法律效力；某公司负责人并未在集体合同上签字，该合同即使生效，也对本公司无效。

【法官讲法】

根据劳动合同法的规定，本案中的建筑行业集体合同是在区级区域内由区建筑业行业工会代表劳动者一方，与代表企业方面的区建筑行业协会及相关企业代表进行协商、签字，符合法律规定的相关条件，故应认定为行业性集体合同。劳动合同法第54条第1款规定："集体合同订立后，应当报送劳动行政部门；劳动行政部门自收到集体合同文本之日起十五日内未提出异议的，集体合同即行生效。"行业性、区域性集体合同作为集体合同的一种，在法律没有特别规定时，应当适用集体合同的相关规定。本案中，区建筑业协会在订立合同的次日将该合同报送至区劳动保障行政部门，区劳动保障行政部门在收到文本后的15日内未提出异议。因此，该建筑行业集体合同已经通过审查并生效。根据劳动合同法的规定，行业性集体合同对当地本行业、本区域的用人单位和劳动者具有约束力。本案中建筑行业集体合同是合法有效的行业性集体合同，对张某和某公司具有法律效力，原告要求被告履行集体合同所约定的提供免费食宿的义务，符合法律规定，人民法院应当予以支持。

【法条指引】

中华人民共和国劳动合同法

第五十四条 集体合同订立后，应当报送劳动行政部门；劳动行政部门自收到集体合同文本之日起十五日内未提出异议的，集体合同即行生效。

依法订立的集体合同对用人单位和劳动者具有约束力。行业性、区域性集体合同对当地本行业、本区域的用人单位和劳动者具有约束力。

28. 职工在集体合同签订后入厂，能否享受集体合同规定的待遇？

【维权要点】

集体合同的效力，即集体合同的适用范围，是指集体合同对什么人、在什么时间、什么地域具有约束力。按照我国有关法律对集体合同效力的规定，集体合同对企业和企业全体职工具有约束力。

【典型案例】

2015 年 8 月，某工厂与全体员工签订了集体合同。在集体合同中，双方对工资和奖金作出了约定：该工厂员工除了按月领取基本工资和奖金之外，同时还将根据工厂的效益享受额外的季度奖。2016 年 10 月，某工厂筹建了第五车间，并招聘了一批农民工为新员工。在与这些农民工签订的劳动合同中规定：新员工享受与老员工相同的基本工资和奖金，但没有季度奖。第五车间成立后，经济效益较好，但员工无法享受其他车间员工享受的季度奖。2017 年 3 月，第五车间员工集体向工厂提出在第五车间实行季度效益奖的要求。工厂以劳动合同中没有规定季度奖为由，拒绝了员工的要求。第五车间员工遂向当地劳动争议仲裁委员会申请仲裁。

【法官讲法】

处理本案的关键是正确认识集体合同的效力。集体合同的效力，即集体合同的适用范围，是指集体合同对什么人、在什么时间、什么地域具有约束力。按照劳动合同法对集体合同效力的规定，集体合同对企业和企业全体职工具有约束力。企业全体职工显然包括集体合同订立前加入企业的职工和订立后加入企业的职工。在集体合同订立后加入企业的职工，从加入企业时起当然地取得集体合同关系人的资格，不需要与企业另外订立协议加入集体合同或重新订立集体合同。本案中，某工厂第五车间在集体合同订立后加入企业的新员工与老员工一样，在集体合同的适用范围之内。第五车间的新员工的基本工资和奖金与老员工的水平相同，但却没有享受老员工按照集体合同的规定享有的季度效益奖。因此，某工厂应当按照与老员工签订的集体合同中对劳动报酬的规定对新员工实行季度奖，新员工要求享受季度效益奖的仲裁请求应予以支持。

【法条指引】

中华人民共和国劳动合同法

第五十四条 集体合同订立后，应当报送劳动行政部门；劳动行政部门自收到集体合同文本之日起十五日内未提出异议的，集体合同即行生效。

依法订立的集体合同对用人单位和劳动者具有约束力。行业性、区域性集体合同对当地本行业、本区域的用人单位和劳动者具有约束力。

29. 在集体合同订立前加入公司的农民工，能否享受集体合同规定的待遇？

【维权要点】

用人单位与劳动者订立的劳动合同中，劳动条件和劳动报酬等标准不得低于集体合同规定的标准。集体合同的法律效力高于个别劳动合同。

【典型案例】

王某等五人从乡下进城务工，并被某公司雇用，双方订立了劳动合同。合同约定王某等人某月工资为2000元。在合同履行的第二年，该公司工会代表全体职工与该公司订立了集体合同。集体合同中对劳动报酬、工作时间、休息休假、劳动条件等内容规定了具体标准，其中规定了员工的每月工资不得低于2500元。集体合同生效后，某公司仍然按照每月2000

元的标准向王某等发放工资，王某等向公司提出异议，要求按照集体合同规定的标准发放工资。公司表示在公司与王某等人订立的劳动合同中已经约定了工资标准，应当按照合同履行，且王某等系农民工，不享有集体合同规定的待遇。王某等遂向当地劳动争议仲裁委员会申请劳动仲裁。

【法官讲法】

本案主要涉及集体合同对其生效之前存在的劳动合同的效力问题。劳动合同法第 55 条规定："集体合同中劳动报酬和劳动条件等标准不得低于当地人民政府规定的最低标准；用人单位与劳动者订立的劳动合同中劳动报酬和劳动条件等标准不得低于集体合同规定的标准。"因此，集体合同的法律效力高于个别劳动合同。本案中，在集体合同生效之前，王某等与公司之间的劳动合同与集体合同并未发生冲突，故合法有效。在集体合同生效之后，王某等与公司之间的劳动合同中关于工资的约定低于集体合同规定的标准，此时应当适用集体合同的规定，公司应当按照每月 2500 元的标准向王某等发放工资。此外，劳动合同法第 54 条第 2 款规定："依法订立的集体合同对用人单位和劳动者具有约束力。行业性、区域性集体合同对当地本行业、本区域的用人单位和劳动者具有约束力。"本法并未将城镇职工与农民工加以区分，故农民工与用人单位订立的劳动标准也应适用集体合同规定的标准。

【法条指引】

中华人民共和国劳动合同法

第五十四条 集体合同订立后，应当报送劳动行政部门；劳动行政部门自收到集体合同文本之日起十五日内未提出异议的，集体合同即行生效。

依法订立的集体合同对用人单位和劳动者具有约束力。行业性、区域性集体合同对当地本行业、本区域的用人单位和劳动者具有约束力。

第五十五条 集体合同中劳动报酬和劳动条件等标准不得低于当地人民政府规定的最低标准；用人单位与劳动者订立的劳动合同中劳动报酬和劳动条件等标准不得低于集体合同规定的标准。

30. 当事人双方未及时续订到期合同，农民工工资应如何确定？

【维权要点】

劳动合同期限届满后，当事人双方应当及时办理终止或续订劳动合同的手续。有固定期限的劳动合同期满后，因用人单位方面的原因未办理终止或续订手续而形成事实劳动关系的，视为续订劳动合同。在这种情况下，如果当事人双方在原劳动合同届满时对继续执行原劳动合同约定的工资和福利待遇标准、劳动条件等没有异议，应当视为双方默认按照原劳动合同的约定继续履行。

【典型案例】

陈某是某村高中毕业生，于 2016 年 6 月进城与某公司签订了为期 2 年的劳动合同。合同约定：陈某成为企业的职工，月工资为 3000 元。2018 年 6 月，劳动合同期限届满。陈某仍留在某公司工作，但双方未续订劳动合同。2018 年 10 月，陈某被公司调至某分公司工作，工资标准调整为每月 2500 元。陈某认为，自己与某公司签订的劳动合同约定自己的月工资为 3000 元，劳动合同届满后，双方没有续订，自己继续留在某公司工作，应当视为双方默认按原劳动合同约定的工资标准履行。某公司将自己调至分公司工作后，降低了工资标准，违反约定，侵犯了自己的合法权益。陈某于 2018 年 11 月向当地劳动争议仲裁委员会提请仲裁，请求依法裁决某公司补足工资差额。劳动争议仲裁委员会经审查后裁决：陈某的请求理由成立，某公司应当按照原劳动合同约定的工资标准支付陈某工资。某公司不服裁决，向人民法院提起诉讼，请求人民法院依法判决公司调整陈某工资标准的行为有效，维护公司的劳资管理自主权。人民法院未支持公司的诉讼请求。

【法官讲法】

劳动合同是确定劳动关系双方权利义务关系、保障双方当事人合法权益的重要载体。劳动合同期限届满后，当事人双方应当及时办理终止或续订劳动合同的手续。有固定期限的劳动合同期满后，因用人单位方面的原因未办理终止或续订手续而形成事实劳动关系的，视为续订劳动合同。在这种情况下，如果当事人双方在原劳动合同届满时对继续执行原劳动合同约定的工资和福利待遇标准、劳动条件等没有异议，应当视为双方默认按照原劳动合同的约定继续履行。陈某与某公司劳动合同期限届满后，当事人双方未及时办理终止或续订劳动合同的手续，陈某继续留在某公司工作，双方对继续执行原劳动合同约定的工资标准没有异议，应当视为双方默认按照原劳动合同的约定履行。某公司将陈某调至分公司后，降低了陈某的工资标准，是违反约定的行为。该行为没有法律效力，陈某有权主张按照原劳动合同约定的工资标准继续执行。

【法条指引】

劳动部关于实行劳动合同制度若干问题的通知

14. 有固定期限的劳动合同期满后，因用人单位方面的原因未办理终止或续订手续而形成事实劳动关系的，视为续订劳动合同。用人单位应及时与劳动者协商合同期限，办理续订手续。由此给劳动者造成损失的，该用人单位应当依法承担赔偿责任。

31. 根据劳务服务合同到其他单位履行职务的过程中受到伤害，应当由谁承担责任？

【维权要点】

劳务服务合同属于无名合同，其系由发包单位和承包单位签署劳务服务合同，由承包单位向发包单位提供劳务服务的合同，其以交付服务成果为合同标的。在提供服务过程中，承包单位员工由承包单位进行管理，发包单位不直接参与管理，故员工受到伤害应由与员工存在劳动关系的承包单位自行承担。

【典型案例】

2020 年 8 月，某市场与某保安公司签订 3 年期限劳务服务合同。合同约定：由某保安公司为某市场提供保安服务，人员 1 名，用于维护市场秩序，人员费用及管理均由某保安公司负责，某市场按约定支付服务费。某保安公司根据劳务服务合同委派水某（农村进城务工人员）到某市场工作，维护市场秩序。2021 年 2 月 8 日，水某在维持市场秩序的过程中，与业主柏某发生争执。双方在争执中发生厮打，水某被柏某打伤，在入院治疗的过程中共花去医药费 12000 元。水某向人民法院起诉，要求某市场和某保安公司共同承担赔偿责任。

【法官讲法】

本案中，需要判断某市场与某保安公司签订劳务服务合同的性质。主要争议在于该合同属于劳务派遣合同还是劳务服务合同，二者主要区别在于：

1. 法律适用不同，劳务服务合同适用民法典合同编；劳务派遣合同则适用劳动合同法。

2. 管理权限不同，劳务服务中从事服务的劳动者由承包方直接管理，发包方不得直接对其进行管理；劳务派遣中的劳动者，由用工单位直接管理，用工单位的规章制度适用于被派遣的劳动者。

3. 风险承担不同，劳务服务中承包人招用劳动者的用工风险与发包人无关；劳务派遣中用工单位给劳动者造成损害的，劳务派遣单位与用工单位承担连带责任。

结合上述案例看，某市场与某保安公司签订的劳务服务合同明确约定保安人员由某保安公司负责管理并决定劳动报酬，某市场只受领相应的保安服务成果，与上述劳务服务合同性质一致，应认定不属于受劳动合同法调整的劳务派遣合同。即某市场将维护市场秩序的安保工作发包给某保安公司，某市场作为保安服务接受人，某保安公司为保安服务提供人，双方约定由受雇人（保安人员水某）直接向某市场提供劳务服务，维持市场秩序。根据合同相对性，某保安公司和某市场为劳务服务合同的当事人，双方之间劳务服务合同以保安人员的劳务为标的，而保安人员并非劳务服务合同的当事人。保安人员水某维持某市场秩序，是基于用人单位某保安公司的安排，履行某保安公司与某市场之间的劳务服务合同义务。因此，虽然水某是在履行维持市场秩序的职务，但其提供劳务是因为履行某保安公司与某市场之间的劳务服务合同义务。水某为某市场维持秩序并在履行职务的过程中受到伤害，应该由其用人单位某保安公司承担责任。

【法条指引】

中华人民共和国劳动合同法

第五十九条　劳务派遣单位派遣劳动者应当与接受以劳务派遣形式用工的单位（以下称用工单位）订立劳务派遣协议。劳务派遣协议应当约定派遣岗位和人员数量、派遣期限、劳动报酬和社会保险费的数额与支付方式以及违反协议的责任。

用工单位应当根据工作岗位的实际需要与劳务派遣单位确定派遣期限，不得将连续用工期限分割订立数个短期劳务派遣协议。

第九十二条　违反本法规定，未经许可，擅自经营劳务派遣业务的，由劳动行政部门责令停止违法行为，没收违法所得，并处违法所得一倍以上五倍以下的罚款；没有违法所得的，可以处五万元以下的罚款。

劳务派遣单位、用工单位违反本法有关劳务派遣规定的，由劳动行政部门责令限期改正；逾期不改正的，以每人五千元以上一万元以下的标准处以罚款，对劳务派遣单位，吊销其劳务派遣业务经营许可证。用工单位给被派遣劳动者造成损害的，劳务派遣单位与用工单位承担连带赔偿责任。

32. 农民工签收解除劳动合同通知书，是否意味着认可解除行为？

【维权要点】

劳动法、劳动合同法赋予用人单位在特定情形下单方解除与劳动者劳动关系的权利，当用人单位单方解除合同并向劳动者发送解除通知书时，劳动者在解除通知书上签字仅代表劳动者收到该通知书，签字行为并不代表认可用人单位解除行为合法。是否合法还应根据用人单位解除原因及相关证据，从内容合法性、程序正当性等角度综合判断。

【典型案例】

农民工小吴 2015 年 7 月通过招聘到一家贸易公司从事销售工作，双方签订为期 3 年的劳动合同，并约定小吴每月工资为 3000 元加业务提成。2017 年 3 月，公司以小吴旷工，严重违反单位规章制度为由单方解除劳动合同并向小吴送达解除通知，小吴在解除通知上签字确认，双方办理工作交接手续。2017 年 12 月，小吴申请劳动仲裁要求公司支付违法解除劳动合同赔偿金 12000 元。仲裁庭审中，某公司认为其公司以小吴严重违反规章制度为由解除劳动合同，且有小吴签字确认，该解除行为合法有效。在举证时，公司提出小吴在 2017 年 3 月旷工达 1 个月之久，有公司考勤表为证，但考勤表并无小吴签字，且小吴不认可其真实性。公司提交的小吴 2017 年 3 月工资表中考勤扣款为 0 元，按照公司考勤管理制度明确规定员工旷工超过 3 天，扣发当月基本工资的 30% 并解除劳动合同。即公司提交的工资表与考勤表关于小吴旷工的事实相互矛盾，公司无法作出合理解释。且公司未提交证据证明其解除合同所依据的规章制度经过民主程序制定，且其单方解除行为亦未履行通知工会的程序。综上，仲裁委认定公司解除行为违法，支持了小吴的请求。

【法官讲法】

关于本案，有观点认为，解除通知中已经写明了用人单位单方解除劳动合同的原因，且有劳动者小吴的签字，其签字行为应视为其认可了用人单位提出解除的理由，仲裁庭审中不应再继续审理该解除行为有效与否。笔者认为，对于劳动合同的解除，劳动合同法规定了单方解除及协商一致解除等情形，并明确规定了各种解除情形的适用条件及违法解除的法律后果。因此，对法定解除条件的具体适用不仅要审查解除程序的正当性，还要对解除内容的合法性进行审查。本案中，公司作出的解除行为，从程序上看存在未经过民主程序、未履行通知工会程序等问题。从内容上看，公司据以解除的旷工依据考勤表并无小吴签字，且该考勤表与其提交的工资表中考勤扣款为 0 自相矛盾，故其公司提交证据不足以证明小吴存在旷工长达 1 个月的严重违纪行为。综上，该公司无论在解除行为的内容还是程序方面均不符合法律规定，属于违法解除，应支付小吴违法解除劳动合同赔偿金。至于小吴签字行为并不代表其对解除理由认可，仅代表公司履行了送达解除通知程序，小吴收到解除通知而已。

【法条指引】

中华人民共和国劳动合同法

第三十九条　劳动者有下列情形之一的，用人单位可以解除劳动合同：

（一）在试用期间被证明不符合录用条件的；

（二）严重违反用人单位的规章制度的；

（三）严重失职，营私舞弊，给用人单位造成重大损害的；

（四）劳动者同时与其他用人单位建立劳动关系，对完成本单位的工作任务造成严重影响，或者经用人单位提出，拒不改正的；

（五）因本法第二十六条第一款第一项规定的情形致使劳动合同无效的；

（六）被依法追究刑事责任的。

第八十七条　用人单位违反本法规定解除或者终止劳动合同的，应当依照本法第四十七条规定的经济补偿标准的二倍向劳动者支付赔偿金。

33. 农民工违纪而用人单位解除劳动合同的程序违法，应当如何处理？

【维权要点】

对于农民工发生违纪行为，符合法律规定的，用人单位可以与其解除劳动合同。但合同的解除必须依照法律规定的程序进行，否则将承担法律后果。

【典型案例】

王某系农村户口，高中毕业后进城务工，2016 年 6 月受聘于某私营企业，担任文秘职务。双方签订了为期 2 年的劳动合同。在其工作期间，由于王某比较随意，经常迟到早退，工作态度不认真，多次受到上级的批评和警告，但王某依然我行我素，不思悔改。2017 年 2 月，因公司架构调整，王某所在企业调整了王某的工作岗位，安排王某担任库管员。王某在库管员的工作岗位上，仍然没有转变工作态度，由于粗心大意，致使其负责的仓库账目混乱，物品进出无序，并且王某对单位调整自己的工作岗位一直有怨气，经常在工作时间离岗，导致仓库物品的存取工作无法正常进行。王某所在企业对其进行教育无效，并于 2017 年 5 月以王某不能胜任工作为由，作出了解除与王某劳动合同的决定并通知王某办理离职手续。王某接到通知后，到人事部门办理了离职手续。事后，王某认为企业违反法定程序，没有对自己进行培训或者调整工作岗位直接将自己开除违反法律规定。故向当地劳动争议仲裁委员会申请仲裁，要求所在企业承担支付相当于自己4个月工资的赔偿金。

【法官讲法】

根据劳动合同法的规定，劳动者不能胜任工作，经过培训或者调整工作岗位，仍不能胜任工作的，用人单位提前30日以书面形式通知劳动者本人或者额外支付劳动者1个月工资后，可以解除劳动合同。适用本规定解除与劳动者的劳动关系，首先，需要证明劳动者存在不能胜任工作的情形；其次，需要对劳动者进行培训或者调整工作岗位。只有在履行培训或者调岗程序之后才能以此为由解除。本案中，王某在文秘岗位时即存在不能胜任工作的倾向，但该企业并未对其培训或者调整岗位。从案例来看，该企业将其调整至仓库岗位并非基于其不能胜任工作，而是基于组织架构调整。故王某在仓库岗位出现不能胜任工作情形时，该企业应对其进行培训或者基于其无法胜任仓库岗位再次调整工作岗位，如果王某仍不能胜任工作的，该企业方能据此与其解除劳动合同。综上，虽然王某存在不能胜任工作的情形，但因为该企业解除程序不合法，仍属于违法解除，故应支付王某违法解除劳动合同赔偿金。另外，从案例可以看出，王某存在工作时间擅自离岗，导致仓库物品存取工作无法正常进行等后果，用人单位在确定其存在上述违纪事实时，可以从单方解除劳动关系的角度考虑，亦可考虑以劳动合同法第39条规定的情形与王某解除劳动关系。但前提是王某的行为属于严重违纪，用人单位可以解除的情形，且该企业也要注意解除内容及解除程序的合法性。

【法条指引】

中华人民共和国劳动合同法

第四十条　有下列情形之一的，用人单位提前三十日以书面形式通知劳动者本人或者额外支付劳动者一个月工资后，可以解除劳动合同：

（一）劳动者患病或者非因工负伤，在规定的医疗期满后不能从事原工作，也不能从事由用人单位另行安排的工作的；

（二）劳动者不能胜任工作，经过培训或者调整工作岗位，仍不能胜任工作的；

（三）劳动合同订立时所依据的客观情况发生重大变化，致使劳动合同无法履行，经用人单位与劳动者协商，未能就变更劳动合同内容达成协议的。

第八十七条 用人单位违反本法规定解除或者终止劳动合同的，应当依照本法第四十七条规定的经济补偿标准的二倍向劳动者支付赔偿金。

34. 农民工在接受专项培训后未完成合同约定的服务年限，应否承担违约责任？

【**维权要点**】

用人单位为劳动者提供专项培训费用，对其进行专业技术培训的，可以与该劳动者订立协议，约定服务期。劳动者违反服务期约定的，应当按照约定向用人单位支付违约金。违约金的数额不得超过用人单位提供的培训费用。用人单位要求劳动者支付的违约金不得超过服务期尚未履行部分所应分摊的培训费用。

【**典型案例**】

农民工相某到某公司工作。因技术过硬，2015年5月，某公司送相某到某技术学校学习先进技术，为日后引进车床的使用、维修储备人才。进修前，相某与某公司签订了进修合同。双方约定：相某在进修期满后应当回原单位工作，而且在5年以内不得辞职或调离。如果在规定期限内辞职或申请调离的，应当赔偿公司在进修期间为其支付的工资、奖金、学习费用以及报销的往返路费等，并支付相当于上述费用总和20%的违约金。2016年7月，相某进修期满，回某公司工作。2017年3月，相某与在异地工作的钟某结婚。同年5月，相某向某公司提出了调动工作的要求，以解决夫妻二人两地分居的问题。公司要求相某按照进修合同的约定支付上述费用。相某认为，某公司的上述做法侵犯了其作为劳动者应当享有的择业自主权和接受职业培训及继续教育的权利，遂向劳动争议仲裁委员会申请仲裁，要求判决双方劳动合同解除，准予其调动工作；某公司则提出反申请，要求相某按进修合同约定支付相关费用。

【法官讲法】

我国教育法第41条规定："从业人员有依法接受职业培训和继续教育的权利和义务。国家机关、企业事业组织和其他社会组织，应当为本单位职工的学习和培训提供条件和便利。"职业教育法第5条规定："公民有依法接受职业教育的权利。"劳动法第3条第1款规定："劳动者享有平等就业和选择职业的权利、取得劳动报酬的权利、休息休假的权利、获得劳动安全卫生保护的权利、接受职业技能培训的权利、享受社会保险和福利的权利、提请劳动争议处理的权利以及法律规定的其他劳动权利。"上述规定确定了劳动者和用人单位在实行职业培训和继续教育时的权利义务。同时，劳动合同法第22条第1款、第2款规定："用人单位为劳动者提供专项培训费用，对其进行专业技术培训的，可以与该劳动者订立协议，约定服务期。劳动者违反服务期约定的，应当按照约定向用人单位支付违约金。违约金的数额不得超过用人单位提供的培训费用。用人单位要求劳动者支付的违约金不得超过服务期尚未履行部分所应分摊的培训费用。"本案中，相某到某技术学校进修，是行使其合法权利；某公司也履行了"为本单位职工的学习和培训提供条件和便利"的法律义务。同时，相某在行使其权利时也应当承担一定的义务，即按照进修合同的约定回原单位工作一定的年限。这样做符合权利义务相一致的原则。相某在进修期满后回原单位工作的年限是双方通过合同的方式约定的，它反映了用人单位先期投入和人才资源利用在一定时期有所回报的利益要求。这种利益要求用合同的方式固定下来，成为一种新型的管理方式，贯彻了诚实信用和公平的原则。相某不按进修合同的约定工作满一定的年限，是违约行为，应当承担违约责任。

相某与某公司的进修合同还约定：如果相某在规定期限内辞职或申请调离的，应当赔偿公司在进修期间为其支付的工资、奖金、学习费用以及报销的往返路费等，并支付相当于上述费用总和20%的违约金。这是双方约定的相某违反合同承担违约责任的方式。本案中，双方当事人发生争议的原因就是对于承担违约责任的方式的分歧。在对劳动者这种违约行为的处理上，应当和一般的违约行为区别开来，不能因此而损害劳动者在单位工作期间已依法取得和享有的劳动者权利。劳动者在培训进修期间，仍是所在单位的一员，依法享有获得劳动报酬及其他福利待遇的法定权利，而且是不可逆转的。不能因为劳动者在接受继续教育期满后，回原单位工作不到约定期限即辞职或调离，就将劳动者在接受继续教育期间应得的劳动报酬和其他福利待遇予以追回。但是，用人单位为劳动者接受继续教育投入了额外费用，如本案中的学习费用、报销的往返路费等则应当由劳动者予以返还。从这个角度让劳动者承担违约责任是比较可行的，也符合法律规定。

至于劳动者是否应当在此基础上支付一定比例的违约金，应当视劳动者辞职或调离的理由而定。对劳动者有正当理由的调离或辞职，也完全按照违约处理，要求其支付违约金，显然是不公平的。本案中，相某申请调离是为了解决夫妻两地分居的问题。其要求是正当、合理的。劳动合同法第22条规定："……违约金的数额不得超过用人单位提供的培训费用。用人单位要求劳动者支付的违约金不得超过服务期尚未履行部分所应分摊的培训费用……"因此，在劳动合同法正式实施后，对相某未到约定的工作期限而申请调离，不宜完全按照违约处理，令其承担全部违约责任。相某在赔偿某公司为其支付的进修期间的学习费用和报销的往返路费后，可以免除支付违约金的义务。

【法条指引】

中华人民共和国劳动法

第三条 劳动者享有平等就业和选择职业的权利、取得劳动报酬的权利、休息休假的权利、获得劳动安全卫生保护的权利、接受职业技能培训的权利、享受社会保险和福利的权利、提请劳动争议处理的权利以及法律规定的其他劳动权利。

劳动者应当完成劳动任务，提高职业技能，执行劳动安全卫生规程，遵守劳动纪律和职业道德。

中华人民共和国劳动合同法

第二十二条 用人单位为劳动者提供专项培训费用，对其进行专业技术培训的，可以与该劳动者订立协议，约定服务期。

劳动者违反服务期约定的，应当按照约定向用人单位支付违约金。违约金的数额不得超过用人单位提供的培训费用。用人单位要求劳动者支付的违约金不得超过服务期尚未履行部分所应分摊的培训费用。

用人单位与劳动者约定服务期的，不影响按照正常的工资调整机制提高劳动者在服务期期间的劳动报酬。

35. 用人单位可以依据法律规定与劳动者约定违约金吗？

【维权要点】

合同是当事人双方之间设立、变更、终止民事权利义务关系的协议。平等民事主体之间在签订合同时，可以就违约金进行约定。因此，违约金是合同救济方式的一种，也是对违约的一种经济制裁。然而，劳动合同虽然同样冠以合同之名，在违约金的约定上却要受到严格的限制，这是出于防止用人单位利用自身的强势地位随意约定违约金损害劳动者利益的考虑。

【典型案例】

2019 年 9 月 1 日，刘某到甲公司工作，当日，双方签订了期限至 2022 年 8 月 31 日的劳动合同。2020 年 3 月，甲公司因设计需要，决定派刘某到某服装设计大学进行技术培训，双方签订了培训服务协议作为劳动合同附件，并对原劳动合同部分内容进行了变更。该协议约定：甲公司派刘某到某服装设计大学技术培训 3 个月，2020 年 6 月培训期满后，刘某到岗上班，并必须为甲公司服务 5 年；培训费用由甲公司全额出资；原劳动合同期限变更至 2025 年 5 月 31 日止，同时约定如果刘某在服务期内辞职，应支付甲公司违约金 2 万元。刘某经过 3 个月的培训后回到甲公司工作，甲公司依约支付了 15000 元的培训费用。2022 年 1 月，甲公司与另一设计公司合并，成立了某时尚公司。2022 年 5 月底，刘某向某时尚公司提出解除劳动合同，双方劳动关系于 2022 年 6 月 1 日解除。某时尚公司认为刘某违反了服务期的约定，因此向当地劳动争议仲裁委员会申请仲裁，要求刘某缴纳违约金 2 万元。仲裁没有支持某时尚公司的申请请求。某时尚公司又向人民法院提起诉讼。人民法院经审理后认为，甲公司安排刘某到某服装设计大学培训并支付了培训费用，故其公司与刘某订立的培训服务协议合法有效，双方应自觉履行。甲公司与某设计公司合并建立了某时尚公司，刘某与甲公司订立的劳动合同和培训服务协议仍继续有效，由某时尚公司继续履行。因此，刘某于 2022 年 5 月底提出解除劳动合同违反了双方约定，应当按约承担违约责任。然而，本案中双方约定违约金 2 万元，多于实际支付的培训费用，而且刘某已经依约履行了两年的服务期限，人民法院认为双方约定的违约金金额不符合法律的规定。因此，人民法院最终按照实际的培训费用和刘某已经履行的服务期限，判决刘某向某时尚公司支付相应的违约金。

【法官讲法】

劳动合同法第 25 条规定："除本法第二十二条和第二十三条规定的情形外，用人单位不得与劳动者约定由劳动者承担违约金。"因此也就限定了用人单位与劳动者约定违约金的范围仅限两种情况：

第一种是劳动合同法第 22 条的规定："用人单位为劳动者提供专项培训费用，对其进行专业技术培训的，可以与该劳动者订立协议，约定服务期。劳动者违反服务期约定的，应当按照约定向用人单位支付违约金。违约金的数额不得超过用人单位提供的培训费用。用人单位要求劳动者支付的违约金不得超过服务期尚未履行部分所应分摊的培训费用。用人单位与劳动者约定服务期的，不影响按照正常的工资调整机制提高劳动者在服务期期间的劳动报酬。"本案中即属于此种情形。但是，对于违约金的数额也不宜过高，应以用人单位实际支付的培训费用及服务期尚未履行部分所应分摊的比例为限。所以本案中，人民法院认定双方约定的违约金金额过高不符合法律规定，并就违约金的数额进行了调整。

第二种是劳动合同法第 23 条的规定："用人单位与劳动者可以在劳动合同中约定保守用人单位的商业秘密和与知识产权相关的保密事项。对负有保密义务的劳动者，用人单位可以在劳动合同或者保密协议中与劳动者约定竞业限制条款，并约定在解除或者终止劳动合同后，在竞业限制期限内按月给予劳动者经济补偿。劳动者违反竞业限制约定的，应当按照约定向用人单位支付违约金。"这是针对竞业限制的规定，本书在后文中会进行专题讲解，在此不作赘述。

因此，除以上两种情形以外，用人单位不得与劳动者约定违约金，不得干涉和限制劳动者的择业自由。

【法条指引】

中华人民共和国劳动合同法

第二十二条 用人单位为劳动者提供专项培训费用，对其进行专业技术培训的，可以与该劳动者订立协议，约定服务期。

劳动者违反服务期约定的，应当按照约定向用人单位支付违约金。违约金的数额不得超过用人单位提供的培训费用。用人单位要求劳动者支付的违约金不得超过服务期尚未履行部分所应分摊的培训费用。

用人单位与劳动者约定服务期的，不影响按照正常的工资调整机制提高劳动者在服务期期间的劳动报酬。

第二十三条 用人单位与劳动者可以在劳动合同中约定保守用人单位的商业秘密和与知识产权相关的保密事项。

对负有保密义务的劳动者，用人单位可以在劳动合同或者保密协议中与劳动者约定竞业限制条款，并约定在解除或者终止劳动合同后，在竞业限制期限内按月给予劳动者经济补偿。劳动者违反竞业限制约定的，应当按照约定向用人单位支付违约金。

第二十五条 除本法第二十二条和第二十三条规定的情形外，用人单位不得与劳动者约定由劳动者承担违约金。

第二章　农民工的工作时间与休息休假

1. 用人单位违反规定要求农民工加班加点，应当如何处理？

【维权要点】

加班，是指劳动者在正常工作时间之外的法定节假日或公休日内，为了完成某项任务继续工作。加点，则是指劳动者在标准工作时间以外又延长劳动时间。依据劳动法规的规定，在一般情况下，用人单位不能安排劳动者加班加点。但是，在特殊情况下，用人单位可以依据法定的程序，在保障劳动者身心健康的前提下，适当地安排加班加点。

【典型案例】

某制砖厂是一家私人企业。为了扩大经营规模，该厂向全区招用农民工 200 多人，双方签订了为期 3 年的劳动合同。制砖厂在劳动合同中规定："凡经本制砖厂招用的农民工，一旦进入我厂，就必须严格遵守本厂的规定，服从本厂的安排。否则，就按违反劳动合同处理，缴纳 1000 元的违约金。"2015 年 2 月 12 日，本区为吸引外资，改善投资环境，大规模建造楼房、厂房。于是，制砖厂发布通知，要求工人加班加点。工人每天工作 12 个小时，砖紧缺时，甚至长达 13 个小时，连公休日和法定节假日也得不到休息。制砖厂作出内部规定："除区级以上医院出具的证明外，任何事假、病假都不允许。否则，按违反劳动合同约定，处以缴纳 1000 元的违约金。"1 个月后，在繁重的体力劳动重压下，绝大多数工人都出现了身体不适，因此，工人纷纷向厂领导反映，要求缩短工作时间。但是，制砖厂领导认为，此时本厂的砖销路正旺，正是创收的大好时机，工人应该从大局出发，任劳任怨，提高本厂的经济效益。如果个别工人不听劝说，消极工作，本厂就按违约处理，让其缴纳违约金。为了严肃厂规厂纪，制砖厂对因事未能加班加点的林某作出处分决定，单方面解除劳动合同，并让其缴纳 1000 元的违约金。林某不服制砖厂的处理决定，向当地劳动争议仲裁委员会提出申请，请求制砖厂继续履行劳动合同、支付加班工资，并归还林某缴纳的 1000 元违约金。

【法官讲法】

加班，是指劳动者在正常工作时间之外的法定节假日或公休日内，为了完成某项任务继续工作。加点，则是指劳动者在标准工作时间以外又延长劳动时间。依据劳动法规的规定，在一般情况下，用人单位不能强迫劳动者加班加点。但是，在特殊情况下，用人单位可以依据法定的程序，在保障劳动者身心健康的前提下，适当地安排加班加点。劳动法第 41 条规定："用人单位由于生产经营需要，经与工会和劳动者协商后可以延长工作时间，一般每日不得超过一小时；因特殊原因需要延长工作时间的，在保障劳动者身体健康的条件下延长工作时间每日不得超过三小时，但是每月不得超过三十六小时。"但是，在某些特殊情况下，为了维护用人单位的合法权益，我国法律又规定，用人单位在特殊情况下，可以合理地加班加点，延长劳动时间。劳动法第 42 条进一步规定："有下列情形之一的，延长工作时间不受本法第四十一条规定的限制：（一）发生自然灾害、事故或者因其他原因，威胁劳动者生命健康和财产安全，需要紧急处理的；（二）生产设备、交通运输线路、公共设施发生故障，影响生产和公众利益，必须及时抢修的；（三）法律、行政法规规定的其他情形。"劳动合同法第 31 条规定："用人单位应当严格执行劳动定额标准，不得强迫或者变相强迫劳动者加班。用人单位安排加班的，应当按照国家有关规定向劳动者支付加班费。"因此，可以看出，我国法律对用人单位的加班加点作了灵活性的规定，在正常情况下，国家不允许加班加点，但是，为了发展生产、稳定社会，又在一定程度上允许用人单位依据法律规定，合理安排劳动者加班加点，延长劳动时间，但必须按照国家有关规定向劳动者支付加班费。本案中，制砖厂为了追求经济利益，无视国家劳动法规的规定，无视劳动者的身心健康，安排林某等劳动者加班加点，不合理地延长劳动时间，不属于劳动法第 42 条以及相关劳动法规规定的特殊情况，而且在强迫劳动者加班加点后，并未支付劳动者加班加点的工资，其行为严重损害了劳动者的合法权益。同时，制砖厂利欲熏心，明显违反劳动法的规定，采取强制性的手段，强迫劳动者每日工作12个小时，甚至长达13个小时，远远超过了法律规定的合理时限。

为了保护劳动者的合法权益，防止用人单位滥用权利，劳动合同法在第4条第2款、第3款、第4款中明确规定："用人单位在制定、修改或者决定有关劳动报酬、工作时间、休息休假、劳动安全卫生、保险福利、职工培训、劳动纪律以及劳动定额管理等直接涉及劳动者切身利益的规章制度或者重大事项时，应当经职工代表大会或者全体职工讨论，提出方案和意见，与工会或者职工代表平等协商确定。在规章制度和重大事项决定实施过程中，工会或者职工认为不适当的，有权向用人单位提出，通过协商予以修改完善。用人单位应当将直接涉及劳动者切身利益的规章制度和重大事项决定公示，或者告知劳动者。"本案中，制砖厂显然没有和工会或者职工协商，直接发出通知在工厂内实行。在工人们纷纷向厂领导反映制度不当，要求缩短劳动时间时，用人单位根本没有通过协商予以修改完善，而是简单粗暴地予以拒绝。制砖厂无视国家的法律规定，制定不平等的内部规定，强迫劳动者加班加点，其行为违反法律规定。劳动合同法第25条规定："除本法第二十二条和第二十三条规定的情形外，用人单位不得与劳动者约定由劳动者承担违约金。"该法第22条规定的是劳动者违反服务期约定的情形，第23条规定的是劳动者违反竞业限制的情形，本案中制砖厂规定的"除区级以上医院出示的证明外，任何事假、病假都不允许。否则，按违反劳动合同约定，处以缴纳1000元的违约金"，显然不在劳动合同法第22条、第23条规定之列，应属无效规定。林某有权依据法律的规定，享有休息休假的权利。综上所述，当地劳动争议仲裁委员会应当依法裁决制砖厂继续履行劳动合同并支付张某加班加点工资，归还张某缴纳的违约金。

【法条指引】

中华人民共和国劳动法

第四十一条 用人单位由于生产经营需要，经与工会和劳动者协商后可以延长工作时间，一般每日不得超过一小时；因特殊原因需要延长工作时间的，在保障劳动者身体健康的条件下延长工作时间每日不得超过三小时，但是每月不得超过三十六小时。

第四十二条　有下列情形之一的，延长工作时间不受本法第四十一条规定的限制：

（一）发生自然灾害、事故或者因其他原因，威胁劳动者生命健康和财产安全，需要紧急处理的；

（二）生产设备、交通运输线路、公共设施发生故障，影响生产和公众利益，必须及时抢修的；

（三）法律、行政法规规定的其他情形。

中华人民共和国劳动合同法

第四条　用人单位应当依法建立和完善劳动规章制度，保障劳动者享有劳动权利、履行劳动义务。

用人单位在制定、修改或者决定有关劳动报酬、工作时间、休息休假、劳动安全卫生、保险福利、职工培训、劳动纪律以及劳动定额管理等直接涉及劳动者切身利益的规章制度或者重大事项时，应当经职工代表大会或者全体职工讨论，提出方案和意见，与工会或者职工代表平等协商确定。

在规章制度和重大事项决定实施过程中，工会或者职工认为不适当的，有权向用人单位提出，通过协商予以修改完善。

用人单位应当将直接涉及劳动者切身利益的规章制度和重大事项决定公示，或者告知劳动者。

第三十一条　用人单位应当严格执行劳动定额标准，不得强迫或者变相强迫劳动者加班。用人单位安排加班的，应当按照国家有关规定向劳动者支付加班费。

2. 劳动者不同意每天工作 12 小时违反劳动合同吗？

【维权要点】

根据劳动法的规定，国家实行劳动者每日工作时间不超过 8 小时，平均每周工作时间不超过 44 小时的工时制度。对于用人单位要求劳动者每天工作 12 小时的，因该要求违反法律规定，劳动者当然有权拒绝，不属于违反劳动合同的情形。

【典型案例】

廖某等一行 12 人从某省农村来到沿海某市打工。2018 年 2 月，廖某等人与某公司签订了为期一年的合同。公司提出两种工作时间制度让劳动者选择：一种是每天工作 12 小时，超时支付加班工资；另一种是每天工作 8 小时，但实行计件工资。廖某等选择了前者，即同意每天工作 12 小时。由于廖某等以前没有从事过该工作，加之该市天气炎热，逐渐感到身体支撑不住。于是一个月后，廖某等人提出不愿工作 12 小时，也不要加班工资。然而，某公司却以加班协商后职工都同意，且在合同里作了规定为名，主张若廖某等每天不工作 12 小时，就是违反合同，廖某等人每人要承担违约金 500 元。廖某等人不服，向当地劳动行政部分反映，请求某公司执行每天 8 小时工作时间制度。劳动行政部门经调查认为，虽然廖某等人与某公司签订了书面劳动合同，且合同规定廖某等人必须每天每人工作 12 小时，这一规定违反劳动法等有关规定，属于无效条款，该公司应将劳动者工作时间改为每天工作 8 小时。

【法官讲法】

本案涉及的一个重要法律问题，即法律规定的标准工作时间与劳动合同约定的劳动时间之间是一种什么关系。其实它们之间的关系就是法律上强制性法规与当事人约定之间的关系。在我国，工作时间制度和休息休假制度是保护劳动者身体健康和劳动过程中安全生产所需要的法律制度，因此这一规定在我国是强制性法律规范，不管用人单位还是劳动者都必须遵守执行。用人单位与劳动者之间就工作时间这一问题只能在法律规定范围之内进行协商，也就是说，工作时间只能少于法律规定的时间，不得高于法律规定的时间，除非法律有特别规定。超过法律规定的劳动时间就是违法行为。

根据我国劳动法的有关规定，违反法律、行政法规的劳动合同属于无效合同。无效的劳动合同，从订立的时候起，就没有法律效力。本案当事人协商约定的每天工作 12 个小时违反了劳动法第 36 条规定，即国家实行劳动者每日工作时间不得超过 8 小时的工时制度。因此，廖某等人与某公司在劳动合同中约定每天工作 12 小时属于无效合同条款。

【法条指引】

中华人民共和国劳动法

第十八条 下列劳动合同无效：

（一）违反法律、行政法规的劳动合同；

（二）采取欺诈、威胁等手段订立的劳动合同。

无效的劳动合同，从订立的时候起，就没有法律约束力。确认劳动合同部分无效的，如果不影响其余部分的效力，其余部分仍然有效。

劳动合同的无效，由劳动争议仲裁委员会或者人民法院确认。

第三十六条 国家实行劳动者每日工作时间不超过八小时、平均每周工作时间不超过四十四小时的工时制度。

3. 用人单位变相延长劳动时间合法吗？

【维权要点】

我国法律禁止用人单位变相延长劳动者的劳动时间。用人单位若要延长劳动者的工作时间的前提条件是用人单位须有特殊情况和紧急任务，并且要与劳动者协商一致。

【典型案例】

顾某、王某系某镇农民，2016 年 6 月他们受聘于某照明有限公司。不久公司以生产任务紧、工人人手不足为由，将原来由 4 人承担的灯具装箱入库工作改由顾某、王某承担。5 天后，顾某、王某向公司提出工作量太大，每天要多干 4 个多小时才能完成任务，要求增加人手。公司不同意增加人手，超时工作可以给加班费。2 个月后，顾某、王某提出身体极度疲劳，无法继续照此工作，要求公司解决问题。公司答复说，要么继续干，要么走人。双方为此发生争议。

【法官讲法】

我国劳动法第 41 条规定："用人单位由于生产经营需要，经与工会和劳动者协商后可以延长工作时间，一般每日不得超过一小时；因特殊原因需要延长工作时间的，在保障劳动者身体健康的条件下延长工作时间每日不得超过三小时，但是每月不得超过三十六小时。"用人单位不得违反本法规定延长劳动者的工作时间。

本案是一起因变相延长工作时间引发的劳动争议。本案的关键在于对某公司行为性质的认定。从表面上看，某公司并没有明确要求顾某、王某每天加班，但是两人承担的工作任务的确无法在正常工作时间内完成，必须加班加点，这在实际上就延长了顾某、王某的工作时间。顾某、王某向公司反映后，公司曾明确答复给他们二人加班费。因此，某公司的行为应当认定为要求顾某、王某加班。某公司延长工作时间的行为本身是不合法的：（1）某公司要求顾某、王某加班的理由于法无据。延长工作时间应当严格符合法律规定的特定情形。短期内生产任务繁重、工人人手不足可以通过加班来解决。如果长期生产任务紧、工人人手不足就只能通过增加工人来解决，而不是长期延长工人的劳动时间。（2）某公司要求工人加班的行为违反了有关延长工作时间长度的规定。某公司在没有合法理由的情况下，要求顾某、王某在长达几个月的时间内每天加班 4 个小时，而且基本天天如此，违反了劳动法第 41 条有关延长劳动时间的规定。综上所述，某公司变相延长顾某、王某工作时间的行为属于违法行为，除应按法定标准支付二人加班工资外，顾某、王某可以向当地劳动行政部门举报某公司侵害劳动者休息权的行为，要求其立即整改。

【法条指引】

中华人民共和国劳动法

第三十六条　国家实行劳动者每日工作时间不超过八小时、平均每周工作时间不超过四十四小时的工时制度。

第四十一条　用人单位由于生产经营需要，经与工会和劳动者协商后可以延长工作时间，一般每日不得超过一小时；因特殊原因需要延长工作时间的，在保障劳动者身体健康的条件下延长工作时间每日不得超过三小时，但是每月不得超过三十六小时。

第四十三条　用人单位不得违反本法规定延长劳动者的工作时间。

4. 公司能否安排农民工每月加班超过 36 小时?

【维权要点】

劳动者的休息权不允许被侵犯。用人单位与劳动者协商,经劳动者同意可以延长劳动者的工作时间,但延长的时间不能超过规定的标准,不能无限延长,要保证劳动者的基本休息时间。

【典型案例】

李某是某中外合资电子有限公司招聘的合同制农民工,2016 年 3 月,双方签订的劳动合同规定:合同期 3 年,工资实行计时工资,每天工作 8 小时,加班按 10 元/小时计发工资。从 2017 年 3 月 1 日起,公司以紧急完成外国公司订货为由,要求装配车间职工每日加班 5 小时。每次加班前均由劳动者签署同意加班意见,3 月 1 日至 4 月 1 日李某累计加班 120 小时。4 月 15 日,因过度疲劳,晚上 10 点半,李某倒在装配线上,当即被送往医院治疗,出院后公司管理部仍然要求李某只有在每日加班 5 小时前提下,才能报销医疗费用。李某不服,遂于 5 月 22 日向当地劳动争议仲裁委员会申请仲裁。

【法官讲法】

用人单位由于生产经营需要,经与工会和劳动者协商后可以延长工作时间,一般每日不超过 1 小时;因特殊原因需要延长工作时间的,在保障劳动者身体健康的条件下延长工作时间每日不得超过 3 小时,但是每月不得超过 36 小时。而本案中,李某每日加班 5 小时,月加班达到 120 小时,严重损害了李某的身体健康并引发疾病而住院医治。用人单位的做法严重违反了劳动法的规定。应当根据劳动法的有关规定,责令其改正。同时,由于用人单位原因,造成李某住院治疗,所花费用理应由用人单位负责,不得附加不合法的前提条件。

【法条指引】

中华人民共和国劳动法

第四十一条 用人单位由于生产经营需要,经与工会和劳动者协商后可以延长工作时间，一般每日不得超过一小时；因特殊原因需要延长工作时间的，在保障劳动者身体健康的条件下延长工作时间每日不得超过三小时，但是每月不得超过三十六小时。

第九十条　用人单位违反本法规定，延长劳动者工作时间的，由劳动行政部门给予警告，责令改正，并可以处以罚款。

5. 企业因故停产，为完成任务组织加班能否不支付加班工资？

【维权要点】

用人单位依法安排劳动者在法定标准工作时间以外延长工作时间的，应按照不低于劳动合同规定的劳动者本人小时工资标准的150%支付劳动者工资。

【典型案例】

范某等15人系某淀粉厂酶制剂车间雇佣的合同制农民工，2016年5月25日，某市淀粉厂所在地段因供水管道发生故障停水，致使该厂酶制剂车间无法正常工作。经厂长同意，酶制剂车间主任宣布全车间职工休息1天，即5月25日全天休息。5月26日供水恢复，淀粉厂为完成月工作任务，决定加班4天，即26日至29日每天加班2小时。范某等10人认为加班加点应按照劳动法有关规定，由企业支付加班工资。某淀粉厂不同意给加班工资，理由是，范某等人5月25日因停水放假休息1天，占用工作时间8小时，之后连续4天加班，每天加班2小时，共计8小时，二者相互抵消，不应再给加班工资。双方就此发生争议，范某等遂向当地劳动争议仲裁委员会提出仲裁申请。

【法官讲法】

本案中，企业遇到停水等情况不能进行正常生产，可以组织职工维修保养设备，也可以给职工放假，使职工得到休息。企业可以通过同工会和职工协商后，将因停水放假与周休息日调换，也就是因停水放假1天，可以在下周休息日安排工作。

劳动法第44条第1项规定："安排劳动者延长工作时间的，支付不低于工资的百分之一百五十的工资报酬"。因此，某淀粉厂应按此规定向范某等人支付加班工资。将因停水放假1天与加班4天8小时相抵消，不给加班工资是不符合劳动法及有关法规规定的，应予纠正。

【法条指引】

中华人民共和国劳动法

第四十四条 有下列情形之一的，用人单位应当按照下列标准支付高于劳动者正常工作时间工资的工资报酬：

（一）安排劳动者延长工作时间的，支付不低于工资的百分之一百五十的工资报酬；

（二）休息日安排劳动者工作又不能安排补休的，支付不低于工资的百分之二百的工资报酬；

（三）法定休假日安排劳动者工作的，支付不低于工资的百分之三百的工资报酬。

6. 综合计算工时农民工的休息如何保证？

【维权要点】

对于因为工作性质或生产特点的限制，实行不定时工作制或综合计算工时工作制等其他工作和休息办法的职工，企业应根据劳动法和《国务院关于职工工作时间的规定》的有关条款，在保障职工身体健康并充分听取职工意见的基础上，采取集中工作、集中休息、轮休调休、弹性工作时间等适当的工作和休息方式，确保职工的休息休假权利和生产、工作任务的完成。同时，各企业主管部门也应积极创造条件，尽可能使企业的生产任务均衡合理，帮助企业彻底解决生产实践中的实际问题。

【典型案例】

贺某是农村户口，通过培训掌握了汽车驾驶技术，他和两名老乡与某市某建筑公司签订了一份为期3年的劳动合同，合同约定：某公司实行综合计算工时制，不能保证劳动者按照标准工作时间上班，也不能保证每周休息1天。贺某等人考虑到当地雨季和霜冻期较长，每年真正能干活的时间较少，就同意了该条款。后来，贺某等人了解到，公司实行综合计算工时制是经过当地劳动行政部门批准的，是合法的。于是，他们就服从了公司分配的工作，开车运送工人、原材料、设备等。但当年气候一改往年，气温回升快，雨水也较少，贺某等人的工作任务因此就比较繁重，经常起居不定、昼夜兼程。到入冬前，较之往年已经多工作了一个半月左右，但考虑收入较多，贺某等人未提出任何意见，想忙完这项工程就可以好好休息一段时间了。往年入冬后是公司的淡季，按审批的综合计算工时制的规定，工人们应集中休息。而这年冬天，公司却在南方承揽了一项工程，领导决定入冬后马上南下。贺某等人找到领导，提出由于天气变化，在本地已经多干了很多活，又没有充分休息，身心疲惫，希望能够留在本地休息1个月。但领导表示，综合计算工时不可能像标准工时那样保证休息，否则将按旷工处理。

【法官讲法】

本案中，某公司的做法是错误的。贺某等人早已完成了该工作年度的工作时间。如果再南下，工作时间将大大超过法定标准工作时间。《关于企业实行不定时工作制和综合计算工时工作制的审批办法》中第6条规定："对于实行不定时工作制和综合计算工时工作制等其他工作和休息办法的职工，企业应根据《中华人民共和国劳动法》第一章、第四章有关规定，在保障职工身体健康并充分听取职工意见的基础上，采用集中工作、集中休息、轮休调休、弹性工作时间等适当方式，确保职工的休息休假权利和生产、工作任务的完成。"同时上述办法第5条指出："企业对符合下列条件之一的职工，可实行综合计算工时工作制，即分别以周、月、季、年等为周期，综合计算工作时间，但其平均日工作时间和平均周工作时间应与法定标准工作时间基本相同。（一）交通、铁路、邮电、水运、航空、渔业等行业中因工作性质特殊，需连续作业的职工；（二）地质及资源勘探、建筑、制盐、制糖、旅游等受季节和自然条件限制的行业的部分职工；（三）其他适合实行综合计算工时工作制的职工。"本案中，公司应当按劳动行政部门审批的，相应的周期时间内安排劳动者工作和休息，无权随意安排职工的工作时间。

【法条指引】

中华人民共和国劳动法

第三条第一款 劳动者享有平等就业和选择职业的权利、取得劳动报酬的权利、休息休假的权利、获得劳动安全卫生保护的权利、接受职业技能培训的权利、享受社会保险和福利的权利、提请劳动争议处理的权利以及法律规定的其他劳动权利。

第三十九条 企业因生产特点不能实行本法第三十六条、第三十八条规定的，经劳动行政部门批准，可以实行其他工作和休息办法。

7. 实行不定时工作制可以超过 8 小时吗?

【维权要点】

经过批准的实行不定时工作制的职工，由于其工作时间不固定，无法按标准工作时间来计算，故不受标准时间（即每天 8 小时）的限制，超过 8 小时的工作不视为延长工作时间，不算加班加点。实行不定时工作制的劳动者，不适用延长工作时间发放加班工资的规定。

【典型案例】

农民工杨某被招聘为某厂货运装卸组职工，该厂货运装卸班组共有 7 名职工，货运装卸工作具有不固定性，一般随车辆、货运产品生产情况而定，杨某等人经常在上班时间无装卸任务，下班后因运输货物的车辆进厂需要立即装卸，所以杨某所在班组装卸货物的时间也不确定，有时要在下班后完成装卸任务，货物多时用时多，货物少时用时少。因工厂每月给杨某等一定的加班工资，杨某也没有意见。后来，工厂经当地劳动行政部门批准，对企业内部分工作岗位的职位实行了不定时工作制，杨某所在的货运装卸岗位也属于被批准的实行不定时工作制的岗位。这样，由于工作需要，有时杨某需要超过 8 小时工作，而且还没有加班工资。杨某大为不满，向工厂提出让其在 8 小时以外加班应该支付加班工资。工厂的意见则是，杨某有时也存在一连几天工作不满 8 小时的情况，而且对杨某实行的是不定时工作制，于是，拒绝了杨某的要求。杨某不服，向当地劳动争议仲裁委员会提出了仲裁申请，请求工厂支付拖欠的加班工资。仲裁委员会经调查后认为，某厂对杨某所在岗位实行的是不定时工作制，并且是经过劳动保障部门批准的，杨某不存在加班的问题，对杨某的请求不予支持。

【法官讲法】

根据《工资支付暂行规定》第 13 条第 4 款规定，实行不定时工时制度的劳动者，不适用延长工作时间发放加班工资的规定。这是不定时工作制的重要特点。杨某的工作属于装卸，符合实行不定时工作制的条件，他提出支付加班工资的要求是没有依据的。本案中，杨某败诉的原因是由于其对劳动法律、法规关于工作时间的规定不甚了解造成的。因此，企业应当就工作时间问题向职工进行必要的宣传和教育，在职工中开展劳动法律法规的学习，以免由于认识不全面而产生劳动争议，影响劳动者与用人单位的关系。

【法条指引】

中华人民共和国劳动法

第三十六条 国家实行劳动者每日工作时间不超过八小时、平均每周工作时间不超过四十四小时的工时制度。

第三十七条 对实行计件工作的劳动者，用人单位应当根据本法第三十六条规定的工时制度合理确定其劳动定额和计件报酬标准。

第三十八条 用人单位应当保证劳动者每周至少休息一日。

第三十九条 企业因生产特点不能实行本法第三十六条、第三十八条规定的，经劳动行政部门批准，可以实行其他工作和休息办法。

第四十四条 有下列情形之一的，用人单位应当按照下列标准支付高于劳动者正常工作时间工资的工资报酬：

（一）安排劳动者延长工作时间的，支付不低于工资的百分之一百五十的工资报酬；

（二）休息日安排劳动者工作又不能安排补休的，支付不低于工资的百分之二百的工资报酬；

（三）法定休假日安排劳动者工作的，支付不低于工资的百分之三百的工资报酬。

工资支付暂行规定

第十三条 用人单位在劳动者完成劳动定额或规定的工作任务后，根据实际需要安排劳动者在法定标准工作时间以外工作的，应按以下标准支付工资：

（一）用人单位依法安排劳动者在日法定标准工作时间以外延长工作时间的，按照不低于劳动合同规定的劳动者本人小时工资标准的150%支付劳动者工资；

（二）用人单位依法安排劳动者在休息日工作，而又不能安排补休的，按照不低于劳动合同规定的劳动者本人日或小时工资标准的200%支付劳动者工资；

（三）用人单位依法安排劳动者在法定休假节日工作的，按照不低于劳动合同规定的劳动者本人日或小时工资标准的300%支付劳动者工资。

实行计件工资的劳动者，在完成计件定额任务后，由用人单位安排延长工作时间的，应根据上述规定的原则，分别按照不低于其本人法定工作时间计件单价的150%、200%、300%支付其工资。

经劳动行政部门批准实行综合计算工时工作制的，其综合计算工作时间超过法定标准工作时间的部分，应视为延长工作时间，并应按本规定支付劳动者延长工作时间的工资。

实行不定时工时制度的劳动者，不执行上述规定。

第三章　农民工的劳动报酬

1. 最低工资的适用范围有哪些?

【维权要点】

最低工资,是指劳动者在法定工作时间内提供了正常劳动的前提下,用人单位应当支付的最低限度的劳动报酬。根据有关规定,延长工作时间的工资,中班、夜班、高温、低温、井下、有毒、有害等特殊工作环境条件下的津贴,以及法律法规和国家规定的劳动者福利待遇等不包括在最低工资范围内。

【典型案例】

吴某等 12 人从农村来到某市水泥厂务工。2018 年以后,厂里效益不好,出现亏损。当时,当地出台了最低工资标准,每月为 2200 元,厂里决定每月发给工人 2200 元工资,其中包括加班费和夜班补助费。厂方认为,加班费和夜班补助费是最低工资的组成部分,不应再另行发放。职工则不同意,双方协商不成,吴某等人于是向当地劳动争议仲裁委员会申请劳动仲裁。仲裁委员会裁决厂方应另行支付职工夜班补助和加班工资。厂方不服,起诉至人民法院,人民法院审理后,依照劳动法和最低工资规定,判决厂方应另行支付职工夜班补助和加班工资。

【法官讲法】

这是一起因支付工资发生的争议,过错显然在厂方。水泥厂当地最低工资标准为每月 2200 元,正是依据劳动法和《最低工资规定》所确定的。最低工资,是指劳动者在法定工作时间内提供了正常劳动的前提下,用人单位应当支付的最低限度的劳动报酬。而加班费是超过法定工作时间而进行工作所享有的劳动报酬。夜班补贴，是指在特殊工作环境和条件下应享有的、补偿劳动者额外劳动消耗和额外生活费用支出而建立的一种补偿性的报酬。这些都不是劳动法所规定的最低工资的组成部分。因此，本案中吴某等 12 名农民工除应依法享有最低工资外，还应享受加班工资和夜班补贴。

【法条指引】

中华人民共和国劳动法

第四十八条 国家实行最低工资保障制度。最低工资的具体标准由省、自治区、直辖市人民政府规定，报国务院备案。

用人单位支付劳动者的工资不得低于当地最低工资标准。

第四十九条 确定和调整最低工资标准应当综合参考下列因素：

（一）劳动者本人及平均赡养人口的最低生活费用；

（二）社会平均工资水平；

（三）劳动生产率；

（四）就业状况；

（五）地区之间经济发展水平的差异。

最低工资规定

第十二条 在劳动者提供正常劳动的情况下，用人单位应支付给劳动者的工资在剔除下列各项以后，不得低于当地最低工资标准：

（一）延长工作时间工资；

（二）中班、夜班、高温、低温、井下、有毒有害等特殊工作环境、条件下的津贴；

（三）法律、法规和国家规定的劳动者福利待遇等。

实行计件工资或提成工资等工资形式的用人单位，在科学合理的劳动定额基础上，其支付劳动者的工资不得低于相应的最低工资标准。

劳动者由于本人原因造成在法定工作时间内或依法签订的劳动合同约定的工作时间内未提供正常劳动的，不适用于本条规定。

2. 农民工试用期的工资，能否适用最低工资标准？

【维权要点】

法律关于最低工资标准的规定，适用于在法定时间内履行了正常劳动义务的任何劳动者。劳动者与用人单位形成或建立劳动关系后，虽然是在试用、熟练、见习期间，但仍然是在法定工作时间内提供了正常劳动，其所在的用人单位就应当支付其不低于最低工资标准的工资。

【典型案例】

农民工吴某于 2017 年 2 月到某城市务工。在劳务市场，吴某见某超市正在招收售货员，遂前往应聘。在招聘过程中，招聘负责人没有向吴某说明工资和其他福利待遇的情况，仅告知吴某试用期为 3 个月，提供食宿。吴某找工作心切，也没有细问。2017 年 4 月，吴某在某超市上班满两个月，该超市仍然没有发给吴某工资。吴某见状，向超市负责人提出辞职，并要求发给前两个月的工资。超市负责人告知吴某，试用期的工资只有1500 元。吴某认为工资过低，与超市负责人发生争执。吴某经咨询后得知该单位同岗位最低工资标准是每月 2200 元。吴某遂向当地劳动争议仲裁委员会提出仲裁申请，要求该超市按照最低工资标准发给两个月的工资。

【法官讲法】

所谓最低工资标准，是指劳动者在法定工作时间或依法签订的劳动合同约定的工作时间内提供了正常劳动的前提下，用人单位依法应支付的最低劳动报酬。把握最低工资标准的概念，应当注意以下两个方面：（1）法定工作时间或依法签订的劳动合同约定的工作时间。《国务院关于职工工作时间的规定》确定的法定的工作时间为每日工作 8 小时、每周工作40 小时。除法律、法规有特殊规定的情况，劳动者工作时间达到这个标准即为达到法定工作时间。劳动合同约定的工作时间可以低于法定工作时间，但不得高于法定工作时间。（2）正常劳动。正常劳动是指劳动者按照劳动合同或集体合同约定在法定工作时间内提供的劳动。只要劳动者提供的劳动达到了这两个要求，用人单位就应当支付给劳动者不低于最低工资标准的劳动报酬。如果劳动者在法律规定或合同规定之外提供了超额劳动，或者劳动场所、方式、环境发生不利于劳动者的变化的情况下提供了劳动，劳动者应当获得额外的报酬。如果劳动者未完成法律规定或劳动合同约定的工作，用人单位可以扣除劳动者的收入，即使扣除后的劳动报酬低于最低工资标准也不受限制。[1]

《最低工资规定》适用于在我国境内的企业、民办非企业单位、有雇工的个体工商户和与之形成劳动关系的劳动者。最低工资标准适用于与用人单位建立了劳动关系的全部劳动者，不论其是否在试用期内，还是已经过了试用期成为企业的正式职工。因为即使在试用期内，只要劳动者在法定或者劳动合同约定的工作时间内提供了正常劳动，其获得不低于法律规定的最低工资标准的权利就应当得到保护。劳动合同法第20条规定："劳动者在试用期的工资不得低于本单位相同岗位最低档工资或者劳动合同约定工资的百分之八十，并不得低于用人单位所在地的最低工资标准。"第30条第1款规定："用人单位应当按照劳动合同约定和国家规定，向劳动者及时足额支付劳动报酬。"本案中，吴某在试用期间，在法定的工作时间内提供了正常劳动，其取得劳动报酬的权利应当受到最低工资规定的保护。某超市给予吴某的每月1500元的试用期工资，低于当地最低工资标准，违反了最低工资规定和劳动合同法的相关规定，应当予以纠正。

【法条指引】

中华人民共和国劳动法

第四十八条　国家实行最低工资保障制度。最低工资的具体标准由省、自治区、直辖市人民政府规定，报国务院备案。

用人单位支付劳动者的工资不得低于当地最低工资标准。

最低工资规定

第二条　本规定适用于在中华人民共和国境内的企业、民办非企业单位、有雇工的个体工商户（以下统称用人单位）和与之形成劳动关系的劳动者。

---

[1]　马原主编：《劳动法条文精释》，人民法院出版社2003年版，第343页。

国家机关、事业单位、社会团体和与之建立劳动合同关系的劳动者，依照本规定执行。

第三条第一款　本规定所称最低工资标准，是指劳动者在法定工作时间或依法签订的劳动合同约定的工作时间内提供了正常劳动的前提下，用人单位依法应支付的最低劳动报酬。

3. 没有完成任务影响最低工资标准的支付吗？

【维权要点】

在劳动合同中，双方当事人约定的劳动者在未完成劳动定额或工作任务的情况下，用人单位可低于最低工资标准支付劳动者工资的条款不具有法律效力。

【典型案例】

2017 年 6 月，某物资贸易中心公开向社会招聘营销人员。陆某来自农村，高中毕业，经面试合格被录用。为此，双方签订了一份聘用协议，其中协议第 8 款约定：聘用人员的工资报酬根据其完成营销情况额来确定。如果第一个月完不成基本营销额，聘用人员只可享受基本生活费 1300 元，连续两个月完不成营销额，将停发生活费。协议签订后，陆某尽职尽责，顺利完成了自己的营销任务。8 月中旬，陆某因病住院，一个月病愈。由于身体原因，出院上班后第一个月，陆某只完成营销额的一半，第二个月只完成了三分之二。该贸易中心根据聘用协议停发了陆某的生活费。陆某不服，便到当地劳动争议仲裁委员会申请仲裁，要求单位按照最低工资标准向其支付出院上班后的两个月工资。

【法官讲法】

劳动法所规定的最低工资，是指劳动者在法定工作时间内履行了正常劳动义务的前提下，由其所在单位支付的最低劳动报酬。《关于贯彻执行〈中华人民共和国劳动法〉若干问题的意见》第 56 条规定：“在劳动合同中，双方当事人约定的劳动者在未完成劳动定额或承包任务的情况下，用人单位可低于最低工资标准支付劳动者工资的条款不具有法律效力。”本案中，陆某因身体原因未能完成劳动定额，单位就按基本生活费待遇支付陆某的工资，甚至停发生活费，是违法行为，应予纠正。该贸易中心应当按照当地最低工资标准向陆某支付出院上班后的两个月工资。

【法条指引】

最低工资规定

第三条第一款 本规定所称最低工资标准，是指劳动者在法定工作时间或依法签订的劳动合同约定的工作时间内提供了正常劳动的前提下，用人单位依法应支付的最低劳动报酬。

4. 用人单位支付给农民工的最低工资标准的工资中，是否应当包含伙食、交通补助等福利待遇？

【维权要点】

在劳动者提供正常劳动的情况下，用人单位应支付给劳动者的工资，在剔除延长工作时间的工资，中班、夜班、高温、低温、井下、有毒、有害等特殊工作环境条件下的津贴以及法律法规和国家规定的劳动者福利待遇等以后，不得低于当地最低工资标准。劳动者所获得的伙食、交通等补助，不是对劳动者法定时间内提供正常劳动的报酬，而是对劳动者在正常劳动以外的其他合理负担和必要支出的一种补偿。

【典型案例】

韩某系农村户口，2018年12月受聘于某公司担任业务员。按照公司规定，韩某每天应当访问20家以上的客户并取得客户的详细资料。完成定额后，可取得提成奖励；未完成定额，仅能取得基本工资和必要的补助。韩某的基本工资为1800元，月伙食和交通补助50元。由于韩某刚到该地，人地生疏，每天工作10个小时，仅能访问10家左右的客户。其他熟练的业务员每天也仅能完成定额。2019年2月，韩某向公司提出辞职，要求公司发给其工作期间的劳动报酬。某公司以韩某没有完成定额为由，仅同意发给韩某基本工资和伙食、交通补助。韩某认为自己为访问客户开销的各种费用已远远超过了上述基本工资和补助，公司制定的劳动定额不合理，要求公司按当地最低工资标准外加伙食及交通补助标准发放自已前两个月的劳动报酬。公司予以拒绝。韩某向当地劳动争议仲裁委员会申请仲裁。

【法官讲法】

本案中，韩某在某商务公司工作期间，由于未完成工作定额，只能获得基本工资和伙食、交通等补助。本案争议的焦点是用人单位支付给劳动者的不低于最低工资标准的工资中是否应当包含伙食、交通补助等福利待遇。如果包括上述补助，该劳动报酬就高于当地的最低工资标准；否则就低于当地的最低工资标准。这里首先要解决的一个问题就是韩某是否在法定的工作时间内提供了正常劳动，这关系到韩某是否有权要求获得不低于最低工资标准的劳动报酬的问题。从韩某在该公司工作的实际情况看，其为完成工作定额，每天工作 10 个小时，超出了每日 8 小时的法定工作时间。而且该商务公司制定的工资定额不合理，作为熟练的业务员也仅能勉强完成定额。韩某不仅提供了法定工作时间内的正常劳动，而且还提供了法定工作时间以外的额外劳动。因此，韩某不仅应当获得不低于最低工资标准的劳动报酬，还应当获得额外的劳动报酬。

【法条指引】

最低工资规定

第十二条第一款　在劳动者提供正常劳动的情况下，用人单位应支付给劳动者的工资在剔除下列各项以后，不得低于当地最低工资标准：

（一）延长工作时间工资；

（二）中班、夜班、高温、低温、井下、有毒有害等特殊工作环境、条件下的津贴；

（三）法律、法规和国家规定的劳动者福利待遇等。

5. 公司亏损，用产品抵顶工资是否符合法律规定？

【维权要点】

工资应当以货币形式按月支付给劳动者本人，不得克扣或无故拖欠劳动者的工资。工资应当以法定货币支付。不得以实物及有价证券替代货币支付。

【典型案例】

韩某是某服装厂的工人，该厂的生产效益之前一直很好。不料该厂因为生产的一批服装出现了质量问题，信誉严重下降，订单也逐渐减少，致使该厂已经连续3个月没有给工人发工资。现该厂将要倒闭，没有资金来发放工资。厂长决定以厂里积压的服装来折抵员工的工资。但是，韩某觉得自己拿回家那么多服装也没有用，不愿意要服装。厂长却说，如果不要服装，那他也没有办法。双方发生争议后，韩某向当地劳动争议仲裁委员会申请仲裁，要求某服装厂支付拖欠的工资。

【法官讲法】

工资保障，是指保障劳动者按时得到其应得的全部工资并且保障其能自由支配和使用全部工资的权利。劳动法第50条规定："工资应当以货币形式按月支付给劳动者本人。不得克扣或无故拖欠劳动者的工资。"《工资支付暂行规定》第5条进一步明确规定："工资应当以法定货币支付。不得以实物及有价证券替代货币支付。"劳动合同法第30条第1款规定："用人单位应当按照劳动合同约定和国家规定，向劳动者及时足额支付劳动报酬。"第85条规定："用人单位有下列情形之一的，由劳动行政部门责令限期支付劳动报酬、加班费或者经济补偿；劳动报酬低于当地最低工资标准的，应当支付其差额部分；逾期不支付的，责令用人单位按应付金额百分之五十以上百分之一百以下的标准向劳动者加付赔偿金：（一）未按照劳动合同的约定或者国家规定及时足额支付劳动者劳动报酬的……"工资是对劳动者所提供劳动的回报，同时也是劳动者维持生存的基础，在社会化大生产的商品经济时代，货币是流通和支付的最主要手段，只有用法定的货币来支付劳动者的工资，才能确保工资职能的实现。因此，劳动争议仲裁委员会应当裁定支持韩某的仲裁请求。

【法条指引】

中华人民共和国劳动法

第五十条 工资应当以货币形式按月支付给劳动者本人。不得克扣或者无故拖欠劳动者的工资。

中华人民共和国劳动合同法

第三十条　用人单位应当按照劳动合同约定和国家规定，向劳动者及时足额支付劳动报酬。

用人单位拖欠或者未足额支付劳动报酬的，劳动者可以依法向当地人民法院申请支付令，人民法院应当依法发出支付令。

6. 违反最低工资规定承担什么责任？

【维权要点】

在劳动者提供正常劳动的情况下，用人单位支付给劳动者的工资低于最低工资标准的，由劳动保障行政部门责令其限期补发所欠劳动者工资，并可责令其按所欠工资的 1 至 5 倍支付劳动者赔偿金。

【典型案例】

2018 年 7 月初，肖某被某服装公司招用，双方签订了劳动合同，约定工资为计件工资。工作前 3 个月，由于操作不熟练，每月工资分别为 1660 元、1720 元、1890 元，而其他职工的工资都在 1910 元以上。第 4 个月起，肖某工资也终于达到 1910 元以上。2018 年底，肖某从报纸宣传得知，职工只要提供了正常劳动，单位支付的工资都不得低于最低工资标准，该市当时最低工资标准为 1910 元。于是要求单位补发前 3 个月低于最低工资标准差额 460 元。某服装公司则主张是按照肖某提供的劳动量支付的前 3 个月工资，与最低工资标准无关，不同意补足最低工资差额。遭到公司拒绝后，肖某到劳动保障监察部门投诉，要求单位补发 460 元工资并要求对单位作出相应处罚。劳动保障监察部门经过立案调查，认为单位违法事实成立，对该单位下达《劳动保障监察责令改正指令书》，责令单位补发肖某 460 元工资。

【法官讲法】

最低工资标准，是指劳动者在法定工作时间或依法签订的劳动合同约定的工作时间内提供了正常劳动的前提下，用人单位依法应支付的最低劳动报酬。法律之所以对最低工资标准作出相应规定，是为了保障劳动者在提供正常劳动情况下其基本生活得到保障，防止用人单位利用优势地位通过在劳动合同中约定定额等方式，变相剥夺劳动者获得最低工资保障的权利。本案中，某服装公司通过计件工资的方式来计算并发放劳动者工资，这是用人单位自主经营权范围，但在制定定额时要充分考虑劳动者的熟练程度、人体劳动限度等因素，合理确定定额量，并确保劳动者在提供正常劳动的情况下能得到最低工资的基本保障。某服装公司在劳动者提供正常劳动的情况下发放工资仍低于最低工资标准，违反法律规定，按照法律规定应承担相应法律责任。劳动保障监察部门应按照法律规定对其予以处罚。

【法条指引】

最低工资规定

第十一条 用人单位应在最低工资标准发布后10日内将该标准向本单位全体劳动者公示。

第十二条 在劳动者提供正常劳动的情况下，用人单位应支付给劳动者的工资在剔除下列各项以后，不得低于当地最低工资标准：

（一）延长工作时间工资；

（二）中班、夜班、高温、低温、井下、有毒有害等特殊工作环境、条件下的津贴；

（三）法律、法规和国家规定的劳动者福利待遇等。

实行计件工资或提成工资等工资形式的用人单位，在科学合理的劳动定额基础上，其支付劳动者的工资不得低于相应的最低工资标准。

劳动者由于本人原因造成在法定工作时间内或依法签订的劳动合同约定的工作时间内未提供正常劳动的，不适用于本条规定。

第十三条 用人单位违反本规定第十一条规定的，由劳动保障行政部门责令其限期改正；违反本规定第十二条规定的，由劳动保障行政部门责令其限期补发所欠劳动者工资，并可责令其按所欠工资的1至5倍支付劳动者赔偿金。

7. 实行日薪制是否也可休带薪年假？

【维权要点】

带薪年假制度，是指劳动者每年享有一次连续的带工资的休息时间。其法定条件是连续工作一年以上的劳动者。只要劳动者连续工作时间在一年以上，就有资格享受带薪年假，不论用人单位实行何种工资制度，都应当给予劳动者享有带薪休假的权利。

【典型案例】

农民工辛某与某县丝绸厂签订劳动合同时，厂方告诉他："我们实行的是日薪制，干一天活，给一天钱，一天工作 8 小时，130 元钱，不工作就没工资。"辛某同意了，和丝绸厂签订了劳动合同。两年后的一天，辛某忽然接到老家发来的电报，说是母亲病危，让他速归。辛某心急如焚，向厂里请休年假。厂里表示，实行的是日薪制，不用请假，但给他开了一张 8 天的休假条。辛某回家后，母亲已经转危为安，8 天后，辛某又回到厂里上班。在当月月底领工资时，辛某发现自己的钱比平时少了许多。他去问厂领导，厂领导解释说："上个月你 8 天没来工作，少的是这 8 天的工资。"辛某不明白："我休的是年休假，也有休假条，怎么能扣工资呢？"厂领导说："劳动合同上规定，工作一天，给一天钱，这 8 天你没有工作，当然没钱了。"双方无法达成一致。辛某向当地劳动争议仲裁委员会申请仲裁。

【法官讲法】

本案中，厂方误解了日薪制与月薪制的区别，又用这种误解误导职工，从而损害劳动者的权益。劳动法第 45 条规定："国家实行带薪年休假制度，劳动者连续工作一年以上的，享受带薪年休假。具体办法由国务院规定。"所谓带薪年休假，是指劳动者每年享有一次连续的带工资的休息时间。其法定条件是连续工作一年以上的劳动者。只要劳动者连续工作时间在一年以上，就有资格享受带薪年休假，不论用人单位实行何种工资制度，即不管是月薪制、日薪制，也不论是计时工资还是计件工资，都应当给予劳动者带薪年休假的权利。丝绸厂与辛某签订的劳动合同中约定实行日薪制，这与劳动者享受带薪年休假并不矛盾。

【法条指引】

中华人民共和国劳动法

第四十五条 国家实行带薪年休假制度。

劳动者连续工作一年以上的，享受带薪年休假。具体办法由国务院规定。

职工带薪年休假条例

第二条 机关、团体、企业、事业单位、民办非企业单位、有雇工的个体工商户等单位的职工连续工作1年以上的，享受带薪年休假（以下简称年休假）。单位应当保证职工享受年休假。职工在年休假期间享受与正常工作期间相同的工资收入。

8. 雇主与他人发生纠纷，能否停发农民工工资？

【维权要点】

用人单位不得无故拖欠劳动者工资。除法律规定的例外情况，任何单位均有义务及时支付农民工的劳动报酬，以保证农民工及家属正常生活的需要。构成无故拖欠农民工工资的条件：一是用人单位不按时支付农民工报酬，即用人单位超过法律规定或当事人约定的时间未向农民工支付应得的工资等劳动报酬；二是无正当理由，也就是说，用人单位未在规定或约定的时间支付劳动报酬，如果有正当理由，则不属于侵害劳动报酬权的行为。

【典型案例】

白某、柴某等30余人都是外地农民工。2017年5月，他们在私营企业主洪某的砖厂从事烧砖生产。双方口头约定，按计件工资支付工资。2017年5月9日正式开始生产，在生产过程中，工人每天的工作时间有时超过15小时。2017年10月，洪某因故与他人发生经济纠纷，砖厂内许多生产工具被别人抬走充作洪某所欠债务。于是砖厂被迫停工。从5月到10月期间，砖厂共生产400多万块砖坯、320万块成品砖，洪某共欠30余人工资8万余元。外地农民工看到砖厂无法恢复生产，继续工作无望，便多次找洪某要求结算工资。洪某以砖厂停工是他人造成的，自己没有责任为由，迟迟拖欠 30 余人工资不发。一个月后，30 余名外地农民工向当地劳动争议仲裁委员会提起仲裁申请，要求洪某补发所欠 8 万余元的工资。

【法官讲法】

本案中，私营企业主洪某在生产过程中拖欠农民工工资的行为严重违反劳动法的相关规定，也严重侵犯了农民工的劳动权益。劳动者付出了劳动，依国家的法律规定有权获得劳动报酬，而及时足额地支付给劳动者劳动报酬是用人单位应当履行的法定义务。30 多名外地农民工工作了 5 个多月，付出了大量的劳动，依照当初双方的约定，洪某理应支付劳动者工资。至于洪某所提他人将生产工具抬走造成停工，洪某不负责任的理由是不成立的。砖厂停工并非由农民工引起，洪某不得以和他人发生经济纠纷导致工厂停工为由拖欠外地农民工工资。因此，白某等农民工可向当地劳动争议仲裁委员会申请仲裁。如对仲裁裁决不服，他们可以自收到仲裁裁决书之日起 15 日内向人民法院起诉。

【法条指引】

中华人民共和国劳动法

第五十条　工资应当以货币形式按月支付给劳动者本人。不得克扣或者无故拖欠劳动者的工资。

第九十一条　用人单位有下列侵害劳动者合法权益情形之一的，由劳动行政部门责令支付劳动者的工资报酬、经济补偿，并可以责令支付赔偿金：

（一）克扣或者无故拖欠劳动者工资的；

（二）拒不支付劳动者延长工作时间工资报酬的；

（三）低于当地最低工资标准支付劳动者工资的；

（四）解除劳动合同后，未依照本法规定给予劳动者经济补偿的。

9. 账户冻结能否成为拖欠工资的理由？

【维权要点】

用人单位克扣或拖欠劳动者工资的，责令其支付工资并可责令其支付赔偿金。无故拖欠工资，是指用人单位无正当理由超过规定支付工资的时间而未能支付劳动者工资。不包括：（1）用人单位遇到非人力所能抗拒的自然灾害、战争等原因无法按时支付工资；（2）用人单位因生产经营困难、资金周转受到影响，在征得本单位工会同意后，可暂时延期支付劳动者工资。

【典型案例】

又到了发工资的日子，在某合资企业打工的50多名农民工却没有领到工资。企业负责人表示，合资方的外方公司出事了，企业的账户被冻结了，暂时无法发工资，并保证半个月后一定发工资。20天后，农民工们只领到了一部分工资，到了第2个月的发薪日，负责人又解释了一番，工资还是没发。又过了几天，大家又是只领到很少一部分钱。领不到足额工资的员工们认为企业随意拖欠工资是对劳动者权益的侵害，他们要求企业补发工资。企业表示，公司账户被冻结，确实有困难，并保证一旦解冻就发工资。农民工们向当地劳动争议仲裁委员会申请仲裁，要求企业补发拖欠工资。

【法官讲法】

账户被冻结不能成为拖欠工资的理由。劳动法和《工资支付暂行规定》都明确规定，工资应当以货币形式按月支付给劳动者本人。不得克扣或者无故拖欠劳动者的工资。此处的无故拖欠工资，是指用人单位无正当理由超过规定支付工资的时间而未能支付劳动者工资。不包括：（1）用人单位遇到非人力所能抗拒的自然灾害、战争等原因无法按时支付工资；（2）用人单位因生产经营困难、资金周转受到影响，在征得本单位工会同意后，可暂时延期支付劳动者工资。本案中，农民工所在企业由于合资方的问题被冻结了银行账户，不属于上述第一种情形；虽属于第二种资金周转困难情形，但上述规定仅为暂时延期支付劳动者工资。本案中，该企业多次延期发放，不符合上述规定，故其账户被冻结并非该企业拖欠农民工工资的正当理由，因其延期发放理由不具有正当性，应当及时补发拖欠劳动者的工资。

【法条指引】

中华人民共和国劳动合同法

第八十五条　用人单位有下列情形之一的，由劳动行政部门责令限期支付劳动报酬、加班费或者经济补偿；劳动报酬低于当地最低工资标准的，应当支付其差额部分。逾期不支付的，责令用人单位按应付金额百分之五十以上百分之一百以下的标准向劳动者加付赔偿金：

（一）未按照劳动合同的约定或者国家规定及时足额支付劳动者劳动报酬；

（二）低于当地最低工资标准支付劳动者工资的；

（三）安排加班不支付加班费的；

（四）解除或者终止劳动合同，未依照本法规定向劳动者支付经济补偿的。

10. 给企业造成损失可否从工资里扣除赔偿金？

【维权要点】

因为劳动者本人原因给用人单位造成经济损失的，用人单位可以按照劳动合同的约定要求其赔偿损失。经济损失的赔偿，可以从劳动者的工资中扣除，但不应超过相应比例。

【典型案例】

王某是农村户口，高中毕业后到县城的木材厂找了一份看管库房工作。干了 2 个月后，厂领导发现王某爱抽烟，这对他所从事的工作非常危险。为此厂领导多次找他谈话，要他一定注意，千万不要在工作岗位吸烟。王某觉得自己虽然爱抽烟，但并未因此引起过任何事故，厂领导杞人忧天，对厂领导的话不以为然。几个月后的一天，王某因吸烟引发了一场火灾，尽管得到了及时扑救，但还是给厂里造成了 3000 多元的损失。王某保证再也不犯此类错误了。厂方经研究决定王某对火灾负全部责任，并赔偿损失，赔偿金就从他的工资里按月扣除，但要保障王某的基本生活。王某听人说，厂里这种扣工资的行为是违反劳动法的，于是向当地劳动争议仲裁委员会申请仲裁，要求工厂停止克扣工资并给予赔偿。

【法官讲法】

本案中，工厂的做法是符合法律规定的。根据《工资支付暂行规定》第 16 条的规定："因劳动者本人原因给用人单位造成经济损失的，用人单位可按照劳动合同的约定要求其赔偿经济损失。经济损失的赔偿，可从劳动者的工资中扣除。但每月扣除的部分不得超过劳动者当月工资的 20%。若扣除后的剩余工资部分低于当地月最低工资标准，则按最低工资标准支付。"本案中，因王某违反该厂规章制度造成损失，该厂可以要求王某对违反制度造成的经济损失承担赔偿责任，对于损失的赔偿，该厂可以按上述规定的比例每月从其工资中扣除。该厂按上述规定从王某工资中扣除赔偿金不属于克扣工资的行为，劳动争议仲裁委员会应当驳回王某的请求。

【法条指引】

工资支付暂行规定

第十六条 因劳动者本人原因给用人单位造成经济损失的，用人单位可按照劳动合同的约定要求其赔偿经济损失。经济损失的赔偿，可从劳动者本人的工资中扣除。但每月扣除的部分不得超过劳动者当月工资的 20%。若扣除后的剩余工资部分低于当地月最低工资标准，则按最低工资标准支付。

11. 平均工资的计算方法是什么？

【维权要点】

我国劳动法中的工资，是指用人单位根据国家有关规定或劳动合同的约定，以货币形式直接支付给本单位劳动者的劳动报酬，一般包括计时工资，计件工资，奖金、津贴和补贴，延长工作时间的工资报酬以及特殊情况下支付的工资，工资是劳动者收入的主要组成部分。

【典型案例】

范某系某电池公司前员工，因公司与其解除劳动合同违法向当地劳动争议仲裁委员会申请仲裁，要求该公司支付其违法解除劳动合同赔偿金。仲裁庭审中，双方对其解除劳动合同前 12 个月平均工资计算方法产生争议。范某认为应按其工资表中应发工资数额予以核算，公司则认为应按工资表中相对固定的基本工资计算。范某当庭提交的公司认可真实性的工资条显示，其解除前 12 个月每月工资构成如下：基薪 2200 元、岗薪 95 元、劳动保护津贴 95 元、工龄工资 500 元、绩效 0 元、超产工资 2025 元、值班安全补助 300 元、社会保险 252 元、住房公积金 140 元，应得工资为 5215 元、实发工资为 4823 元。最终，仲裁委员会根据相关规定以应得工资 5215 元作为其解除劳动合同前 12 个月平均工资，并据此核算违法解除劳动合同赔偿金。

【法官讲法】

根据劳动合同法第 47 条、劳动合同法实施条例第 27 条的规定，员工月平均工资按照劳动合同解除或者终止前 12 个月的应得工资计算平均值，工作不满 12 个月的，按照实际工作的月数计算平均工资。笔者认为，要正确计算平均工资，首先要理解工资、应得工资、实发工资的准确含义。根据法律规定，工资是指用人单位依据国家有关规定和劳动关系双方的约定，以货币形式支付给员工的劳动报酬。具体而言，工资由以下部分组成：计时工资；计件工资（其中包括按营业额提成或利润提成办法支付给个人的工资）；奖金（如年终奖、季度奖）；津贴（如岗位津贴）和补贴（如餐补、交通补贴等）；加班加点工资以及特殊情况下支付的工资（包括：根据国家法律、法规和政策规定，因病、工伤、产假、计划生育假、婚丧假、事假、探亲假、定期休假、停工学习、执行国家或社会义务等原因，按计时工资标准或计时工资标准的一定比例支付的工资；附加工资、保留工资）。用人单位依据国家有关规定和双方劳动合同的约定，根据上述所有工资组成部分计算应支付给员工提供了正常劳动情况下的工资即为法律意义上的"应得工资"，但由于存在用人单位需要为劳动者扣除当月社会保险费、住房公积金、个人所得税等情形，故劳动者实发工资会低于应得工资。但其实由于用人单位只是代扣社保费用及税费，其扣款等仍属于劳动者个人劳动所得工资组成部分，用人单位只是承担代扣代缴义务，故所扣除部分也是劳动者的劳动报酬，在计算平均工资时应当计入其中。

【法条指引】

中华人民共和国劳动合同法

第四十七条 经济补偿按劳动者在本单位工作的年限，每满一年支付一个月工资的标准向劳动者支付。六个月以上不满一年的，按一年计算；不满六个月的，向劳动者支付半个月工资的经济补偿。

劳动者月工资高于用人单位所在直辖市、设区的市级人民政府公布的本地区上年度职工月平均工资三倍的，向其支付经济补偿的标准按职工月平均工资三倍的数额支付，向其支付经济补偿的年限最高不超过十二年。

本条所称月工资是指劳动者在劳动合同解除或者终止前十二个月的平均工资。

中华人民共和国劳动合同法实施条例

第二十七条 劳动合同法第四十七条规定的经济补偿的月工资按照劳动者应得工资计算，包括计时工资或者计件工资以及奖金、津贴和补贴等货币性收入。劳动者在劳动合同解除或者终止前 12 个月的平均工资低于当地最低工资标准的，按照当地最低工资标准计算。劳动者工作不满 12 个月的，按照实际工作的月数计算平均工资。

关于贯彻执行《中华人民共和国劳动法》若干问题的意见

53. 劳动法中的"工资"是指用人单位依据国家有关规定或劳动合同的约定，以货币形式直接支付给本单位劳动者的劳动报酬，一般包括计时工资、计件工资、奖金、津贴和补贴、延长工作时间的工资报酬以及特殊情况下支付的工资等。"工资"是劳动者劳动收入的主要组成部分。劳动者的以下劳动收入不属于工资范围：（1）单位支付给劳动者个人的社会保险福利费用，如丧葬抚恤救济费、生活困难补助费、计划生育补贴等；（2）劳动保护方面的费用，如用人单位支付给劳动者的工作服、解毒剂、清凉饮料费用等；（3）按规定未列入工资总额的各种劳动报酬及其他劳动收入，如根据国家规定发放的创造发明奖、国家星火奖、自然科学奖、科学技术进步奖、合理化建议和技术改进奖、中华技能大奖等，以及稿费、讲课费、翻译费等。

12. 劳务报酬所附条件是否有效？

【维权要点】

民事法律行为可以附条件，附条件的民事行为在所附条件成就时生效。同时，民事活动应当遵循自愿、公平、等价有偿、诚实信用的原则。在用人单位与劳动者签订的劳动合同中应约定劳务报酬，劳务报酬所附条件不能违反自愿、公平、等价有偿、诚实信用的原则，否则劳动者可以申请变更或撤销。

【典型案例】

2018年9月，李某承接一工程项目，雇用农民工谢某等人去该工程项目工作。2020年1月，谢某离开工地回原籍。此后，谢某多次向李某追要未支付的劳务报酬。2021年3月，李某向谢某出具欠据一份，欠据载明："今欠谢某工资8000元，工程款付后全部结清。"谢某为了得到欠据凭证，对所附条件未提出异议。后李某因在该工程中撤退部分施工人员，致使工程延期交付，发包单位一直未支付工程款。2021年6月，谢某向人民法院起诉，要求撤销与李某就支付劳务报酬所附的条件，并依法判决给付拖欠的劳务报酬8000元。李某辩称，欠款属实，双方所附条件合法有效，因发包单位至今未能结算工程款，双方所附的条件尚未成就，故暂时不能支付谢某的劳务报酬。

【法官讲法】

本案中，李某与谢某约定所附条件违背了民法典的公平原则。民事法律行为可以附条件，李某亦未强迫谢某接受所附条件，但民事行为不能违背公平原则。民法典第6条规定："民事主体从事民事活动，应当遵循公平原则，合理确定各方的权利和义务。"本案中李某承包工程，雇用谢某为其施工，双方之间形成了雇佣关系，李某就应当按照双方原先的约定支付谢某的劳务报酬。

李某与建设发包单位的关系，是建设工程合同关系，属另一法律关系。李某因工程延期交付，发包单位为此而未能与李某结算，李某明知发包单位的工程款难以给付，不积极通过诉讼等方式解决，却将与第三者之间的风险责任转嫁于谢某。换言之，如果李某不能从发包单位结算到工程款，李某就可不必再向谢某支付劳务报酬，那么李某经济损失就会得以减轻，因为其一部分损失已被转嫁于谢某等具体劳动者身上。由此可见，双方的利益明显不均衡、不对等，谢某的利益取决于李某，李某具有明显优势，显然有失公平。李某与谢某之间约定所附的条件属可撤销的民事法律行为。民法典第151条规定："一方利用对方处于危困状态、缺乏判断能力等情形，致使民事法律行为成立时显失公平的，受损害方有权请求人民法院或者仲裁机构予以撤销。"本案中，谢某向人民法院申请撤销所附的条件，人民法院应依照该条法律规定予以撤销。被撤销的民事行为从行为开始起无效。民事行为部分无效，不影响其他部分的效力的，其他部分仍然有效。对被告拖欠原告劳务报酬，不因该所附条件无效而无效，因此，人民法院应判决被告给付原告8000元的劳务报酬。

【法条指引】

中华人民共和国民法典

第一百五十一条 一方利用对方处于危困状态、缺乏判断能力等情形，致使民事法律行为成立时显失公平的，受损害方有权请求人民法院或者仲裁机构予以撤销。

第四章　农民工的劳动保护与福利

1. 劳务分包公司拖欠农民工工资，农民工是否有权要求施工总承包单位承担责任？

【维权要点】

为保障农民工的合法权益，我国专门制定《保障农民工工资支付条例》，其中第 30 条规定，分包单位对所招用农民工的实名制管理和工资支付负直接责任。施工总承包单位对分包单位劳动用工和工资发放等情况进行监督。分包单位拖欠农民工工资的，由施工总承包单位先行清偿，再依法进行追偿。工程建设项目转包，拖欠农民工工资的，由施工总承包单位先行清偿，再依法进行追偿。故劳务分包公司拖欠农民工工资的，农民工有权要求总承包单位支付拖欠工资。

【典型案例】

2018 年 11 月 2 日，原告某建筑劳务分包有限公司（以下简称"劳务分包公司"）与被告山西某建设工程有限公司（以下简称"建设公司"）签订《某高速公路（土建）施工第一合同段劳务分包合同》，建设公司将某高速公路第一合同段劳务部分分包给劳务分包公司施工。劳务分包公司雇请王某等 68 人到某高速公路第一合同段上进行劳务施工，劳务分包公司向王某等 68 人支付了部分农民工工资，剩余农民工工资劳务分包公司以资金未到位为由久拖未付。2020 年 8 月 1 日，王某等 68 人分别向某区人民法院对建设公司、劳务分包公司提起诉讼，请求人民法院判令二被告连带支付王某等 68 人工资。

【法官讲法】

劳务分包公司是经过登记注册的具有建筑劳务分包服务作业资格的企

业法人，其与建设公司签订的《某高速公路（土建）施工第一合同段劳务分包合同》合法有效。《保障农民工工资支付条例》第30条规定："分包单位对所招用农民工的实名制管理和工资支付负直接责任。施工总承包单位对分包单位劳动用工和工资发放等情况进行监督。分包单位拖欠农民工工资的，由施工总承包单位先行清偿，再依法进行追偿。工程建设项目转包，拖欠农民工工资的，由施工总承包单位先行清偿，再依法进行追偿。"根据上述规定，应认定劳务分包公司作为直接用工单位，应对王某等68人工资承担直接支付责任。但本案中，建设公司作为总承包单位疏于对劳务分包公司劳动用工和工资发放等情况的监督，致劳务分包公司拖欠王某等68人的工资，故应先由建设公司清偿王某等68人的工资，再依法向劳务分包公司进行追偿。人民法院最终判决由建设公司支付王某等68人的工资。另外，根据《保障农民工工资支付条例》的相关规定，施工总承包单位应当开设农民工工资专用账户，配备劳资专管员推进农民工用工实名制管理，建立农民工用工管理台账，对分包单位农民工用工实施有效监督管理，监督分包单位依法与所招用的农民工订立书面劳动合同并进行农民工实名登记，掌握施工现场用工、考勤、工资支付等情况。分包单位的农民工工作量应由分包单位自己考核，且工资支付表需要分包单位自行编制，经农民工签字捺手印后，由分包单位加盖公章与其当月工程进度完成情况，加上代付委托，提供给总承包单位。

【法条指引】

保障农民工工资支付条例

第二十六条 施工总承包单位应当按照有关规定开设农民工工资专用账户，专项用于支付该工程建设项目农民工工资。

开设、使用农民工工资专用账户有关资料应当由施工总承包单位妥善保存备查。

第三十条 分包单位对所招用农民工的实名制管理和工资支付负直接责任。

施工总承包单位对分包单位劳动用工和工资发放等情况进行监督。

分包单位拖欠农民工工资的，由施工总承包单位先行清偿，再依法进行追偿。

工程建设项目转包，拖欠农民工工资的，由施工总承包单位先行清偿，再依法进行追偿。

2. 水产品公司应当为农民工提供劳动防护用品吗？

【维权要点】

必要的劳动防护用品，是指劳动者在劳动过程中为避免或减轻事故伤害或职业危害所配备的防护设备。它是为保护劳动者在劳动过程中的安全和健康所必需的一种预防性装备，分为一般劳动防护用品和特种劳动防护用品两类。

特种劳动防护用品，是指特种作业、危害作业使用的劳动保护用品。这些防护用品如果质量不好，危害极大，后果不堪设想。国家对其生产实行生产许可证制度。有关文件规定了其种类和范围，即头部防护类，呼吸器防护类，眼、面防护类，听觉器官防护类，防护服装类，手足防护类，防坠落类7类。

【典型案例】

王某系某村女青年，2016 年 10 月受聘于某水产品公司，从事鲜鱼清洗工作。双方签订了为期 1 年的劳动合同，月工资 5000 元。水产品公司发给王某一套工作服。由于鲜鱼具有强烈的腥味以及洗鱼时的水经常溅到脚上，引起脚发炎，严重影响王某的日常生活。王某于是要求水产品公司为她提供口罩和防水鞋。公司提出，其他工人都没有使用口罩和防水鞋，谁要用，公司可以发，但要从工资中扣除。王某认为水产品公司的做法不符合法律规定。

【法官讲法】

本案涉及劳动防护用品的发放问题。为了保护劳动者在生产过程中的安全和健康，劳动法第 54 条中明确规定，用人单位必须为劳动者提供符合国家规定的劳动安全卫生条件和必要的劳动防护用品。这里所谓"必要"，就是用人单位应当根据自身安全卫生的实际情况，为劳动者提供适当的劳动防护用品。本案中，王某从事鲜鱼清洗工作，而鲜鱼具有强烈的腥味，容易引发恶心等症状，因此水产品公司应当为其提供口罩加以防护。同时，由于洗鱼时水经常会溅到地面上，水产品公司应当为王某提供防水鞋。因此，王某要求水产品公司提供口罩和防水鞋的要求是合法的，水产品公司应当提供，并不得从王某的工资中扣除相关费用。王某可以向当地劳动行政部门反映，要求水产品公司为其提供劳动防护用品。

【法条指引】

中华人民共和国劳动法

第五十四条　用人单位必须为劳动者提供符合国家规定的劳动安全卫生条件和必要的劳动防护用品，对从事有职业危害作业的劳动者应当定期进行健康检查。

3. 建筑公司不给农民工发放劳动保护用品合法吗？

【维权要点】

发放职工个人劳动防护用品是保护劳动者安全健康的一种预防性辅助措施，不是生活福利待遇。企业应当根据安全生产、防止职业性伤害的需要，按照不同工种、不同劳动条件，发给职工个人劳动防护用品。有关文件明确规定，应发放劳动防护服装的范围包括：井下作业；有强烈辐射、烧灼危险的作业；有刺割、绞碾危险或严重磨损而可能引起外伤的作业；接触有毒、有放射性物质，对皮肤有感染的作业；接触有腐蚀物质的作业；在严寒地区冬季经常从事野外、露天作业而自备棉衣不能御寒的工种及经常从事低温作业的工种。

对与生产中必不可少的安全帽、安全带、绝缘护品、防毒面具、防尘口罩等职工个人特殊劳动防护用品，必须根据特定工种的要求配备齐全，并保证质量。对特殊防护用品应建立定期检验制度，不合格的、失效的一律不准使用。对于在易燃易爆、烧灼及有静电发生的场所作业的工人，禁止发放、使用化纤防护用品。

【典型案例】

陆某被某建筑工程公司招用为合同制农民工，签了 2 年的劳动合同。

陆某到建筑队上班后，发现烧沥青的工作又累又热，但他发现同组的其他几名工人都到队里领取了工作服和眼镜，穿戴着工作要比自己舒服多了。陆某感到奇怪，于是向队里提出为什么自己没有工作服和眼镜。队里主管劳动防护用品的人告诉他，他是农民工，按规定是不能发工作服和其他用品的，劳动合同里规定了"工作服由自己解决"。陆某没有办法，月底第一次领了工资后，心疼地拿出一部分钱，买了工作服、防护眼镜、防护口罩、手套等劳动防护用品。

【法官讲法】

根据相关规定，对从事装卸、搬运、使用沥青及含有沥青制品工作的工人，应由其隶属单位供给防护用品，包括：坚实的棉衣或麻布的工作服，其式样应适合于防止沥青粉尘的浸入；带有披肩的头盔（供装卸工人使用）；防护眼镜；帆布手套及帆布鞋盖（常穿草鞋的地区应加发布鞋）；防护口罩（沥青熬炒工人应有过滤式呼吸器）。而且规定工人在从事沥青工作时，应着用全副防护用品；对外露皮肤和脸部、颈部，应遍涂防护药膏；工作完毕，必须洗澡。

由于沥青的烟气与粉尘中含有各种有机挥发物，这些物品能刺激人体皮肤及呼吸器官，因而工人必须穿戴防护用品，以避免与身体直接接触。本案中，建筑队以陆某是农民工为借口拒绝发放劳动防护用品，是对农民工合法权益的侵害，是极其错误的，陆某可以向当地劳动行政部门举报，由劳动行政部门责令改正并给予其相应处罚。

【法条指引】

中华人民共和国劳动法

第五十四条 用人单位必须为劳动者提供符合国家规定的劳动安全卫生条件和必要的劳动防护用品，对从事有职业危害作业的劳动者应当定期进行健康检查。

4. 配发劳动防护用品可否以其他措施代替？

【维权要点】

应当配发劳动防护用品的单位应为劳动者免费提供符合国家规定的劳

动防护用品，不得以货币或者其他物品替代应当配备的劳动防护用品。没有按规定为农民工提供符合国家规定的劳动防护用品的单位，要按照有关规定予以处罚。

【典型案例】

贺某为某企业合同制农民工，2016年1月，贺某受企业指派，到某山区野外作业。由于天气寒冷，贺某在作业过程中双手和面部被冻伤。贺某在作业过程中提出发给劳动防护用品。但企业认为，在给予贺某的野外作业补贴中已经包含了劳动防护用品的费用，贺某应当自备劳动防护用品。贺某感到企业的做法对职工而言是极不负责任的，侵犯了自己的合法权益，为此和企业领导发生了争执。企业领导扣发了贺某1月的工资。贺某向当地劳动争议仲裁委员会申请仲裁，要求某企业按劳动法律、法规的规定为职工配发劳动防护用品，同时补发无故扣发的工资。

【法官讲法】

用人单位必须为劳动者提供符合国家规定的劳动安全卫生条件和必要的劳动防护用品，对从事有职业危害作业的劳动者应当定期进行健康检查。贺某受企业指派，到某山区野外作业。时间处于冬季，天气寒冷，符合法律、法规规定的条件，某企业应当为贺某提供必要的劳动防护用品。

本案中，争议的焦点在于配发劳动防护用品能否以其他措施代替。劳动防护用品分为安全帽类、呼吸护具类、眼防护具类、听力护具类、防护鞋类、防护手套类、防护服类、防坠落护具类、防肤用品类9类，根据安全生产、防止职业性伤害的需要，按照不同工种、不同劳动条件进行发放，属于劳动安全卫生工作的范畴。因此，不能将劳动防护用品等同于一般的职工福利来看待。职工福利作为提高职工生活质量的一项措施，除法律、法规规定的某些项目之外，大多数企业根据自己的经济效益和实际来决定，标准不统一，也无法律强制。而向职工发放个人劳动防护用品，是实施劳动保护、预防职业伤害的一项重要法律制度。由此可见，劳动防护用品是不能以职工福利或者工作补贴的方式来代替的。某企业认为自己已经向贺某发放了野外作业补贴，就可以免除为贺某配发劳动防护用品的观点是错误的，应当予以纠正。同时，某企业领导因为职工与自己发生争执，便无故扣发职工工资的做法也是毫无道理的。按照相关规定，无故克扣劳动者工资的，除了责令支付劳动者的工资报酬之外，还应当责令支付1至5倍的赔偿金。

【法条指引】

中华人民共和国劳动法

第五十四条　用人单位必须为劳动者提供符合国家规定的劳动安全卫生条件和必要的劳动防护用品，对从事有职业危害作业的劳动者应当定期进行健康检查。

5. 用人单位公司未提供安全生产条件，农民工能否单方解除劳动合同？

【维权要点】

劳动者拒绝用人单位管理人员违章指挥、强令冒险作业的，不视为违反劳动合同。根据我国法律规定，劳动者在试用期内的；用人单位以暴力、威胁或者非法限制人身自由的手段强迫劳动的；用人单位未按照劳动合同约定支付劳动报酬或者提供劳动条件的，劳动者可以随时通知用人单位解除劳动合同。

【典型案例】

2017年，某建筑材料公司雇用了包括向某在内的40名农民工生产水泥。该公司生产车间只有一个大的房间，40个人、10台设备都在其中，十分拥挤。且该厂房通风设备不好，空气污浊，电线密布，未设有任何消防设备。消防部门曾责令公司限期整改，但公司因经济问题一直拖着不予办理。为获取最大利润，公司强令工人每天工作10小时并拒付任何加班工资。2017年7月，天气炎热，在连续工作10小时后公司仍令向某等超时工作，并威胁工人若不坚持工作将扣减他们一个月工资，向某弃岗回家。7月20日，建材公司厂房内不慎起火，因及时扑灭未造成人员伤亡，但公司仍对工人提出增设消防设备的建议置之不理。向某在安全得不到保障的情况下，向该建材公司提出解除劳动合同的要求。公司擅自扣下1200元工资作为解除合同的违约金。向某不服，向当地劳动争议仲裁委员会申请仲裁要求支付扣发的工资。

【法官讲法】

分析本案应从以下两个方面入手：

第一，向某等对建材公司的违章、强令冒险作业有权拒绝。劳动法第36条规定："国家实行劳动者每日工作时间不超过八小时，平均每周工作时间不超过四十四小时的工时制度。"某建筑材料公司强令工人每天工作10小时的行为是对该条规定的违反，而且用人单位安排加班的，应当按照国家有关规定向劳动者支付加班费。劳动合同法第32条第1款规定："劳动者拒绝用人单位管理人员违章指挥、强令冒险作业的，不视为违反劳动合同。"某建筑材料公司生产车间只有一个房间，40个人、10台设备都在其中，且厂房通风设备不好，空气污浊，电线密布，未设有任何消防设备。在已经起火险些造成人员伤亡、消防部门责令限期整改的情况下，公司仍对工人提出增设消防设备的建议置之不理。劳动者向某在安全得不到保障的情况下，有权拒绝劳动，不应被视为违反劳动合同。

第二，向某等有权解除合同而不支付违约金。根据我国劳动法第32条的规定，向某等有权随时通知用人单位解除劳动合同。劳动法第32条规定了劳动者可以随时通知用人单位解除劳动合同的三种情况，分别为：在试用期内的；用人单位以暴力、威胁或者非法限制人身自由的手段强迫劳动的；用人单位未按照劳动合同约定支付劳动报酬或者提供劳动条件的。本案中，建材公司以威胁扣工资强令工人加班的做法属于第二种情况，向某等有权解除劳动合同。而根据劳动合同法第22条、第23条、第25条的规定，我国只允许约定两种违约金，即违反服务期条款的违约金和违反保守商业秘密条款的违约金。而建材公司擅自扣减违约金的做法显然违反劳动法规定。因此，建材公司应向向某等补发扣减的工资。

综上，劳动争议仲裁委员会应当依法裁决某建材公司支付向某等人扣发的工资。

【法条指引】

中华人民共和国劳动法

第三十二条 有下列情形之一的，劳动者可以随时通知用人单位解除劳动合同：

（一）在试用期内的；

（二）用人单位以暴力、威胁或者非法限制人身自由的手段强迫劳动的；

（三）用人单位未按照劳动合同约定支付劳动报酬或者提供劳动条件的。

中华人民共和国劳动合同法

第三十二条　劳动者拒绝用人单位管理人员违章指挥、强令冒险作业的，不视为违反劳动合同。

劳动者对危害生命安全和身体健康的劳动条件，有权对用人单位提出批评、检举和控告。

6. 住院期间劳动合同到期，用人单位能否终止劳动关系？

【维权要点】

劳动者从事接触职业病危害作业未进行离岗前职业健康检查，或者疑似职业病病人在诊断或者医学观察期间的，患病或者非因工负伤，在规定的医疗期内，用人单位不得与其解除劳动合同。所谓"医疗期"，是指企业职工因患病或非因工负伤停止工作治病休息不得解除劳动合同的时限。

【典型案例】

农民工何某于 2017 年 6 月受聘于某公司，双方签订了为期 3 年的劳动合同。2020 年 3 月中旬，何某生病住院，据主治大夫介绍，何某要住院治疗 2 个月。2020 年 5 月，某公司以劳动合同到期，与何某的劳动关系已不存在为由拒绝继续承担何某住院的医疗费用。何某向当地劳动争议仲裁委员会提请仲裁，要求某公司继续承担其住院治疗的医药费用，并发给住院期间的病假工资。

【法官讲法】

我国劳动合同法对劳动合同的解除，特别是用人单位解除劳动合同作了较为详尽而全面的规定，因为在劳动关系中，用人单位处于强势地位，因此，法律对其解除劳动法律关系的行为规定了应当具备的条件和严格的限制，避免用人单位凭借自己的优势侵犯劳动者的合法权益。其中，在第42条对用人单位解除劳动合同作出了一系列的限制。该条规定："劳动者有下列情形之一的，用人单位不得依据本法第四十条、第四十一条的规定解除劳动合同：（一）从事接触职业病危害作业的劳动者未进行离岗前职业健康检查，或者疑似职业病病人在诊断或者医学观察期间的；（二）在本单位患职业病或者因工负伤并被确认丧失或者部分丧失劳动能力的；（三）患病或者非因工负伤，在规定的医疗期内的；（四）女职工在孕期、产期、哺乳期的；（五）在本单位连续工作满十五年，且距法定退休年龄不足五年的；（六）法律、行政法规规定的其他情形。"所谓"医疗期"，按照《企业职工患病或非因工负伤医疗期规定》第2条的解释："医疗期是指企业职工因患病或非因工负伤停止工作治病休息不得解除劳动合同的时限。"劳动法律、法规之所以对医疗期作出规定，究其原因，主要是为劳动者在患病时期提供物质保障，解决劳动者的后顾之忧，消除社会不安定因素。《企业职工患病或非因工负伤医疗期规定》第3条规定："企业职工因患病或非因工负伤，需要停止工作医疗时，根据本人实际参加工作年限和在本单位工作年限，给予三个月到二十四个月的医疗期……"并对不同情况下的医疗期作出了具体规定。

本案中，何某属于在劳动合同有效期间患病，按照劳动合同法及有关规定，应当享受医疗期待遇，由某公司发给病假期工资并报销医疗费。本案不属于劳动合同期限届满，按照合同约定终止劳动关系的情况，因为何某在原劳动合同到期前生病住院，按照劳动合同法第45条"劳动合同期满，有本法第四十二条规定情形之一的，劳动合同应当续延至相应的情形消失时终止"的规定，劳动者如果在合同履行期间患病，合同到期时仍在医疗期内，用人单位不得终止劳动合同，劳动合同的期限应自动延续至医疗期满。所以，某公司不得以劳动合同到期、劳动关系不存在为由拒绝承担何某的医疗费用。因此，对何某的仲裁请求，劳动争议仲裁委员会应当支持。

【法条指引】

中华人民共和国劳动合同法

第四十二条 劳动者有下列情形之一的，用人单位不得依照本法第四十条、第四十一条的规定解除劳动合同：

（一）从事接触职业病危害作业的劳动者未进行离岗前职业健康检查，或者疑似职业病病人在诊断或者医学观察期间的；

（二）在本单位患职业病或者因工负伤并被确认丧失或者部分丧失劳动能力的；

（三）患病或者非因工负伤，在规定的医疗期内的；

（四）女职工在孕期、产期、哺乳期的；

（五）在本单位连续工作满十五年，且距法定退休年龄不足五年的；

（六）法律、行政法规规定的其他情形。

第四十四条　有下列情形之一的，劳动合同终止：

（一）劳动合同期满的；

（二）劳动者开始依法享受基本养老保险待遇的；

（三）劳动者死亡，或者被人民法院宣告死亡或者宣告失踪的；

（四）用人单位被依法宣告破产的；

（五）用人单位被吊销营业执照、责令关闭、撤销或者用人单位决定提前解散的；

（六）法律、行政法规规定的其他情形。

第四十五条　劳动合同期满，有本法第四十二条规定情形之一的，劳动合同应当续延至相应的情形消失时终止。但是，本法第四十二条第二项规定丧失或者部分丧失劳动能力劳动者的劳动合同的终止，按照国家有关工伤保险的规定执行。

7. 工伤职工劳动能力鉴定期间劳动合同期满，用人单位能否终止劳动合同？

【维权要点】

《工伤保险条例》从立法层面对工伤职工的待遇等相关问题进行了规定，从保护工伤职工合法权益的立法角度出发，在法律尚无明确规定的情况下，应按有利于工伤职工的原则，认定双方劳动关系延续至工伤劳动能力鉴定结论作出后，根据相关规定对双方的劳动关系予以处理。

【典型案例】

农民工李某与被申请人某建筑公司订立了期限自 2018 年 7 月 1 日起至 2021 年 6 月 30 日止的劳动合同。2020 年 7 月 13 日，李某在某建筑公司建筑工地工作时，被倒塌的脚手架砸伤致腰椎骨折，同年 9 月 21 日被认定为工伤。李某住院治疗后出院在家休养，伤情稳定后于 2021 年 6 月 16 日申请劳动能力鉴定。2021 年 6 月 30 日，双方订立的劳动合同期满，某建筑公司向李某出具《终止劳动合同通知书》，以"劳动合同期满不再续订"为由，终止了双方的劳动合同。李某对此提出异议，认为其工伤劳动能力鉴定结论尚未作出，公司不能终止劳动合同。后双方协商未果，李某向当地劳动争议仲裁委员会申请仲裁。请求裁决确认某建筑公司终止其劳动合同违法并继续履行劳动合同。

【法官讲法】

对于劳动合同延续的问题，劳动合同法第 45 条规定："劳动合同期满，有本法第四十二条规定情形之一的，劳动合同应当续延至相应的情形消失时终止。但是，本法第四十二条第二项规定丧失或者部分丧失劳动能力劳动者的劳动合同的终止，按照国家有关工伤保险的规定执行。"该法第 42 条第 2 项规定即为"在本单位患职业病或者因工负伤并被确认丧失或者部分丧失劳动能力的"情形。而《工伤保险条例》对完全丧失和部分丧失劳动能力的工伤职工的劳动关系处理作了明确规定，其中第 35 条规定，工伤职工为一级至四级伤残的，保留劳动关系，退出工作岗位，享受相关待遇；第 36 条规定，工伤职工为五级、六级伤残的，经工伤职工本人提出，可以与用人单位解除或者终止劳动关系，享受相关待遇；第 37 条规定，工伤职工为七级至十级伤残的，劳动、聘用合同期满终止，或者职工本人可以提出解除劳动、聘用合同，并享受相关待遇。但法律法规未规定工伤职工劳动能力鉴定期间，劳动合同期满该如何处理。

实践中，主要有以下两种观点：第一种观点认为，双方劳动合同关系应当终止。因为我国法律未规定此种情形劳动合同期限应当续延，故依据我国劳动合同法第 44 条规定，劳动合同期满的，劳动合同终止。第二种观点认为，双方劳动合同关系应续延，待工伤职工劳动能力鉴定结论作出后，再依据《工伤保险条例》的相关规定，处理双方的劳动关系。笔者倾向于第二种观点。《工伤保险条例》从立法层面对工伤职工的待遇等相关问题进行了规定。从保护工伤职工合法权益的立法角度出发，在法律尚无明确规定的情况下，应按有利于工伤职工的原则，对双方的劳动关系予以处理。若在工伤职工劳动能力鉴定结论尚未作出时，直接以合同期满为由，终止双方的劳动合同关系，不利于保护工伤职工的合法权益。特别是对完全丧失劳动能力的工伤职工，若终止其劳动合同关系，其后续的基本生活和医疗待遇可能无法得到保障。若仲裁机构或人民法院对用人单位的该种做法确认合法，劳动能力鉴定结论作出后，职工若属于完全或大部分丧失劳动能力，则可能会以出现新的证据为由，通过申诉等途径处理，增加诉累和维权成本。

【法条指引】

中华人民共和国劳动合同法

第四十二条 劳动者有下列情形之一的，用人单位不得依照本法第四十条、第四十一条的规定解除劳动合同：

（一）从事接触职业病危害作业的劳动者未进行离岗前职业健康检查，或者疑似职业病病人在诊断或者医学观察期间的；

（二）在本单位患职业病或者因工负伤并被确认丧失或者部分丧失劳动能力的；

（三）患病或者非因工负伤，在规定的医疗期内的；

（四）女职工在孕期、产期、哺乳期的；

（五）在本单位连续工作满十五年，且距法定退休年龄不足五年的；

（六）法律、行政法规规定的其他情形。

第四十五条 劳动合同期满，有本法第四十二条规定情形之一的，劳动合同应当续延至相应的情形消失时终止。但是，本法第四十二条第二项规定丧失或者部分丧失劳动能力劳动者的劳动合同的终止，按照国家有关工伤保险的规定执行。

工伤保险条例

第三十五条 职工因工致残被鉴定为一级至四级伤残的，保留劳动关系，退出工作岗位，享受以下待遇：

（一）从工伤保险基金按伤残等级支付一次性伤残补助金，标准为：一级伤残为 27 个月的本人工资，二级伤残为 25 个月的本人工资，三级伤残为 23 个月的本人工资，四级伤残为 21 个月的本人工资；

（二）从工伤保险基金按月支付伤残津贴，标准为：一级伤残为本人工资的 90%，二级伤残为本人工资的 85%，三级伤残为本人工资的 80%，四级伤残为本人工资的 75%。伤残津贴实际金额低于当地最低工资标准的，由工伤保险基金补足差额；

（三）工伤职工达到退休年龄并办理退休手续后，停发伤残津贴，按照国家有关规定享受基本养老保险待遇。基本养老保险待遇低于伤残津贴的，由工伤保险基金补足差额。

职工因工致残被鉴定为一级至四级伤残的，由用人单位和职工个人以伤残津贴为基数，缴纳基本医疗保险费。

8. 农民工能否享有工伤保险待遇?

【维权要点】

中华人民共和国境内的各类企业的职工和个体工商户的雇工，即与用人单位存在劳动关系的各种用工形式、各种用工期限的劳动者，均有依照《工伤保险条例》享受工伤保险待遇的权利。各类企业、有雇工的个体工商户都应当依照《工伤保险条例》等有关规定，为本单位的全部职工或者雇工缴纳工伤保险费。

【典型案例】

某村农民方某于 2019 年 8 月到某水泥厂包装车间工作，双方未签订书面合同。2020 年 1 月 8 日晚，方某在车间打扫卫生时，被刮板机皮带切断右手拇指。方某受伤后，先后在某市立医院、某卫生院第二门诊部医治，支出医疗费若干。后方某申请工伤认定，经劳动能力鉴定委员会鉴定，结论为：方某所受伤害构成八级伤残。后方某因某水泥厂未为其缴纳社会保险等为由提出解除劳动合同并向某区劳动争议仲裁委员会申请仲裁，要求水泥厂支付其医药费、停工留薪期工资、住院伙食补助费、一次性工伤医疗补助金、一次性伤残就业补助金等工伤保险待遇，水泥厂称方某系农民身份，不应享受相关工伤保险待遇，仲裁委员会依法作出裁决。

【法官讲法】

我国劳动法第16条第2款规定"建立劳动关系应当订立劳动合同"，但在实践中，用人单位和劳动者却常常由于某种原因没有签订合同，但却已形成事实劳动关系。但是，劳动者享受工伤保险待遇并不以签订劳动合同为前提。为了保障因工作遭受事故伤害或者职业病的职工获得医疗救治和经济补偿，促进工伤预防和职业康复，分散用人单位的工伤风险，我国专门制定了《工伤保险条例》。根据该条例规定，中华人民共和国境内的各类企业的职工和个体工商户的雇工，均有依照本条例的规定，享受工伤保险待遇的权利。职工因工致残被鉴定为七级至十级伤残的，享受以下待遇：（1）从工伤保险基金按伤残登记支付一次性伤残补助金，标准为：七级伤残为13个月的本人工资……（2）劳动合同期满终止，或者职工本人提出解除劳动合同，由用人单位支付一次性工伤医疗补助金和伤残就业补助金。具体标准由省、自治区、直辖市人民政府规定。以上规定，对"劳动者"没有区分农民身份和城镇居民身份。因此，本案中，水泥公司不同意给付方某相关工伤保险待遇的意见与法相悖，仲裁委员会依法支持了方某的仲裁请求。

【法条指引】

工伤保险条例

第三十条第一款 职工因工作遭受事故伤害或者患职业病进行治疗，享受工伤医疗待遇。

第三十三条 职工因工作遭受事故伤害或者患职业病需要暂停工作接受工伤医疗的，在停工留薪期内，原工资福利待遇不变，由所在单位按月支付。

停工留薪期一般不超过12个月。伤情严重或者情况特殊，经设区的市级劳动能力鉴定委员会确认，可以适当延长，但延长不得超过12个月。工伤职工评定伤残等级后，停发原待遇，按照本章的有关规定享受伤残待遇。工伤职工在停工留薪期满后仍需治疗的，继续享受工伤医疗待遇。

生活不能自理的工伤职工在停工留薪期需要护理的，由所在单位负责。

第三十七条 职工因工致残被鉴定为七级至十级伤残的，享受以下待遇：

（一）从工伤保险基金按伤残等级支付一次性伤残补助金，标准为：七级伤残为 13 个月的本人工资，八级伤残为 11 个月的本人工资，九级伤残为 9 个月的本人工资，十级伤残为 7 个月的本人工资；

（二）劳动、聘用合同期满终止，或者职工本人提出解除劳动、聘用合同的，由工伤保险基金支付一次性工伤医疗补助金，由用人单位支付一次性伤残就业补助金。一次性工伤医疗补助金和一次性伤残就业补助金的具体标准由省、自治区、直辖市人民政府规定。

9. 用人单位未依法为农民工缴纳工伤保险，发生工伤事故的，由谁支付工伤保险待遇？

【维权要点】

工伤是指劳动者在工作中所遇到的意外事故伤害和职业病伤害。为保障工伤职工的合法权益，我国建立工伤保险制度，社会保险法和《工伤保险条例》等立法强制用人单位参加工伤保险，为劳动者缴纳工伤保险费，劳动者无须缴纳工伤保险费。发生工伤后，劳动者依法享有工伤保险待遇，部分工伤保险待遇由工伤保险基金支付，剩余部分工伤保险待遇则由用人单位支付。但如果用人单位未依法为劳动者缴纳工伤保险的，工伤保险待遇则应全部由用人单位支付。

【典型案例】

2019 年 5 月 13 日起王某在甲公司承包的工地工作，月工资 5000 元。甲公司未为王某缴纳工伤保险费。2019 年 5 月 27 日，王某在工作中受伤，受伤当日起至 2019 年 6 月 29 日王某住院治疗，出院后王某未再为甲公司提供劳动。2020 年 5 月 25 日，王某向当地劳动争议仲裁委员会申请仲裁，要求确认其与甲公司存在劳动关系。仲裁委裁决驳回王某的仲裁请求。王某不服该裁决向人民法院提起诉讼,人民法院判决确认双方存在劳动关系。双方对该判决均未上诉,判决已生效。后王某向人社部门申请工伤认定,2021年3月17日,人社部门认定2019年5月27日王某所受伤害为工伤。甲公司不服该工伤认定结论,先后提起行政复议和一审、二审行政诉讼,终审判决维持该工伤认定结论。2021年10月24日,劳动能力鉴定委员会认定,王某已达到职工工伤与职业病致残等级标准六级,王某支付了劳动能力鉴定费200元。2021年11月4日,王某以甲公司未缴纳社会保险及拖欠工资为由提出解除劳动关系。2021年11月4日,王某再次向仲裁委申请仲裁,要求甲公司支付住院伙食补助费、停工留薪期工资、一次性伤残补助金、一次性工伤医疗补助金、一次性伤残就业补助金、劳动能力鉴定费等各项工伤保险待遇。仲裁委裁决甲公司向王某支付住院伙食补助费、停工留薪期工资、伤残津贴、一次性伤残补助金、一次性工伤医疗补助金及伤残就业补助金、劳动能力鉴定费。甲公司不服仲裁裁决,向人民法院提起诉讼。一审人民法院经审理认为,王某被认定为工伤六级,而甲公司未为王某缴纳工伤保险,故甲公司应按照《工伤保险条例》规定的工伤保险待遇项目和标准向王某支付各项费用,最终判决甲公司向王某支付相关工伤保险待遇。甲公司不服一审判决,提起上诉。二审人民法院终审维持一审判决。

【法官讲法】

社会保险法第33条规定:"职工应当参加工伤保险,由用人单位缴纳工伤保险费,职工不缴纳工伤保险费。"第36条第1款规定:"职工因工作原因受到事故伤害或者患职业病,且经工伤认定的,享受工伤保险待遇;其中,经劳动能力鉴定丧失劳动能力的,享受伤残待遇。"用人单位依法为劳动者缴纳工伤保险后,因工伤发生的下列费用由工伤保险基金支付:(1)治疗工伤的医疗费用和康复费用;(2)住院伙食补助费;(3)到统筹地区以外就医的交通食宿费;(4)安装配置伤残辅助器具所需费用;(5)生活不能自理的,经劳动能力鉴定委员会确认的生活护理费;(6)一次性伤残补助金和一至四级伤残职工按月领取的伤残津贴;(7)终止或解除劳动合同时,五至十级伤残职工应当享受的一次性医疗补助金;(8)因工死亡的,其遗属领取的丧葬补助金、供养亲属抚恤金和因工死亡补助金；（9）劳动能力鉴定费。因工伤发生的下列费用，由用人单位支付：（1）治疗工伤期间的工资福利，即停工留薪期工资；（2）停工留薪期内生活不能自理的生活护理费；（3）五级、六级伤残职工按月领取的伤残津贴；（4）终止或解除劳动合同时，五至十级伤残职工应当享受的一次性伤残就业补助金。

如果用人单位未依法为劳动者缴纳工伤保险，则劳动者无法享受应由工伤保险基金支付的各项保险待遇。为保护劳动者的合法权益。根据社会保险法第41条第1款规定，职工所在用人单位未依法缴纳工伤保险费，发生工伤事故的，由用人单位支付工伤保险待遇。《工伤保险条例》第62条第2款也规定："依照本条例规定应当参加工伤保险而未参加工伤保险的用人单位职工发生工伤的，由该用人单位按照本条例规定的工伤保险待遇项目和标准支付费用。"可见，原本应由工伤保险基金支付的各项工伤保险待遇转由用人单位支付，即由用人单位支付全部各项工伤保险待遇。正如本案中，甲公司未依法为王某缴纳工伤保险，由此其应向王某支付全部各项工伤保险待遇。

此外，根据《工伤保险条例》第64条第2款的规定，本条例所称本人工资，是指工伤职工因工作遭受事故伤害或者患职业病前12个月平均月缴费工资。而实践中，存在用人单位未为劳动者足额缴纳工伤保险的情况，即工伤保险的缴费基数低于实际工资标准。工伤保险基金以上述低于实际工资标准的本人工资为基数，来核算一次性伤残补助金或工亡职工的供养亲属抚恤金。导致的后果是，劳动者从工伤保险基金领取的一次性伤残补助金或工亡职工的供养亲属抚恤金金额降低。那么，由此造成的损失如何处理呢？《北京市实施〈工伤保险条例〉若干规定》第27条对此作出了如下规定："用人单位未足额缴纳工伤保险费，造成工伤职工享受的工伤保险待遇降低的，降低部分由该用人单位支付。"

【法条指引】

工伤保险条例

第六十二条第二款　依照本条例规定应当参加工伤保险而未参加工伤保险的用人单位职工发生工伤的，由该用人单位按照本条例规定的工伤保险待遇项目和标准支付费用。

10. 不慎违章操作致残能否享受工伤待遇？

【维权要点】

对于工伤的认定，不仅要考虑行为人的客观表现和后果，还要考虑行为人的主观动机。认定为工伤的劳动者，不仅在客观上有为履行职务而遭遇伤亡的情况，而且在主观上应当没有严重过错。对违章操作要视情况区别对待，如果职工因主观不慎，未能按照企业安全规章进行操作，仍应认定为工伤；如果职工因恶意而蓄意违章，显然不具备工伤的本质特征。将蓄意违章纳入工伤认定的范围内，与建立工伤制度的立法初衷是相违背的。

【典型案例】

薛某系某厂招聘的农民工，2018 年 7 月 1 日，薛某与该厂签订了为期 3 年的劳动合同，岗位为机修工。2020 年 8 月 3 日，车间主任安排其维修底浆离心筛，当他给齿轮加油时不慎将右臂轧伤，造成六级伤残。治疗结束后，单位为薛某安排了适当的工作，却拒绝支付他应享受的工伤津贴和伤残补助金，理由是：事故系本人违章作业造成，属人为责任事故，根据公司规定："凡属认定责任事故系本人责任的，原则上一切损失由本人负责，如有特殊情况，公司可适当给予照顾。"薛某不服，遂向当地劳动争议仲裁委员会申请仲裁，要求单位依法支付工伤津贴和一次性伤残补助金。

【法官讲法】

我国《工伤保险条例》的制定是为了保障因工作遭受事故伤害或者职业病的职工获得医疗救治和经济补偿，促进工伤预防和职业康复，分散用人单位的工伤风险。故对于工伤的认定，不仅要考虑行为人的客观表现和后果，还要考虑行为人的主观动机。认定为工伤的劳动者，不仅在客观上有为履行职务而遭遇伤亡的情况，而且在主观上应当没有严重过错。对违章操作要视情况区别对待。如果职工因主观不慎，未能按照企业安全规章进行操作，仍应认定为工伤；如果职工因恶意而蓄意违章，显然不具备工伤的本质特征。将蓄意违章纳入工伤认定范围内，与建立工伤制度的立法初衷是相违背的。

本案中，薛某作为一名机修工，根据车间主任的指派去维修机器，虽然他未按公司安全规章进行操作负有一定责任，但按照上述规定，理应认定为工伤，可以享受相应待遇，如医疗待遇、工伤津贴、一次性伤残补助金。该公司依据所谓的"公司规定"，拒绝向薛某支付工伤津贴、一次性伤残补助金显然与法律、法规相违背，应当予以纠正。

【法条指引】

工伤保险条例

第十四条 职工有下列情形之一的，应当认定为工伤：

（一）在工作时间和工作场所内，因工作原因受到事故伤害的；

（二）工作时间前后在工作场所内，从事与工作有关的预备性或者收尾性工作受到事故伤害的；

（三）在工作时间和工作场所内，因履行工作职责受到暴力等意外伤害的；

（四）患职业病的；

（五）因工外出期间，由于工作原因受到伤害或者发生事故下落不明的；

（六）在上下班途中，受到非本人主要责任的交通事故或者城市轨道交通、客运轮渡、火车事故伤害的；

（七）法律、行政法规规定应当认定为工伤的其他情形。

第十五条 职工有下列情形之一的，视同工伤：

（一）在工作时间和工作岗位，突发疾病死亡或者在48小时之内经抢救无效死亡的；

（二）在抢险救灾等维护国家利益、公共利益活动中受到伤害的；

（三）职工原在军队服役，因战、因公负伤致残，已取得革命伤残军人证，到用人单位后旧伤复发的。

职工有前款第（一）项、第（二）项情形的，按照本条例的有关规定享受工伤保险待遇；职工有前款第（三）项情形的，按照本条例的有关规定享受除一次性伤残补助金以外的工伤保险待遇。

第十六条　职工符合本条例第十四条、第十五条的规定，但是有下列情形之一的，不得认定为工伤或者视同工伤：

（一）故意犯罪的；

（二）醉酒或者吸毒的；

（三）自残或者自杀的。

11. 蓄意违章造成的事故伤害能否认定为工伤？

【维权要点】

蓄意违章造成自身伤害，不应认定为工伤。因为工伤是指由工作引起并在工作过程中发生的事故伤害和职业病伤害，它是一种"事故伤害"，即意外伤害，并不包括劳动者故意造成的自身伤害。因此，员工故意造成自身伤害，不符合认定为工伤的情形，不应认定为工伤，不能享受工伤保险待遇。

【典型案例】

史某从农村老家来到某县轴承厂做技工。2016 年 2 月，史某在工作中因违反安全操作规程，受到车间主任的批评。史某不服气，遂在加工轴承的过程中故意违反安全操作规定，致使多个轴承报废。同事对其进行劝说，但史某置若罔闻，仍然违章操作，发生意外。在意外中，史某受伤致残。事后，史某要求享受工伤待遇。工厂认为，史某是蓄意违章发生的意外，不能按工伤对待，拒绝为史某申请工伤认定。史某向当地劳动保障行政部门提出工伤认定申请，当地劳动保障行政部门经调查核实，认定史某所受伤害不属于工伤。史某遂提起行政复议。

【法官讲法】

对于劳动者蓄意违章的情况应当如何处理，《工伤保险条例》没有作明文规定。本案发生在《工伤保险条例》生效之后，对于蓄意违章能否认定为工伤有认识上的分歧。但从工伤保险制度设立的初衷来看，工伤的本质特征是劳动者为履行职务或维护国家、人民和社会的公共利益而遭遇伤亡。工伤本身意味着对劳动者行为的社会肯定。劳动者因其为单位或国家、人民和社会公共利益作出的牺牲，将得到补偿，享受法律规定的工伤待遇。因此，对于工伤的认定，不仅要考虑行为人的客观表现和后果，还要考虑行为人的主观动机。认定为工伤的劳动者，不仅在客观上有为履行职务而遭遇伤亡的情况，而且在主观上应当是没有严重过错的。法律、法规排除在工伤之外的情况，都是行为人在主观上有严重过错的情况。《工伤保险条例》虽然没有明文规定蓄意违章的情况不能认定为工伤，但蓄意违章显然不具备工伤的本质特征，将蓄意违章纳入工伤的范围之内，与建立工伤制度的立法初衷是相违背的。本案中，史某因蓄意违章，不仅造成了自身的伤害，也给企业造成了损失和不良影响，其所受伤害不应认定为工伤。

【法条指引】

工伤保险条例

第十六条 职工符合本条例第十四条、第十五条的规定，但是有下列情形之一的，不得认定为工伤或者视同工伤：

（一）故意犯罪的；

（二）醉酒或者吸毒的；

（三）自残或者自杀的。

12. 参加单位组织的旅游活动猝死算工伤吗?

【维权要点】

《工伤保险条例》规定，职工在工作时间和工作岗位，突发疾病死亡或者在48小时之内经抢救无效死亡的，视同工伤。员工在参加单位组织的旅游活动中出现上述情形的，应从该项活动目的、性质、费用承担等多角度综合判断。公司组织该出游的目的不仅仅包括给予员工福利，同时也包括为了提高员工的工作效率，增加归属感，进而提升公司的效益。其出游活动明显与员工工作具有一定关联性，应视为其工作的延伸。

【典型案例】

马某是某玩具公司保安员。2018年11月，公司发布公告称："为了增加员工对我公司的归属感，提高工作效率，丰富员工的工余生活，增加同事间的交流，特于 2018 年 11 月 20 日组织一日游活动，该活动系公司的集体活动，费用均由公司承担，公司鼓励所有员工参加。报名地点为各部门文员处。"马某当即报名参加。活动当日 13 时 20 分左右，马某在旅游景区上洗手间时很长时间没有出来，同行人员进入后发现其昏倒，经抢救无效于当天死亡，死亡原因为：急性心肌梗死。同年 11 月 23 日，公司向区人社局申请马某的工伤认定。人社局于同年 12 月 30 日作出不予认定工伤决定书。家属不服，提出行政复议申请，后相关部门作出《行政复议决定书》维持人社局的决定，家属仍不服，提起行政诉讼。人民法院生效判决认定：该出游活动与工作具有一定关联性，应视为其工作的延伸，人社局不认工伤的决定应予撤销。

【法官讲法】

根据《工伤保险条例》第 15 条规定，即"职工有下列情形之一的，视同工伤：（一）在工作时间和工作岗位，突发疾病死亡或者在 48 小时之内经抢救无效死亡的……"。故本案的关键，在于判断马某死亡时能否认定为是在工作时间及工作岗位。判断职工所参加的活动是否属于单位工作的延伸，不应仅关注该活动是否具有强制性，更应从该项活动的目的、性质、是否为单位组织安排、费用承担等多方面因素进行综合判断。本案中，马某响应公司的号召积极参加单位组织的旅游活动，且公司承担了大部分的旅游费用，故该次旅游活动有别于个人自发旅游的行为，应当视为单位行为。集体旅游活动是职工的福利待遇，更是单位加强职工之间的团结和睦，增强职工凝聚力，调动职工积极性，提高工作效率的一种手段和方式，是职工工作的延伸。因此，马某参加公司组织的外出旅游活动，无论该次旅游活动是否安排在工作日和工作时间，均应当视为工时时间和工作地点的延伸，马某在公司组织的旅游活动中突发疾病死亡的情形应视同工伤。

【法条指引】

工伤保险条例

第十五条　职工有下列情形之一的，视同工伤：

（一）在工作时间和工作岗位，突发疾病死亡或者在 48 小时之内经抢救无效死亡的；

（二）在抢险救灾等维护国家利益、公共利益活动中受到伤害的；

（三）职工原在军队服役，因战、因公负伤致残，已取得革命伤残军人证，到用人单位后旧伤复发的。

职工有前款第（一）项、第（二）项情形的，按照本条例的有关规定享受工伤保险待遇；职工有前款第（三）项情形的，按照本条例的有关规定享受除一次性伤残补助金以外的工伤保险待遇。

13. 因用人单位未履行告知义务，导致工亡员工近亲属申请工伤认定超期是否影响工伤认定？

【维权要点】

根据《工伤保险条例》的相关规定，职工发生事故伤害，工伤职工或者其近亲属、工会组织在事故伤害发生之日起 1 年内，可以直接向用人单位所在地统筹地区社会保险行政部门提出工伤认定申请。从上述法律条文来看，申请工伤认定的时限为 1 年。但由于用人单位原因导致劳动者或其近亲属未在法定期间内申请工伤认定的，该期间应当从工伤认定申请期中扣除。

【典型案例】

2016 年 10 月，倪某的儿子卢某在某市一家砖厂工作时因意外事故死亡，但事后砖厂并未将这一消息告知倪某，直到 2018 年 3 月，倪某才得知儿子已经去世的消息。随后，倪某向区人社局申请工伤认定。区人社局以超过 1 年工伤认定申请时效为由，不予受理。倪某不服，提起诉讼。人民法院在审理中查明，由于卢某父亲已故，而母亲倪某改嫁后已不与他生活在一起，所以砖厂在卢某死后并未通知倪某，而是一次性付给卢某的叔伯等亲属赔偿款共 23 万元。在儿子死亡将近 2 年才得知这一消息的倪某，于是以近亲属的名义申请工伤认定。最终，经一审、二审，最终人民法院撤销了人社局不予受理的决定书。

【法官讲法】

《最高人民法院关于审理工伤保险行政案件若干问题的规定》第 7 条

规定："由于不属于职工或者其近亲属自身原因超过工伤认定申请期限的，被耽误的时间不计算在工伤认定申请期限内。有下列情形之一耽误申请时间的，应当认定为不属于职工或者其近亲属自身原因：（一）不可抗力；（二）人身自由受到限制；（三）属于用人单位原因；（四）社会保险行政部门登记制度不完善；（五）当事人对是否存在劳动关系申请仲裁、提起民事诉讼。"本案中，由于卢某父亲已故，而母亲倪某改嫁后已不与他生活在一起，而作为用人单位的砖厂并未在卢某死后及时通知倪某，而是一次性付给卢某的叔伯等亲属赔偿款共23万元。在儿子死亡2年多才得知这一消息的倪某，于是以近亲属的名义申请工伤认定。根据《工伤保险条例》的相关规定，职工发生事故伤害，工伤职工或者其近亲属、工会组织在事故伤害发生之日起1年内，可以直接向用人单位所在地统筹地区社会保险行政部门提出工伤认定申请。从上述法律条文来看，申请工伤认定的时限为1年。据此，区人社局认定倪某申请工伤认定超过了1年的工伤认定申请时效，作出不予受理的决定。此后，倪某提起诉讼，请求依法撤销工伤认定申请不予受理决定书。区人民法院在审理时认为，倪某作为死亡职工卢某的母亲，是法定近亲属。在无证据证明参与处理卢某意外死亡事件的相关单位和人员向倪某告知了卢某死亡消息的情况下，倪某主张其超期限提出工伤认定申请非因其自身原因导致，应予支持。

【法条指引】

最高人民法院关于审理工伤保险行政案件若干问题的规定

第七条　由于不属于职工或者其近亲属自身原因超过工伤认定申请期限的，被耽误的时间不计算在工伤认定申请期限内。

有下列情形之一耽误申请时间的，应当认定为不属于职工或者其近亲属自身原因：

（一）不可抗力；

（二）人身自由受到限制；

（三）属于用人单位原因；

（四）社会保险行政部门登记制度不完善；

（五）当事人对是否存在劳动关系申请仲裁、提起民事诉讼。

14. 在与入室盗窃的犯罪分子搏斗过程中受伤，能否视同工伤？

【维权要点】

工伤主要是指在工作时间和工作场所内，因工作原因受到的事故伤害。除此之外，在抢险救灾等维护国家利益、公共利益活动中受到伤害的，虽然与工作没有直接关系，但是应当得到社会的肯定和鼓励，所以也视同工伤，享受工伤待遇。

【典型案例】

农民工秦某于 2018 年到某市一服装厂工作。工作期间，服装厂安排秦某住在工厂的单身宿舍内。2019 年 2 月 3 日晚，秦某在休息时听到宿舍内有异常的响动。秦某起身查看，发现有人入室盗窃。在与犯罪分子的搏斗中，秦某被刺伤，犯罪分子逃逸。秦某住院治疗半个月，先后花去医疗费 4 万余元。秦某向某工厂提出自己是在与犯罪分子的搏斗中受伤的，应当申请工伤认定并享受工伤待遇。某工厂认为，秦某受伤与工作无关，也不是在抢险救灾等维护国家利益、公共利益活动中受到伤害的，不能被认定为工伤并享受工伤待遇。秦某向当地劳动保障行政部门提出工伤认定申请，当地劳动保障行政部门经调查核实后，作出了秦某所受伤害视同工伤的认定决定。

【法官讲法】

本案中，秦某是在与进入所在单位的单身宿舍盗窃的犯罪分子做斗争的过程中受到伤害的。秦某的行为除了维护自身的生命和财产安全之外，也保护了所在单位的财产安全，维护了正常的社会生活秩序和公共利益，其行为应当得到鼓励。应按照《工伤保险条例》第 15 条第 1 款第 2 项的规定，视同工伤，享受工伤待遇。同时，犯罪分子能够进入某工厂的单身宿舍盗窃，说明该工厂的治安防范管理上存在一定纰漏。秦某所受的伤害与所在单位安全管理不严密也有一定的关系。依照《工伤保险条例》和《工伤认定办法》的规定，在秦某所在单位不提出工伤认定申请、不同意其享受工伤待遇的情况下，秦某在事故伤害发生之日起一年内，可以直接向用人单位所在地工伤保险统筹地区劳动保障行政部门提出工伤认定申请。对工伤认定结论不服的，可以依法申请行政复议。

在认定工伤的情况下，按照《工伤保险条例》的规定，秦某的医疗费用如果符合工伤保险诊疗项目目录、工伤保险药品目录、工伤保险住院服务标准的，应当由工伤保险基金支付。秦某在住院治疗期间，由所在单位按照本单位因公出差伙食补助标准的70%发给住院伙食补助费。秦某住院期间的工资福利待遇不变。

【法条指引】

工伤保险条例

第十五条　职工有下列情形之一的，视同工伤：

（一）在工作时间和工作岗位，突发疾病死亡或者在48小时之内经抢救无效死亡的；

（二）在抢险救灾等维护国家利益、公共利益活动中受到伤害的；

（三）职工原在军队服役，因战、因公负伤致残，已取得革命伤残军人证，到用人单位后旧伤复发的。

职工有前款第（一）项、第（二）项情形的，按照本条例的有关规定享受工伤保险待遇；职工有前款第（三）项情形的，按照本条例的有关规定享受除一次性伤残补助金以外的工伤保险待遇。

15. 用人单位否认劳动者所受伤害为工伤是否要承担举证责任？

【维权要点】

工伤认定与劳动者的权益密切相关，当劳动者发生应被认定为工伤的情形时，由于受举证能力的限制，往往很难证明自己所受伤害为工伤。对此，我国法律明确规定，职工或近亲属认为是工伤的，用人单位不认为是工伤的，由用人单位承担举证责任。

【典型案例】

丁某为某公司职工，在某大厦从事开电梯工作。2018年某日上午，丁某在该大厦电梯旁死亡，经法医学鉴定为猝死。丁某之女向某区人社局提交工伤认定申请。某区人社局通知某公司限期举证，某公司称丁某有明显醉酒情形并向该区人社局提交营业执照及法人身份证明、丁某死亡情况说明及其不属于工伤的说明、证人证言等材料。后某区人社局作出认定工伤决定。某公司不服，申请行政复议，市人社局作出维持的行政复议决定。某公司不服，诉至人民法院，请求撤销工伤认定决定和行政复议决定。

【法官讲法】

《工伤保险条例》第15条第1款第1项规定，在工作时间和工作岗位，突发疾病死亡或者在48小时之内经抢救无效死亡的，视同工伤；第16条第2项规定，职工符合本条例第14条、第15条的规定，有醉酒或者吸毒的不得认定为工伤或视同工伤；第19条第2款规定，职工或者其近亲属认为是工伤，用人单位不认为是工伤的，由用人单位承担举证责任。本案中，丁先生在工作时间和工作岗位猝死，其亲属认为应认定为工伤，但用人单位认为丁先生有明显醉酒情形，不应认定为工伤，应当由用人单位承担举证责任，但其提供的情况说明及证人证言等证据未形成完整证据链条，不足以证明丁先生醉酒致死，因此对其主张人民法院不予采信。

【法条指引】

工伤保险条例

第十五条第一款 职工有下列情形之一的，视同工伤：

（一）在工作时间和工作岗位，突发疾病死亡或者在48小时之内经抢救无效死亡的；

（二）在抢险救灾等维护国家利益、公共利益活动中受到伤害的；

（三）职工原在军队服役，因战、因公负伤致残，已取得革命伤残军人证，到用人单位后旧伤复发的。

第十六条 职工符合本条例第十四条、第十五条的规定，但是有下列情形之一的，不得认定为工伤或者视同工伤：

（一）故意犯罪的；

（二）醉酒或者吸毒的；

（三）自残或者自杀的。

第十九条　社会保险行政部门受理工伤认定申请后，根据审核需要可以对事故伤害进行调查核实，用人单位、职工、工会组织、医疗机构以及有关部门应当予以协助。职业病诊断和诊断争议的鉴定，依照职业病防治法的有关规定执行。对依法取得职业病诊断证明书或者职业病诊断鉴定书的，社会保险行政部门不再进行调查核实。

职工或者其近亲属认为是工伤，用人单位不认为是工伤的，由用人单位承担举证责任。

16. 司机在执行公务期间发生负全部责任的交通事故而死亡，能否认定为工伤？

【维权要点】

职工在因工外出期间发生交通事故而意外死亡的情况下，除了按交通事故规定，由交通事故责任人给予赔偿外，构成工伤的，还应当享受工伤保险待遇，由工伤保险基金及用人单位支付相应待遇。交通事故赔偿解决的是民事赔偿问题，而工伤保险赔偿是职工依照国家法律享有的劳动保险待遇权利。

【典型案例】

某村农民牛某掌握了驾驶技术，被某工厂聘为司机。2021 年 8 月，牛某驾驶单位的运货卡车前往外地送货。在行经某县时，发生严重交通事故，卡车翻入路边的深沟，造成车毁人亡。经交警部门现场勘查后，认定牛某负交通事故的全部责任。事后，牛某的家人找到某工厂，要求认定工伤并给予工亡待遇。某工厂认为，此次交通事故完全是由于牛某过错造成的，牛某负交通事故的全部责任。按照有关规定，牛某不符合工亡的条件，不能享受工亡待遇。牛某家人相信了某工厂的解释，经双方协商，达成协议：由某工厂一次性付给牛某家人补偿金 3 万元，作为牛某的丧葬费和亲属抚恤金以及其他一切费用。协议注明：牛某死亡一事就此了结。之后，牛某家人经咨询得知：牛某的死亡应当属于工亡，可以享受工亡待遇。遂向工厂再次提出对牛某认定为工亡和享受工亡待遇的要求，工厂以双方已经就牛某死亡一事自愿达成补偿协议，此事已经了结为由，予以拒绝。牛某家人向当地劳动行政部门申请工伤认定，同时向劳动争议仲裁委员会申请仲裁，要求撤销与公司签订的补偿协议。劳动争议仲裁委员会经审查后认为，双方达成的补偿协议合法有效，对双方当事人均有法律约束力，应当按照协议履行。牛某家人不服裁决，向当地人民法院提起诉讼。

【法官讲法】

《工伤保险条例》第 16 条规定的排除在工伤认定范围之外的情况包括：故意犯罪的；醉酒或者吸毒的；自残或者自杀的。上述规定并未将工作过程中过失违章造成伤亡排除在工伤认定范围之外。本案中，牛某是在执行所在单位的工作任务过程中非蓄意违章而发生负全部责任的交通事故而死亡的，应当认定为工伤，享受工伤保险待遇。本案中，牛某的家属相信了某工厂对牛某在交通事故中意外死亡的性质的错误解释，错误认为牛某的死亡不属于工亡，双方达成的补偿协议不是当事人真实的意思表示，是有重大误解的民事行为。按照民法典的规定，属于可撤销的民事行为。牛某家属提请劳动争议仲裁，对裁决不服又向人民法院提起诉讼，已经行使了撤销权，人民法院应当判决牛某家属与某工厂签订的协议无效。按照相关规定，发生道路交通事故同时又被认定为工伤的，受害人除了按照道路交通事故的规定向侵权责任人要求赔偿外，还可以按照工伤保险相关规定享受工伤保险待遇。本案中，牛某在交通事故中负全部责任，无法向道路交通事故的责任人要求赔偿，只能获得工伤保险待遇。由于某工厂事先与牛某的家属达成了协议并给予牛某家属一定赔偿，这笔赔偿费用应当从工伤保险待遇中扣除。

【法条指引】

工伤保险条例

第十四条 职工有下列情形之一的，应当认定为工伤：

（一）在工作时间和工作场所内，因工作原因受到事故伤害的；

（二）工作时间前后在工作场所内，从事与工作有关的预备性或者收尾性工作受到事故伤害的；

（三）在工作时间和工作场所内，因履行工作职责受到暴力等意外伤害的；

（四）患职业病的；

（五）因工外出期间，由于工作原因受到伤害或者发生事故下落不明的；

（六）在上下班途中，受到非本人主要责任的交通事故或者城市轨道交通、客运轮渡、火车事故伤害的；

（七）法律、行政法规规定应当认定为工伤的其他情形。

第十六条　职工符合本条例第十四条、第十五条的规定，但是有下列情形之一的，不得认定为工伤或者视同工伤：

（一）故意犯罪的；

（二）醉酒或者吸毒的；

（三）自残或者自杀的。

17. 劳动者在工间休息时受到意外伤害，能否认定为工伤？

【维权要点】

在生产工作的时间和区域内，由于不安全因素造成意外伤害的，应当认定为工伤。职工在工间休息时间，仍属于上班工作时间，应该被视同在工作期间或由于工作而导致的伤害。

【典型案例】

农民工马某为某粮站招聘的装卸工。2017 年 8 月 20 日，马某在工间休息时，爬到高达 3 米的粮垛顶端休息，由于刚刚装完一车粮食，身体十分疲劳，马某在粮垛上打起了盹。由于马某所在的位置处于粮垛的边缘，一不留神，从粮垛上摔了下来。粮站迅速将其送往医院抢救。治疗结束后，马某要求粮站为其进行工伤认定并享受工伤待遇，粮站认为马某所受伤害不能认定为工伤，不同意给予马某工伤待遇。马某不同意粮站的意见，向当地劳动保障行政部门提出了工伤认定申请。但粮站认为马某受伤不是在工作时间，而是在工间休息时。同时，粮站有明文规定：为避免发生危险，禁止职工非因工作关系攀登粮垛。马某选择在粮垛顶端休息，导致自己摔伤，是由于其自身过错造成的，马某所受伤害不属于工伤。

【法官讲法】

本案中，马某所受事故伤害应当被认定为工伤。《工伤保险条例》第14条所称的工作时间、工作场所和工作原因应当作广义的理解。首先，马某所从事的装卸工作具有间断性的特点，在工作过程中需要间隔休息是由该工作工作量集中、劳动强度大的性质决定的。工间休息是必要的，也是被允许的。工间休息时间应当被视为整个工作时间的一部分。因此，马某所受伤害是在工作时间发生的。其次，马某休息时从上面摔下的粮垛在其工作场所内，马某虽然不是受单位的指派登上粮垛，但这并不能改变马某所受伤害是在工作场所发生的事实。最后，马某所受伤害是否因工作原因而发生的？对此，应当全面地分析马某受伤的过程。马某之所以到粮垛顶端休息，是为了恢复由于工作造成的身体疲劳，其从粮垛上摔下，也是因为在工作中过于劳累，体力消耗过大，在休息过程中打盹引起的。所以，马某在工间休息时所受的伤害属于在工作时间和工作场所内，因工作原因受到的事故伤害，应认定为工伤，享受工伤待遇，符合相关规定，也有利于保护劳动者的合法权益。

另外，关于马某违反粮站"职工非因工作原因不得攀登粮垛"规定的问题。马某的行为违反了所在单位的明文规定，所在单位可以根据单位的规章制度对其进行处分，但不能与工伤认定问题混淆，以马某违反了单位的规章制度而剥夺其享受工伤待遇权利。

【法条指引】

工伤保险条例

第十四条 职工有下列情形之一的，应当认定为工伤：

（一）在工作时间和工作场所内，因工作原因受到事故伤害的；

（二）工作时间前后在工作场所内，从事与工作有关的预备性或者收尾性工作受到事故伤害的；

（三）在工作时间和工作场所内，因履行工作职责受到暴力等意外伤害的；

（四）患职业病的；

（五）因工外出期间，由于工作原因受到伤害或者发生事故下落不明的；

（六）在上下班途中，受到非本人主要责任的交通事故或者城市轨道交通、客运轮渡、火车事故伤害的；

（七）法律、行政法规规定应当认定为工伤的其他情形。

18. 企业内部承包发生的工伤由谁负责？

【维权要点】

企业与职工个人签订承包合同，是企业内部经营管理的一种方式。企业经营机制的转变，并未改变企业和职工的劳动关系，也未改变承包者的职工身份，因此企业应按照国家现行政策保障职工的社会保险权益。企业单位在"承包合同"中将伤残亡风险推给职工个人，这种做法不符合我国宪法和职工社会保险的政策规定。

【典型案例】

林某于 2016 年 1 月来到南方某制造公司打工，双方签订劳动合同。两年后，由于林某工作表现不错，该公司将所属纸箱厂的厂房及租赁设备租赁给林某经营，双方签订了承包经营合同，但双方劳动关系并未解除。合同约定：承包期内，林某及生产人员发生伤亡，费用全部由林某负担。2017 年 3 月 3 日上午，林某在工作岗位上操作时，被机器轧断左臂，后被送往医院治疗。出院后，林某找到公司经理要求承担其医疗费并进行工伤认定时，经理却以经营承包合同为依据，认为双方不是劳动关系，不属于工伤情形，不同意支付治疗费用。林某无奈，遂向当地劳动争议仲裁委员会申请仲裁。

【法官讲法】

承包经营是市场经营中较为常见的一种经营方式，是指用人单位与其他单位或者个人签订承包协议，将其单位经营权交由承包人的经营形式。企业与职工个人签订承包合同，是企业内部经营管理的一种方式。企业经营机制的转变，并未改变企业和职工的劳动关系，也未改变承包者的职工身份，因此企业应按照国家现行政策保障职工的社会保险权益。企业单位在"承包合同"中将伤残亡风险推给职工个人，这种做法不符合我国宪法和职工社会保险的政策规定。本案中，林某为该制造公司员工，双方签订的承包合同，只是经营管理模式的转变，并不意味着双方劳动关系的解除。故根据上述规定，林某系在工作时间和工作场所内，因工作原因受到事故伤害，符合工伤认定条件，应予以认定工伤，某制造公司不应以双方签订的承包合同否认双方劳动关系进而否认工伤认定。

【法条指引】

工伤保险条例

第四十三条　用人单位分立、合并、转让的，承继单位应当承担原用人单位的工伤保险责任；原用人单位已经参加工伤保险的，承继单位应当到当地经办机构办理工伤保险变更登记。

用人单位实行承包经营的，工伤保险责任由职工劳动关系所在单位承担。

职工被借调期间受到工伤事故伤害的，由原用人单位承担工伤保险责任，但原用人单位与借调单位可以约定补偿办法。

企业破产的，在破产清算时依法拨付应当由单位支付的工伤保险待遇费用。

19. 未与原单位解除劳动关系的农民工在其他单位发生工伤事故，工伤保险责任应当由谁承担？

【维权要点】

劳动者与原单位的劳动关系没有解除，与新的单位又建立了新的劳动关系，以致形成了双重劳动关系。在双重劳动关系中，职工在现在的工作单位，在工作时间和工作场所内，因工作的原因而受到的事故伤害，显然是工伤，现在的单位应当承担工伤保险责任。尽管职工与现在的单位并没有建立起规范的劳动关系，但是他们之间已经形成事实劳动关系，对于这种情况，我国法律、法规已经明确予以承认和保护。

【典型案例】

某村农民郭某到城里打工多年，2013 年与一家制衣厂签订了劳动合同，为期 5 年。后来由于工厂效益不好，工厂对工人放了长假。郭某在未解除与原单位的劳动关系的情况下，外出务工。2018 年 7 月，郭某受雇于某服装厂，从事服装加工工作。双方未签订劳动合同。2019 年 2 月，郭某加班至深夜，由于工作过于疲劳，注意力分散，在使用缝纫机的过程中，郭某右手拇指被轧伤。在治疗过程中，共花去医疗费 13000 余元，某服装厂为其支付了全部医疗费用。治疗结束后，郭某向劳动行政部门申请工伤认定并申请劳动能力鉴定。经鉴定，郭某为 8 级伤残。由于右手伤残，不能继续从事制衣工作，郭某要求某服装厂给予自己工伤待遇。某服装厂认为自己已经为郭某支付了医疗费，不同意再支付其他费用。郭某又向原单位提出享受工伤待遇。原单位认为，郭某不是在本单位工作期间受伤，不应当由本单位承担工伤保险责任。郭某向当地劳动争议仲裁机构申请仲裁。

【法官讲法】

劳动者与原单位的劳动关系没有解除，与新的单位又建立了新的劳动关系，以致形成了双重的劳动关系。在双重劳动关系中，劳动者是在现在的工作单位中发生工伤的，并非从事原单位的生产工作而受伤，工伤保险责任由原单位承担显失公平，劳动者现在的工作单位应当承担工伤保险责任。虽然职工与现在的工作单位之间没有建立起规范的劳动关系，但不能以此为由否认两者之间事实上的劳动关系存在，从而免除企业应当承担的工伤保险责任。对于事实劳动关系，我国劳动法律、法规已经明确地予以承认和保护。

本案中，郭某虽然没有与某服装厂签订劳动合同，但两者之间存在事实上的劳动关系，郭某作为劳动者的合法权益应当得到保护。某服装厂应当承担郭某的全部工伤保险责任。由于某服装厂没有为郭某缴纳工伤保险费，郭某的一次性伤残补助金和医疗费用等应当由某服装厂承担。郭某在住院治疗期间的工资福利待遇不变。

【法条指引】

最高人民法院关于审理工伤保险行政案件若干问题的规定

第三条　社会保险行政部门认定下列单位为承担工伤保险责任单位

的，人民法院应予支持：

（一）职工与两个或两个以上单位建立劳动关系，工伤事故发生时，职工为之工作的单位为承担工伤保险责任的单位；

（二）劳务派遣单位派遣的职工在用工单位工作期间因工伤亡的，派遣单位为承担工伤保险责任的单位；

（三）单位指派到其他单位工作的职工因工伤亡的，指派单位为承担工伤保险责任的单位；

（四）用工单位违反法律、法规规定将承包业务转包给不具备用工主体资格的组织或者自然人，该组织或者自然人聘用的职工从事承包业务时因工伤亡的，用工单位为承担工伤保险责任的单位；

（五）个人挂靠其他单位对外经营，其聘用的人员因工伤亡的，被挂靠单位为承担工伤保险责任的单位。

前款第（四）、（五）项明确的承担工伤保险责任的单位承担赔偿责任或者社会保险经办机构从工伤保险基金支付工伤保险待遇后，有权向相关组织、单位和个人追偿。

工伤保险条例

第六十二条　用人单位依照本条例规定应当参加工伤保险而未参加的，由社会保险行政部门责令限期参加，补缴应当缴纳的工伤保险费，并自欠缴之日起，按日加收万分之五的滞纳金；逾期仍不缴纳的，处欠缴数额 1 倍以上 3 倍以下的罚款。

依照本条例规定应当参加工伤保险而未参加工伤保险的用人单位职工发生工伤的，由该用人单位按照本条例规定的工伤保险待遇项目和标准支付费用。

用人单位参加工伤保险并补缴应当缴纳的工伤保险费、滞纳金后，由工伤保险基金和用人单位依照本条例的规定支付新发生的费用。

20. 在工伤认定过程中，如何正确区分劳动关系和加工承揽关系？

【维权要点】

劳动者在工作时间和工作场所内，因工作原因受到事故伤害的，应当认定为工伤。但工伤认定是以当事人之间存在劳动关系为前提的。在区分劳动关系和加工承揽关系时应当注意：所谓加工承揽合同，是指承揽人按照定作人的要求完成一定的工作，并交付工作成果；定作人接受承揽人的工作成果并给付报酬的合同。承揽合同与劳动合同的共同点在于：两者都是具有一定人身性质的合同；都是建立在劳动者提供一定的劳动的基础上的。两者的区别是：承揽合同以完成一定的工作为目的，合同标的是承揽人完成的工作成果，而不是劳动过程本身；而劳动合同标的则是劳动者和用人单位在劳动过程中的权利和义务；承揽合同中，承揽人以自己的设备、技术和劳力独立完成工作，不受定作人的指挥管理，在承揽人与定作人之间没有隶属关系，两者的地位是平等的；而在劳动合同中，劳动者与用人单位之间存在隶属关系，用人单位是管理者，劳动者是被管理者。用人单位要为劳动者安排生产任务，制定工作时间、工作地点和工作要求，并以各种规章制度来约束劳动者。

【典型案例】

2016 年 9 月，某玩具厂招工，招工条件显示劳动地点在工厂车间，劳动者自带生产工具，由工厂分配生产任务，按加工合格的产品计件付给报酬。某村农民何某应聘后被工厂录用，双方没有签订劳动合同。在劳动过程中，该工厂管理比较松散，没有规定上下班时间，劳动者只要完成工厂交给的生产任务，即可以离厂回家。2018 年 1 月，何某在劳动过程中，被切伤右手。在住院治疗期间，共花去医疗费用 3 万余元。事后，何某向工厂提出要求，认为自己是在工作过程中受伤的，应当进行工伤认定并享受工伤待遇。某玩具厂则认为其与何某之间没有劳动关系，不同意进行工伤认定并享受工伤待遇。后何某先行进行劳动关系认定，经过生效判决认定双方属于劳动关系后又自己申请工伤认定及劳动能力鉴定，经鉴定，何某为 7 级伤残。关于工伤赔偿事宜，双方经多次协商未果，何某向当地劳动争议仲裁委员会提请仲裁。

【法官讲法】

在区分劳动关系和加工承揽关系时应当注意：所谓加工承揽合同，是指承揽人按照定作人的要求完成一定的工作，并交付工作成果；定作人接受承揽人的工作成果并给付报酬的合同。承揽合同与劳动合同的共同点在于：两者都是具有一定人身性质的合同；都是建立在劳动者提供一定劳动的基础上的。两者的区别是：承揽合同以完成一定的工作为目的，合同标的是承揽人完成的工作成果，而不是劳动过程本身；而劳动合同的标的则是劳动者和用人单位在劳动过程中的权利和义务；承揽合同中，承揽人以自己的设备、技术和劳力独立完成工作，不受定作人的指挥管理，在承揽人与定作人之间没有隶属关系，两者的地位是平等的；而在劳动合同中，劳动者与用人单位之间存在隶属关系，用人单位是管理者，劳动者是被管理者。用人单位要为劳动者安排生产任务，制定工作时间、工作地点和工作要求，并以各种规章制度来约束劳动者。

本案中，某玩具厂在招聘何某的过程中，未与其签订劳动合同，其目的是逃避自己应当对劳动者承担的劳动保护和工伤保险责任。同时，其管理较为松散，既没有为劳动者提供必要的生产条件，也没有规定劳动者的劳动时间和其他劳动要求，但这只是企业在管理上存在的问题，不能以此来否认两者之间存在劳动关系。某玩具厂在录用何某时，采取招工形式，而不是将自己的生产任务以定做的方式交给何某，自己作为定作人，何某作为加工承揽人。所以，当事人双方从一开始就不具备建立加工承揽关系的意思表示，而是希望建立劳动关系。在劳动过程中，工厂向何某安排生产任务，并明确指定生产任务要在工厂中完成。按照工厂的要求，何某自带生产工具，这是由于工厂的生产条件不完善造成的，不能以此来认定两者关系是加工承揽关系。何某在劳动时间和劳动场所内，因工作原因而受到事故伤害，按照《工伤保险条例》第14条的规定，应当认定为工伤，享受工伤待遇。某玩具厂逃避其应当承担的工伤保险责任的做法是错误的。

【法条指引】

工伤保险条例

第十四条 职工有下列情形之一的，应当认定为工伤：

（一）在工作时间和工作场所内，因工作原因受到事故伤害的；

（二）工作时间前后在工作场所内，从事与工作有关的预备性或者收尾性工作受到事故伤害的；

（三）在工作时间和工作场所内，因履行工作职责受到暴力等意外伤害的；

（四）患职业病的；

（五）因工外出期间，由于工作原因受到伤害或者发生事故下落不明的；

（六）在上下班途中，受到非本人主要责任的交通事故或者城市轨道交通、客运轮渡、火车事故伤害的；

（七）法律、行政法规规定应当认定为工伤的其他情形。

21. 承揽人雇用他人帮助完成工作，发生事故应当由谁承担责任？

【维权要点】

承揽合同是承揽人按照定作人的要求完成工作，交付工作成果，定作人给付报酬的合同。承揽包括加工、定作、修理、复制、测试、检验等工作。承揽人应当以自己的设备、技术和劳力，完成主要工作，但当事人另有约定的除外。承揽人将其承揽的主要工作交由第三人完成的，应当就该第三人完成的工作成果向定作人负责；未经定作人同意的，定作人也可以解除合同。承揽人可以将其承揽的辅助工作交由第三人完成。承揽人将其承揽的辅助工作交由第三人完成的，应当就该第三人完成的工作成果向定作人负责。

【典型案例】

2021 年 2 月，沈某承包了某公司办公楼外墙壁装修任务。沈某找了农民工尤某等 3 人一起干活，自备工具。在劳动过程中，尤某等 3 人的具体工作任务均由沈某安排和监督检查，工资标准也由沈某决定。某公司门卫室将每天上工人数均记在沈某名下。2018 年 1 月，尤某在装修过程中从 2 楼阳台上不慎摔下，被送至当地医院抢救。尤某伤情稳定后，经鉴定为伤残 8 级。沈某、尤某与某公司就尤某所受损失的赔偿问题发生争议。某公司认为其公司将办公楼外墙壁装修工程承包给沈某，尤某等 3 人是沈某雇用完成装修任务的，具体工作由沈某负责安排，尤某在工作期间负伤，应当由沈某负责赔偿其损失，其公司作为定作人愿意承担适当的补偿责任。沈某则称自己与某公司不是承揽关系，而是雇佣关系，自己受某公司委托雇用尤某等 3 人一起完成该公司办公楼外墙壁装修任务，而不是承包装修任务后再雇用尤某等人，尤某因工受伤致残，应当由某公司负责赔偿。后尤某诉至人民法院，要求沈某与某公司共同承担责任。

【法官讲法】

本案中，沈某与某公司之间是承揽关系，承揽人在承揽中应自行承担风险责任，即承揽人在承揽事务中致他人损害，或自己损害及致承揽辅助人损害，均由承揽人自己承担，与定作人无关，除非定作人的指示有过失。定作人指示有过失的，定作人应当承担赔偿责任。尤某在沈某的安排和监督管理下从事装修工作，没有按照某公司的指示工作，不存在定作人的指示有过失的问题。其在装修过程中摔伤致残，不是某公司作为定作人给予指示的结果，而是承揽人在完成承揽工作的过程中发生的意外，不应当由某公司承担责任，而应当由其雇主即装修工作的承揽人承担责任。但某公司愿意作为受益人承担适当的补偿责任，对此，应当尊重当事人的意愿，予以准许。

沈某与尤某等3人是雇佣关系，在雇佣关系中，雇员在工作过程中受到的伤害，由雇主承担无过错赔偿责任，即除非雇员有故意自伤或重大过失造成自身伤害的，雇员应当自行承担责任，否则，无论雇主是否有过错，均应当承担损害赔偿责任。本案中，没有证据证明尤某有故意自伤或重大过失造成损害的情况，因此，尤某因工受伤致残应当由雇主沈某承担赔偿责任。

【法条指引】

中华人民共和国民法典

第七百七十条第一款　承揽合同是承揽人按照定作人的要求完成工作，交付工作成果，定作人支付报酬的合同。

第七百七十二条第一款　承揽人应当以自己的设备、技术和劳力，完成主要工作，但是当事人另有约定的除外。

第七百七十三条　承揽人可以将其承揽的辅助工作交由第三人完成。承揽人将其承揽的辅助工作交由第三人完成的，应当就该第三人完成的工作成果向定作人负责。

22. 建筑队与建筑公司订立用工合同后工人受伤致残，应当由谁负责赔偿？

【维权要点】

集体合同，是指用人单位与本单位职工根据法律、法规、规章的规定，就劳动报酬、工作时间、休息休假、劳动安全卫生、职业培训、保险福利等事项，通过集体协商签订的书面协议。劳动力组织者以某建筑队的名义与某公司签订的用工合同虽不具备集体合同的条件，但在合同中约定了工人的工资、考勤管理等内容的，可以认定系工人与某公司建立劳动关系，工人在工作中受伤致残的，应当由该公司承担赔偿责任。

【典型案例】

2016 年 12 月，赵某以某建筑队的名义与某建筑公司签订一份"用工合同"。合同约定：由赵某负责组织民工，必须服从该公司的组织领导与工作安排，如赵某不能保证劳动力数量，影响公司工程进度，公司有权辞退或罚款。施工期间，公司支付给赵某所组织的人员部分生活费，余下费用待工程结束完工后一次付清。公司按赵某的工程量收入总额的 10% 给赵某作为施工管理费。工人的工资以及保险金、福利费等都是由工人直接从公司领取，赵某的报酬也是从公司领取。该合同签订后，赵某组织王某等40 余名工人到工地施工。2017 年 1 月，王某在施工中被搅拌机搅伤右臂。王某入院治疗 43 天，医药费已由公司支付。2017 年 3 月，赵某、王某与公司达成协议，双方约定公司除垫付上述医药费 1 万元外，一次性给付王某 10 万元作为日后一切治疗、误工补助、交通费等费用开支，王某放弃向公司索赔的权利。协议签订后，双方办理了公证。王某获得公司赔偿后，又以与赵某是雇佣关系为由，将赵某起诉到人民法院，要求赵某赔偿其各种损失，共计 8 万元。赵某认为其与王某不存在雇佣关系，自己只是代表建筑队的全体工人与某建筑公司签订了一份集体合同。且王某的损失已由公司赔偿，自己不应承担赔偿责任。

【法官讲法】

我国劳动合同法第 51 条规定："企业职工一方与用人单位通过平等协

商，可以就劳动报酬、工作时间、休息休假、劳动安全卫生、保险福利等事项订立集体合同。集体合同草案应当提交职工代表大会或者全体职工讨论通过。集体合同由工会代表企业职工一方与用人单位订立；尚未建立工会的用人单位，由上级工会指导劳动者推举的代表与用人单位订立。"集体合同，是指用人单位与本单位职工根据法律、法规、规章的规定，就劳动报酬、工作时间、休息休假、劳动安全卫生、职业培训、保险福利等事项，通过集体协商签订的书面协议。集体合同具有以下法律特征：（1）集体合同的主体具有特定性。集体合同的当事人一方是工会或者劳动者代表，另一方是用人单位。（2）订立集体合同的主要目的是使劳动者以群体的名义和力量，与用人单位展开谈判，从而达成有利于自己的协议，维护自己的合法劳动权益。（3）集体合同的主要内容包括劳动报酬、工作时间和休息休假、劳动安全卫生、补充保险和福利等方面的内容。（4）集体合同的作用是改善劳动关系，巩固劳动纪律，减少劳动纠纷，调动全体劳动者的积极性，提高劳动效率。（5）集体合同的订立要遵循特定的程序，集体协商达成的合同草案必须经职工代表大会或全体职工讨论通过，由双方签字再报送劳动行政部门审查批准后方可生效。

　　本案中，赵某以某建筑队的名义与某建筑公司签订的用工合同显然不具有上述法律特征，该合同既不是由劳动者和用人单位各自选派的代表协商签订，也没有遵循订立集体合同的特定程序。因此，该合同不是劳动合同法所称的"集体合同"。另外，建筑队工人与某建筑公司之间虽然没有集体合同关系，但这并不意味着双方之间没有雇佣劳动关系。事实上，该合同是赵某代表建筑队工人与公司签订的一份不定期劳动合同。赵某以某建筑队的名义与公司签订用工合同，从表面上看是赵某承包工程之后，王某受赵某雇佣而从事工程施工，双方形成雇佣关系，但该合同对工人的管理、工资的分配与结算、福利待遇及工程结束的退场等都作了明确约定，所有工人的工资以及保险金、福利费等都是由工人直接从公司领取，至于另外的10%是赵某的报酬，也是从公司领取。从该合同的内容可以判断，双方所签订的"用工合同"实际上是赵某代表工人与公司之间形成雇佣合同关系的依据。赵某和王某之间不具有雇佣关系，王某在施工过程中所受伤害应由公司赔偿。由于公司已与赵某、王某达成赔偿协议，并进行了公证，该协议系双方真实意思表示，且不违反法律规定，具有法律效力。王某的损失已获赔偿，不能因同一损害事实再行主张权利，故其请求不应得到支持。

【法条指引】

中华人民共和国劳动合同法

第五十一条 企业职工一方与用人单位通过平等协商，可以就劳动报酬、工作时间、休息休假、劳动安全卫生、保险福利等事项订立集体合同。集体合同草案应当提交职工代表大会或者全体职工讨论通过。

集体合同由工会代表企业职工一方与用人单位订立；尚未建立工会的用人单位，由上级工会指导劳动者推举的代表与用人单位订立。

23. 因工外出遭遇交通事故获责任人赔偿后，能否再享受工伤待遇?

【维权要点】

职工在因工外出期间发生交通事故而受伤或意外死亡的情况下，除了按交通事故的规定，由交通事故的责任人给予赔偿外，还应当由工伤保险基金按照有关规定给予赔偿。交通事故赔偿解决的是民事赔偿问题，而工伤保险赔偿是职工依照国家法律享有的劳动保险待遇权利。

【典型案例】

郑某是农村户口，初中毕业后到城里打工，后做了某厂业务员。2017年10月，郑某受单位指派，到南方某城市出差。在返回途中，因其乘坐的长途汽车发生交通事故，郑某当场死亡。交通事故责任人向郑某家属作出了赔偿。此后，郑某家属又向某企业提出，郑某死亡性质属于工亡，应当享受相应的工亡待遇。某企业认为，郑某死亡是由交通事故造成的，而且是在郑某执行完公务，返回途中发生的，不属于工亡，应当由交通事故的责任人承担赔偿责任。作为用人单位，某企业可以给死者家属以适当的抚恤，但不同意给予郑某工亡保险待遇。双方因此而发生争议。

【法官讲法】

按照我国《工伤保险条例》第14条的规定，"职工有下列情形之一的，应当认定为工伤：（五）因工外出期间，由于工作原因受到伤害或者发生事故下落不明的……"因工外出的期间是从为完成工作任务而起程开始，到完成工作任务后返回单位或者家中为止，而不是从该工作任务实际执行时开始，到该工作任务执行完毕为止。在这段时间内，职工负伤、残废或死亡，都应是因工负伤、致残或死亡。本案中，郑某在因工外出返回途中发生交通事故而意外死亡，应当认定为工亡。依据这一规定，职工在因工外出期间发生交通事故而意外死亡的情况下，除了按交通事故的规定，由交通事故的责任人给予赔偿外，还应当由工伤保险基金按照有关规定给予赔偿。

【法条指引】

工伤保险条例

第十四条 职工有下列情形之一的，应当认定为工伤：

（一）在工作时间和工作场所内，因工作原因受到事故伤害的；

（二）工作时间前后在工作场所内，从事与工作有关的预备性或者收尾性工作受到事故伤害的；

（三）在工作时间和工作场所内，因履行工作职责受到暴力等意外伤害的；

（四）患职业病的；

（五）因工外出期间，由于工作原因受到伤害或者发生事故下落不明的；

（六）在上下班途中，受到非本人主要责任的交通事故或者城市轨道交通、客运轮渡、火车事故伤害的；

（七）法律、行政法规规定应当认定为工伤的其他情形。

最高人民法院关于审理工伤保险行政案件若干问题的规定

第八条 职工因第三人的原因受到伤害，社会保险行政部门以职工或者其近亲属已经对第三人提起民事诉讼或者获得民事赔偿为由，作出不予受理工伤认定申请或者不予认定工伤决定的，人民法院不予支持。

职工因第三人的原因受到伤害，社会保险行政部门已经作出工伤认定，职工或者其近亲属未对第三人提起民事诉讼或者尚未获得民事赔偿，起诉要求社会保险经办机构支付工伤保险待遇的，人民法院应予支持。

职工因第三人的原因导致工伤，社会保险经办机构以职工或者其近亲属已经对第三人提起民事诉讼为由，拒绝支付工伤保险待遇的，人民法院不予支持，但第三人已经支付的医疗费用除外。

24. 因工外出期间失踪是否属于因工死亡？

【维权要点】

职工因工外出期间或者在抢险救灾中失踪的，其亲属或者企业应当向企业所在地公安部门、劳动行政部门报告。劳动行政部门应当根据人民法院宣告死亡的结论认定因工死亡。职工因工外出期间失踪下落不明满4年的，或在抢险救灾中失踪后满2年的，可经人民法院宣告死亡之后认定工亡。

【典型案例】

石某系农村户口，毕业后到城里打工，应聘为某物资储运贸易公司的业务员。2015年12月5日去外地为单位追收货款失踪，在此期间通过多方寻找仍无音信。按有关法律程序，经其妻子申请，当地人民法院于2021年10月22日对石某作出宣告死亡的判决。公司认为，石某应确定属于因工死亡并呈报社会保险部门认定。可该部门有关工作人员答复：由于追款而失踪不作为因工死亡处理。

【法官讲法】

《工伤保险条例》第14条规定："职工有下列情形之一的，应当认为工伤：因工外出期间，由于工作原因受到伤害或者发生事故下落不明的……"据此，职工出差失踪能否认定工伤或因工死亡必须具备三个条件：一是处在因工外出期；二是失踪前正在履行职务或任务；三是失踪的原因是由于事故造成的。这里的事故应当包括交通事故和其他意外事故，如自然灾害或者遭人绑架等。石某是在追收货款期间失踪的，符合因工负伤、死亡的前两个要件，但是第三个构成要件还不明确，因此能否申报工亡还需提供相应证据。

关于被宣告死亡的失踪人员，其亲属应享受哪些待遇的问题，也应当分为因工死亡和非因工死亡两个方面。如果属于因工死亡，根据《工伤保险条例》第41条的规定："职工因工外出期间发生事故或者在抢险救灾中下落不明的，从事故发生当月起3个月内照发工资，从第4个月起停发工资，由工伤保险基金向其供养亲属按月支付供养亲属抚恤金。生活有困难的，可以预支一次性工亡补助金的50%。职工被人民法院宣告死亡的，按照本条例第三十七条职工因工死亡的规定处理。"其直系亲属可按照《工伤保险条例》第37条的规定，从工伤保险基金领取丧葬补助金、供养亲属抚恤金和一次性工亡补助金。当然，如果当地社保部门最终未能认定因工死亡，单位也要考虑职工失踪的原因，对其亲属做好安置工作。

【法条指引】

工伤保险条例

第三十九条 职工因工死亡，其近亲属按照下列规定从工伤保险基金领取丧葬补助金、供养亲属抚恤金和一次性工亡补助金：

（一）丧葬补助金为6个月的统筹地区上年度职工月平均工资；

（二）供养亲属抚恤金按照职工本人工资的一定比例发给由因工死亡职工生前提供主要生活来源、无劳动能力的亲属。标准为：配偶每月40%，其他亲属每人每月30%，孤寡老人或者孤儿每人每月在上述标准的基础上增加10%。核定的各供养亲属的抚恤金之和不应高于因工死亡职工生前的工资。供养亲属的具体范围由国务院社会保险行政部门规定；

（三）一次性工亡补助金标准为上一年度全国城镇居民人均可支配收入的20倍。

伤残职工在停工留薪期内因工伤导致死亡的，其近亲属享受本条第一款规定的待遇。

一级至四级伤残职工在停工留薪期满后死亡的，其近亲属可以享受本条第一款第（一）项、第（二）项规定的待遇。

第四十条 伤残津贴、供养亲属抚恤金、生活护理费由统筹地区社会保险行政部门根据职工平均工资和生活费用变化等情况适时调整。调整办法由省、自治区、直辖市人民政府规定。

第四十一条 职工因工外出期间发生事故或者在抢险救灾中下落不明

的，从事故发生当月起 3 个月内照发工资，从第 4 个月起停发工资，由工伤保险基金向其供养亲属按月支付供养亲属抚恤金。生活有困难的，可以预支一次性工亡补助金的 50%。职工被人民法院宣告死亡的，按照本条例第三十九条职工因工死亡的规定处理。

25. 工作中因"上厕所"等生理需要受伤是否属于工伤？

【维权要点】

劳动者享有获得劳动安全卫生保护的权利，是劳动法规定的基本原则。任何用人单位或个人都应当为劳动者提供必要的劳动卫生条件，维护劳动者的基本权利。劳动者在日常工作中"上厕所"是其必要的、合理的生理需求，与劳动者的正常工作密不可分，应当受到法律的保护。

【典型案例】

贺某系某电路板厂工人，双方签订了劳动合同。2018 年 9 月 24 日下午上班铃响后，贺某在进入车间工作前，到该厂厂区内的厕所（该厂只有该厕所）小便，几分钟后即被一起上班的工人张某发现仰面倒在厕所的地上不省人事，厂方立即将贺某送往区人民医院抢救，经救治无效死亡。区人民医院出具的《死亡医学证明书》证明贺某死于"呼吸循环衰竭，重型颅脑损伤"。2018 年 10 月 8 日，贺某之子向区劳动局申请对贺某给予工伤（亡）认定。区劳动局认为，贺某在工厂区域内、上班时间"上厕所"摔伤致死，不符合关于工伤必须是"在工作时间、工作区域内，在完成本职工作任务中发生的意外摔伤"等规定，其"上厕所"是与其本职工作无直接关系的私事，因而贺某受伤死亡不属于应当认定为工伤的情形，并于2018 年 10 月 23 日在《企业职工伤亡性质认定书》中认定贺某不是因工负伤（死亡）。贺某之子申请行政复议后，该市劳动局《行政复议决定书》中认为："贺某在厂区内、上班时间在厕所里摔伤致死，是一次意外事故。申请人提出的请求理由事实证据和依据不足"，维持了区劳动局对贺某不构成工伤的行政认定。后贺某之子提起行政诉讼，生效判决认为，劳动者享有获得劳动安全卫生保护的权利，是劳动法规定的基本原则。任何用人单位或个人都应当为劳动者提供必要的劳动卫生条件，维护劳动者的基本权利。劳动者在日常工作中"上厕所"是其必要的、合理的生理需求，与劳动者的正常工作密不可分，应当受到法律的保护。故撤销不予认定工伤（亡）决定，责令对贺某死亡性质重新认定。

【法官讲法】

劳动法第3条第1款规定，劳动者享有获得劳动安全卫生保护的权利，"上厕所"是人的自然生理现象，任何用人单位或个人都应当为劳动者提供必要的劳动卫生条件，维护劳动者的基本权利。"上厕所"虽然是个人的生理现象，与劳动者的工作内容无直接关系，但这是人的必要的、合理的生理需要，与劳动者的正常工作密不可分，劳动行政部门片面认为"上厕所"是个人生理需要的私事，与劳动者的本职工作无关，与劳动法保护劳动者合法权利的基本原则相悖，也有悖于社会价值判断。

【法条指引】

中华人民共和国劳动法

第三条第一款 劳动者享有平等就业和选择职业的权利、取得劳动报酬的权利、休息休假的权利、获得劳动安全卫生保护的权利、接受职业技能培训的权利、享受社会保险和福利的权利、提请劳动争议处理的权利以及法律规定的其他劳动权利。

工伤保险条例

第十四条 职工有下列情形之一的，应当认定为工伤：

（一）在工作时间和工作场所内，因工作原因受到事故伤害的；

（二）工作时间前后在工作场所内，从事与工作有关的预备性或者收尾性工作受到事故伤害的；

（三）在工作时间和工作场所内，因履行工作职责受到暴力等意外伤害的；

（四）患职业病的；

（五）因工外出期间，由于工作原因受到伤害或者发生事故下落不明的；

（六）在上下班途中，受到非本人主要责任的交通事故或者城市轨道交通、客运轮渡、火车事故伤害的；

（七）法律、行政法规规定应当认定为工伤的其他情形。

26. 因当事人一方履行合同有瑕疵造成农民工权益损害，应当由谁承担赔偿责任？

【维权要点】

当事人应当按照约定全面履行自己的义务。当事人应当遵循诚实信用原则，根据合同的性质、目的和交易习惯履行通知、协助、保密等义务。当事人一方不履行合同义务或者履行合同义务不符合约定的，应当承担继续履行、采取补救措施或者赔偿损失等违约责任。因当事人一方履行合同瑕疵造成农民工损害的，应当按照是否存在过错来承担相应的赔偿责任。

【典型案例】

邹某与个体运输户喻某于 2021 年 3 月达成口头运输货物的协议。当事人双方没有对货物的包装形式进行约定。喻某将车停放在指定位置，邹某雇请农民工乔某装货上车。在装货完毕后，由喻某提供绳索和铁链，邹某雇请的工人进行捆绑（包装）。在捆绑过程中，由于铁链锈蚀而断裂，导致正在车上捆绑的乔某从车上摔至地上受伤，邹某因替乔某治伤造成损失 5 万余元。邹某诉至人民法院，要求个体运输户喻某承担相应损失。

【法官讲法】

本案中，由于当事人双方雇主邹某和个体运输户喻某在订立口头运输货物的协议时，没有对货物的包装形式进行约定，只能按交易的习惯平等地确定当事人双方的权利义务。根据合同的性质、目的、行业习惯和诚实信用原则，对于此类货物运输合同，在履行过程中，提供绳索（铁链）是承运人的附随义务，实际上是为履行合同给予对方的协助。对货物进行捆绑（包装）是托运人的附随义务。个体运输户喻某所提供的铁链锈蚀，质量不符合标准，造成邹某雇请的员工乔某在包装中因喻某提供的铁链断裂而受伤，给雇主邹某造成 5 万元的损失。同时，雇主邹某在捆绑的过程中没有对喻某提供的铁链进行检查，盲目包装，指挥捆绑操作不当，无安全防范措施，没有尽到对自己雇请乔某的劳动保护责任。所以，雇主邹某和个体运输户喻某均没有适当地履行合同的附随义务，正是由于当事人双方履行合同时的共同过错导致了损害的发生。我国民法典第577条和第592条第1款规定：当事人一方不履行合同义务或者履行合同义务不符合约定的，应当承担继续履行、采取补救措施或者赔偿损失等违约责任。当事人都违反合同的，应当各自承担相应的责任。本案中，当事人双方在履行合同附随义务中，均有过错和违反合同义务的行为。按照上述法律规定，邹某和喻某应当各自承担相应的责任，即共同承担这5万元的损失。

【法条指引】

中华人民共和国民法典

第五百七十七条　当事人一方不履行合同义务或者履行合同义务不符合约定的，应当承担继续履行、采取补救措施或者赔偿损失等违约责任。

第五百九十二条第一款　当事人都违反合同的，应当各自承担相应的责任。

27. 农民工因工受伤，雇主和直接侵权人是否应当承担连带责任？

【维权要点】

农民工因工受伤，直接侵权人应当对受伤农民工承担侵权赔偿责任，雇主对于农民工的人身安全负有保护责任，农民工在为其工作中受到伤害，雇主亦应当承担赔偿责任。受伤农民工既可以基于第三人的侵权行为向其主张权利，也可以基于雇员同雇主之间的雇佣关系向雇主主张权利。直接侵权行为人是最终的责任承担者，雇主在履行了赔偿责任后，可以向直接侵权人追偿。

【典型案例】

2021年9月，农民工云某受雇在葛某的建筑队工地上干活。葛某租用范某的吊车施工，该吊车装有380伏的发电机作为动力装置，范某亲自操作吊车施工。某日，正在施工的民工发现吊车漏电，立即通知了范某。范某草草检查了一下，又重新开机施工。上午11点多钟，云某在卸吊车吊上来的灰浆时，被电击倒昏迷，后经抢救无效死亡。云某的亲属向人民法院起诉，要求葛某与范某承担赔偿责任。

【法官讲法】

本案应按民法理论上的不真正连带债务问题予以处理。所谓不真正连带债务，是指数个债务人基于不同的发生原因而对于同一债权人负有以同一给付为标的的数个债务，因一个债务人的履行而使全体债务均归于消灭。其特征如下：多数债务人基于不同的原因而对债权人负有不同的债务；债权人对数个债务人均享有分别的请求权；数个债务偶然联系在一起；数个债务人的给付内容基本上是相同的，且债务的清偿不分比例、数额，每个债务人均负有全部清偿的义务，一旦一个债务人清偿了全部债务，债权人的债权就得以全部实现，债权人无权再向其他债务人求偿；在多数情况下不真正连带债务有终局责任人。所谓终局责任人，是指最后真正承担债务责任的人。

本案中，范某作为直接侵权人应当承担侵权赔偿责任，同时葛某作为雇主对于雇员云某的人身安全负有保护责任，雇员在为其工作中受到伤害，雇主亦应承担赔偿责任。这就是说，雇主和侵权第三人都应承担责任。原告既可以基于范某的侵权行为向其主张权利，也可以基于雇员同雇主之间的雇佣关系向葛某主张权利，并且这两个请求权是分别独立的。雇主葛某及侵权第三人范某对雇员云某所负的赔偿债务的发生，既无共同行为，也无相互的某种约定，只是一种偶然的巧合。侵权第三人范某和雇主葛某向云某所负的债务，其内容是完全相同的，只要其中一人向云某履行了赔偿义务，云某就不能再向另一人求偿。范某作为直接的侵权行为人是最终的责任承担者，雇主葛某在履行了赔偿责任后，可以向直接侵权人范某追偿。通过以上分析可以看出，本案完全符合不真正连带债务的特征。

【法条指引】

中华人民共和国民法典

第一千一百七十九条　侵害他人造成人身损害的，应当赔偿医疗费、护理费、交通费、营养费、住院伙食补助费等为治疗和康复支出的合理费用，以及因误工减少的收入。造成残疾的，还应当赔偿辅助器具费和残疾赔偿金；造成死亡的，还应当赔偿丧葬费和死亡赔偿金。

第一千一百九十二条 个人之间形成劳务关系，提供劳务一方因劳务造成他人损害的，由接受劳务一方承担侵权责任。接受劳务一方承担侵权责任后，可以向有故意或者重大过失的提供劳务一方追偿。提供劳务一方因劳务受到损害的，根据双方各自的过错承担相应的责任。

提供劳务期间，因第三人的行为造成提供劳务一方损害的，提供劳务一方有权请求第三人承担侵权责任，也有权请求接受劳务一方给予补偿。接受劳务一方补偿后，可以向第三人追偿。

28. 农民工因工致残后，不愿接受用人单位安排的工作而要求享受伤残津贴，应当如何处理？

【维权要点】

劳动者在因工致残后，与用人单位的劳动关系并不因工伤事故的发生和劳动者部分丧失劳动能力而解除。劳动者在保留与用人单位劳动关系的情况下，享受工伤保险待遇。对农民工而言，劳动是一种权利，也是一种义务。因工致残的农民工应当按照用人单位的安排从事一些力所能及的工作。只有在用人单位难以安排工作的情况下，农民工才可以退出工作岗位，由用人单位按月发给伤残津贴。在因工致残的农民工的安置问题和待遇问题上，仅考虑农民工自身的意愿是不妥当的，应该兼顾农民工与用人单位双方的合法权益。

【典型案例】

贺某为某企业农民工，月工资为 4000 元。2019 年 11 月，贺某因工受伤，住院治疗。后某企业为贺某申请了工伤认定。贺某被认定为工伤后，经鉴定为 5 级伤残。工伤保险基金经办机构按照《工伤保险条例》的规定，支付给贺某一次性伤残补助金。某企业根据贺某身体健康状况，安排其在传达室工作，月工资为 2600 元。贺某认为传达室工资较低，自己因工致残后又行动不便，要求退出工作岗位，享受伤残津贴。某企业不同意贺某的要求，双方因此而发生争议。贺某向当地劳动争议仲裁委员会申请仲裁。劳动争议仲裁委员会经审查后认为，贺某因工致残后，所在单位根据贺某的身体健康状况，安排其适当的工作，符合《工伤保险条例》的规定。贺某不服从所在单位安排，要求退出工作岗位，享受伤残津贴，理由不成立，不予支持。贺某不服裁决，向人民法院提起诉讼。

【法官讲法】

劳动者在因工致残后，与用人单位的劳动关系并不因工伤事故的发生和劳动者部分丧失劳动能力而解除。劳动者在保留与用人单位劳动关系的情况下，享受工伤保险待遇。对农民工而言，劳动是一种权利，也是一种义务。因工致残的农民工应当按照用人单位的安排从事一些力所能及的工作。只有在用人单位难以安排工作的情况下，农民工才可以退出工作岗位，由用人单位按月发给伤残津贴。在因工致残的农民工的安置问题和待遇问题上，仅考虑农民工自身的意愿是不妥当的，应该兼顾农民工与用人单位双方的合法权益。

按照《工伤保险条例》第36条的规定，在职工因工负伤并被鉴定为5级或6级伤残的情况下，由于职工只是部分丧失劳动能力，因此，应由用人单位为其安排适当的工作。对职工而言，劳动是一种权利，也是一种义务，因工致残的职工应当按照用人单位的安排从事一些力所能及的工作。只有在用人单位难以安排工作的情况下，职工才可以退出工作岗位，由用人单位按月发给伤残津贴。本案中，贺某在因工负伤并被鉴定为5级伤残后，用人单位为其安排了劳动强度较低的传达室工作，对贺某而言，是与其身体健康状况相符合的适当工作。贺某拒不接受单位安排的工作，坚持要求退出工作岗位，享受伤残津贴，没有法律根据，不应当获得支持。

【法条指引】

工伤保险条例

第三十六条　职工因工致残被鉴定为五级、六级伤残的，享受以下待遇：

（一）从工伤保险基金按伤残等级支付一次性伤残补助金，标准为：五级伤残为18个月的本人工资，六级伤残为16个月的本人工资；

（二）保留与用人单位的劳动关系，由用人单位安排适当工作。难以安排工作的，由用人单位按月发给伤残津贴，标准为：五级伤残为本人工资的70%，六级伤残为本人工资的60%，并由用人单位按照规定为其缴纳应缴纳的各项社会保险费。伤残津贴实际金额低于当地最低工资标准的，由用人单位补足差额。

经工伤职工本人提出，该职工可以与用人单位解除或者终止劳动关系，由工伤保险基金支付一次性工伤医疗补助金，由用人单位支付一次性伤残就业补助金。一次性工伤医疗补助金和一次性伤残就业补助金的具体标准由省、自治区、直辖市人民政府规定。

29. 职工因工伤残退出工作岗位后，用人单位能否以其被依法追究刑事责任为由，解除劳动关系并拒绝发放相应工伤待遇?

【维权要点】

职工在因工负伤致残后所享受的工伤保险待遇是其法定的既得权利，该权利是在劳动关系存续期间取得的，不因劳动者与用人单位解除劳动关系而丧失。劳动关系的存在并不是劳动者享受工伤保险待遇的前提条件。

【典型案例】

杨某为某企业合同制农民工。2019年，杨某在检修机器的过程中意外受伤，丧失劳动能力并被鉴定为6级伤残。由于企业是重型工业企业，并且生产一线以外的工作岗位饱和，难以为杨某安排适当工作，杨某退出工作岗位，由企业按月发给伤残津贴，双方保留了劳动关系。2020年初，杨某因盗卖企业财产被公安机关依法逮捕并移交检察机关提起公诉。经人民法院审理后，杨某被判处有期徒刑半年，缓刑1年。某企业对杨某作出了开除处理，解除了与杨某的劳动关系并拒绝发放相关工伤保险待遇。杨某不服，认为该企业的做法侵犯了自己的合法权益，向当地劳动争议仲裁委员会提请仲裁，请求撤销企业的除名决定并支付自己的工伤保险待遇。劳动争议仲裁委员会经审查后裁决：杨某因盗窃行为被依法追究刑事责任，某企业对其作出开除处理，不违反相关法律规定。杨某的请求理由不成立，不予支持。杨某不服裁决，向人民法院起诉。

【法官讲法】

本案中，杨某已经被依法追究了刑事责任，同时也严重违反了用人单位的规章制度，某企业依据劳动法以及劳动合同法的规定，对杨某给予开除处分不违反法律规定。

杨某在因工负伤致残后所享受的工伤保险待遇是其法定的既得权利，该权利是在劳动关系存续期间取得的，不因劳动者与用人单位解除劳动关系而丧失。劳动关系的存在并不是劳动者享受工伤保险待遇的前提条件。我国劳动法规定，职工因工负伤并丧失或部分丧失劳动能力的情况下，用人单位不得依据劳动法第26条、第27条解除劳动合同；根据《工伤保险条例》第33条、第34条、第35条规定，职工因工负伤并被鉴定为一至六级伤残的情况下，与用人单位保留劳动关系。该规定的出发点是为了保护劳动者的劳动权利和其他合法权益，并不是将劳动关系的存在视为职工享受工伤保险待遇的前提条件，避免用人单位为逃避工伤保险责任而解除劳动关系的情况发生。即使经工伤职工本人提出，该职工与用人单位解除劳动关系或者劳动关系到期终止的情况下，用人单位仍然应当发给工伤职工一次性工伤医疗补助金和伤残就业补助金，并不能因为双方解除劳动关系而剥夺劳动者享受上述工伤保险待遇的权利。某企业在解除与杨某的劳动关系后，拒绝为杨某申领一次性工伤医疗补助金并发放一次性伤残就业补助金，侵犯了杨某依法应当享受的工伤保险待遇权利，应当予以纠正。

【法条指引】

工伤保险条例

第三十五条 职工因工致残被鉴定为一级至四级伤残的，保留劳动关系，退出工作岗位，享受以下待遇：

（一）从工伤保险基金按伤残等级支付一次性伤残补助金，标准为：一级伤残为27个月的本人工资，二级伤残为25个月的本人工资，三级伤残为23个月的本人工资，四级伤残为21个月的本人工资；

（二）从工伤保险基金按月支付伤残津贴，标准为：一级伤残为本人工资的90%，二级伤残为本人工资的85%，三级伤残为本人工资的80%，四级伤残为本人工资的75%。伤残津贴实际金额低于当地最低工资标准的，由工伤保险基金补足差额；

（三）工伤职工达到退休年龄并办理退休手续后，停发伤残津贴，按照国家有关规定享受基本养老保险待遇。基本养老保险待遇低于伤残津贴的，由工伤保险基金补足差额。

职工因工致残被鉴定为一级至四级伤残的，由用人单位和职工个人以伤残津贴为基数，缴纳基本医疗保险费。

第三十六条 职工因工致残被鉴定为五级、六级伤残的，享受以下待遇：

（一）从工伤保险基金按伤残等级支付一次性伤残补助金，标准为：五级伤残为18个月的本人工资，六级伤残为16个月的本人工资；

（二）保留与用人单位的劳动关系，由用人单位安排适当工作。难以安排工作的，由用人单位按月发给伤残津贴，标准为：五级伤残为本人工资的70%，六级伤残为本人工资的60%，并由用人单位按照规定为其缴纳应缴纳的各项社会保险费。伤残津贴实际金额低于当地最低工资标准的，由用人单位补足差额。

经工伤职工本人提出，该职工可以与用人单位解除或者终止劳动关系，由工伤保险基金支付一次性工伤医疗补助金，由用人单位支付一次性伤残就业补助金。一次性工伤医疗补助金和一次性伤残就业补助金的具体标准由省、自治区、直辖市人民政府规定。

第三十七条 职工因工致残被鉴定为七级至十级伤残的，享受以下待遇：

（一）从工伤保险基金按伤残等级支付一次性伤残补助金，标准为：七级伤残为13个月的本人工资，八级伤残为11个月的本人工资，九级伤残为9个月的本人工资，十级伤残为7个月的本人工资；

（二）劳动、聘用合同期满终止，或者职工本人提出解除劳动、聘用合同的，由工伤保险基金支付一次性工伤医疗补助金，由用人单位支付一次性伤残就业补助金。一次性工伤医疗补助金和一次性伤残就业补助金的具体标准由省、自治区、直辖市人民政府规定。

30. 工伤职工拒绝治疗能否被停止享受工伤保险待遇？

【维权要点】

工伤职工享受工伤保险待遇是其法定权利，但该权利行使并非不受限制。根据我国《工伤保险条例》的规定，工伤职工在有丧失享受待遇条件的，拒不接受劳动能力鉴定的，拒绝治疗的等其中之一的情形下，职工停止享受工伤保险待遇。

【典型案例】

农民工韩某于2016年10月，在工作过程中受到事故伤害，被认定为工伤。韩某停止工作，住院治疗。在治疗期间，韩某所在单位按照《工伤保险条例》的规定，按月发给韩某工资和其他福利待遇。2017年1月，韩某开始拒绝治疗并坚持要求回家休养。在未经医院和所在单位同意的情况下，韩某擅自离院回家。韩某所在单位多次通知韩某回院治疗，均被韩某置之不理。2017年2月，所在单位决定依照《工伤保险条例》第42条第3项的规定，停止发放韩某的工资和其他福利待遇。韩某认为单位做法损害其合法权益，故向当地劳动争议仲裁委员会申请仲裁。

【法官讲法】

《工伤保险条例》第42条规定："工伤职工有下列情形之一的，停止享受工伤保险待遇：（一）丧失享受待遇条件的；（二）拒不接受劳动能力鉴定的；（三）拒绝治疗的。"本案中，韩某因工负伤后暂停工作，接受治疗。在停工治疗期间，用人单位按月支付韩某的工资和其他福利待遇，符合《工伤保险条例》的规定，值得肯定。韩某因故拒绝接受治疗，在未经医院和所在单位同意的情况下，擅自离院回家。韩某所在单位多次通知韩某回院治疗，均被其置之不理。在这种情况下，韩某所在单位停止发放韩某的工资和其他福利待遇，并不违反上述规定。在此提醒广大劳动者注意，虽然享受工伤保险待遇是工伤职工的法定权利，但该权利也会因劳动者不当行使而受到限制。劳动者在发生工伤后应当按照相关规定积极治疗、在符合条件的情况下及时进行劳动能力鉴定，确保自己的合法权益得到维护。

【法条指引】

工伤保险条例

第三十三条第一款 职工因工作遭受事故伤害或者患职业病需要暂停工作接受工伤医疗的，在停工留薪期内，原工资福利待遇不变，由所在单位按月支付。

第四十二条 工伤职工有下列情形之一的，停止享受工伤保险待遇：

（一）丧失享受待遇条件的；

（二）拒不接受劳动能力鉴定的；

（三）拒绝治疗的。

31. 工亡职工享有何种工伤保险待遇？

【维权要点】

工亡职工的工伤保险待遇由其近亲属享有，除工伤医疗费、住院伙食补助费、护理费及停工留薪期等工伤职工普遍享有的工伤保险待遇外，专门享有丧葬补助金、供养亲属抚恤金和一次性工亡补助金这三项工伤保险待遇。具体而言，丧葬补助金为6个月统筹地区职工月平均工资。供养亲属抚恤金为按照职工本人工资的一定比例发给由因工死亡职工生前提供主要生活来源、无劳动能力的亲属，标准为配偶每月40%，其他亲属每人每月30%，孤寡老人或者孤儿每人每月在上述标准的基础上增加10%，核定的各供养亲属的抚恤金之和不应高于因工死亡职工生前的工资。一次性工亡补助金标准为上一年度全国城镇居民人均可支配收入的20倍。

【典型案例】

刘某于2018年10月起在某物业公司从事车辆管理员工作，某物业公司未为刘某缴纳工伤保险。2020年11月20日，刘某身体出现不适，11月21日经抢救无效死亡。2021年2月10日，劳动行政部门作出工伤认定结论通知书，认定刘某的死亡为视同工伤。刘某的第一顺序法定继承人刘某之妻、刘某之子（12岁）及刘某之女（9岁）（刘某父母均已去世）向某物业公司主张丧葬补助金、供养亲属抚恤金和一次性工亡补助金。物业公司表示，刘某隐瞒肝硬化的病史入职工作，系因自身疾病严重而死亡，并非工亡事故，刘某自身应对此负有责任，不能享受工伤待遇。刘某之妻、之子及之女三人遂向劳动争议仲裁委员会申请仲裁。仲裁委按法定标准裁决某物业公司支付丧葬补助金、供养亲属抚恤金和一次性工亡补助金。某物业公司不服该裁决，向人民法院提起诉讼。一审人民法院判决与仲裁裁决结果相同，某物业公司不服该判决，提起上诉。二审人民法院判决驳回上诉，维持原判。

【法官讲法】

《工伤保险条例》第39条第1款规定："职工因工死亡，其近亲属按照下列规定从工伤保险基金领取丧葬补助金、供养亲属抚恤金和一次性工亡补助金：（一）丧葬补助金为6个月的统筹地区上年度职工月平均工资；（二）供养亲属抚恤金按照职工本人工资的一定比例发给由因工死亡职工生前提供主要生活来源、无劳动能力的亲属。标准为：配偶每月40%，其他亲属每人每月30%，孤寡老人或者孤儿每人每月在上述标准的基础上增加10%。核定的各供养亲属的抚恤金之和不应高于因工死亡职工生前的工资。供养亲属的具体范围由国务院社会保险行政部门规定；（三）一次性工亡补助金标准为上一年度全国城镇居民人均可支配收入的20倍。"第39条第2款规定："伤残职工在停工留薪期内因工伤导致死亡的，其近亲属享受本条第一款规定的待遇。"第39条第3款规定："一级至四级伤残职工在停工留薪期满后死亡的，其近亲属可以享受本条第一款第（一）项、第（二）项规定的待遇。"本案中，劳动行政部门认定刘某为视同工伤，某物业公司未就该工伤认定结论提出异议，故现其否认刘某并非属于工亡事故，缺乏事实依据。刘某之妻、之子及之女三人，作为刘某的第一顺序法定继承人，应付享有刘某的工伤保险待遇，即丧葬补助金、供养亲属抚恤金和一次性工亡补助金。由于某物业公司未为刘某缴纳工伤保险，故某物业公司应按相关规定支付上述三项工伤保险待遇。

【法条指引】

工伤保险条例

第三十九条 职工因工死亡，其近亲属按照下列规定从工伤保险基金领取丧葬补助金、供养亲属抚恤金和一次性工亡补助金：

（一）丧葬补助金为6个月的统筹地区上年度职工月平均工资；

（二）供养亲属抚恤金按照职工本人工资的一定比例发给由因工死亡职工生前提供主要生活来源、无劳动能力的亲属。标准为：配偶每月40%，其他亲属每人每月30%，孤寡老人或者孤儿每人每月在上述标准的基础上增加10%。核定的各供养亲属的抚恤金之和不应高于因工死亡职工生前的工资。供养亲属的具体范围由国务院社会保险行政部门规定；

（三）一次性工亡补助金标准为上一年度全国城镇居民人均可支配收入的20倍。

伤残职工在停工留薪期内因工伤导致死亡的，其近亲属享受本条第一款规定的待遇。

一级至四级伤残职工在停工留薪期满后死亡的，其近亲属可以享受本条第一款第（一）项、第（二）项规定的待遇。

32. 企业劳动条件恶劣造成农民工职业病是否要承担责任？

【维权要点】

职业病，是指劳动者在生产劳动及其他职业活动中，接触职业性有害因素引起的疾病。用人单位应提供安全的生产环境，以保障劳动者的身体健康。

【典型案例】

某机械厂空压机房安装了两台较大功率的空压机昼夜运转，厂房低矮狭窄，厂房内昼夜机器轰鸣，震耳欲聋，但厂方长期强调经济效益差，缺乏资金，一直不安装消音装置，也不建造隔音休息室。钟某等3名农民工长期在这种强烈噪声环境中工作。厂房内的噪声已大大超过正常人所能承受的最高限度。钟某等3名工人到空压机房工作前均身强力壮，但连续工作两年多以后，均出现不同程度的听力下降、心跳过速、耳鸣等症状。其中钟某经检查已经达到职业性噪声聋的诊断标准。钟某在他人建议下到专门职业病医院进行诊断和治疗，要求企业承担相应责任。

【法官讲法】

根据本案的情况，农民工钟某的职业性噪声聋确实属于因工作环境恶劣导致职业病。根据我国劳动法第 54 条等相关法律规定：用人单位必须为劳动者提供符合国家规定的劳动安全和必要的劳动防护用品，对从事有职业危害的劳动者应当定期进行健康检查。发生强噪声的生产，应该尽可能在设有消音设备的单独工作房中进行。某机械厂的做法违反了国家法律法规的规定，对此导致危害职工健康的后果应该负完全责任。此外，该企业应引以为戒，为员工定期进行职业健康体检，这也是及时发现是否出现早期听力损伤的重要措施，如能早期干预，作业期间佩戴防噪耳塞或及时调离噪声岗位，可有效防止劳动者听力进一步受损。

【法条指引】

中华人民共和国劳动法

第五十四条　用人单位必须为劳动者提供符合国家规定的劳动安全和必要的劳动防护用品，对从事有职业危害的劳动者应当定期进行健康检查。

33. 用人单位不当解除劳动关系，应当承担何种责任？

【维权要点】

用人单位违反法律规定解除或者终止劳动合同，劳动者要求继续履行劳动合同的，用人单位应当继续履行；劳动者不要求继续履行劳动合同或者劳动合同已经不能继续履行的，用人单位应当依照相关法律规定支付赔偿金。

【典型案例】

农民工方某于 2016 年 9 月到某公司工作，签订了为期一年的劳动合同，负责小区环卫工作。2017 年 5 月 15 日，方某因工作问题与小区居民发生争论。2017 年 5 月 18 日，某公司以方某工作不认真、消极怠工、因工作质量不合格被投诉且经教育不悔改为由作出《关于对方某严重违反公司规定的处理决定》，解除与方某的劳动关系。5 月 28 日，方某向当地劳动争议仲裁委员会申请仲裁，以某公司在未查明事实、分清责任的情况下，单方解除与其的劳动合同显属错误为由，要求某公司向其支付相当于

2个月工资的赔偿金。某公司认为，方某在公司从事环卫工作，其与小区居民发生冲突，影响了公司的管理，公司依据劳动合同法的规定与方某解除劳动合同并无不当，故不同意方某的仲裁请求。

【法官讲法】

为保障用人单位维持内部秩序和实现经营目标的需要，各国劳动法通常都肯定用人单位有权对劳动者严重违反用人单位内部规章、劳动纪律的行为可予以辞退惩处。我国劳动合同法第39条规定："劳动者有下列情形之一的，用人单位可以解除劳动合同：（二）严重违反用人单位的规章制度的……"实践中，用人单位以此辞退劳动者引起的纠纷也不在少数，甚至有些用人单位以此来掩盖其辞退劳动者的其他理由。从保护劳动者权益的原则出发，要严格限定惩戒解除权的行使限度。要限定用人单位的惩戒解除权必须要考察其规章制度和劳动纪律的合理性及因此解除的程序是否正当等因素。对此可以依据以下规则来确定：若双方已明确约定的，按照约定进行；若双方没有明确约定用人单位可以惩戒解除的具体情形的，应当根据劳动者违反特定用人单位的规章或劳动纪律的行为是否已构成对实现劳动关系目的的威胁来认定。至于判断双方是否有明确约定的问题，经常会发生以下两种情形：一是用人单位未将其已经存在的规章或劳动纪律对新进入单位的劳动者进行公示或者告知的情形；二是劳动者对用人单位公示或告知的规章或劳动纪律有异议的情形。对此，应当分清该规章或劳动纪律的内容是否苛刻，而不应当简单地依据是否公示或告知以及劳动者是否有异议等来认定其效力。一般情况下，若上述规章、劳动纪律的内容规定的是基本的劳动行为准则（如不得多次旷工、遵守劳动的基本安全规则等），即使用人单位未进行告知或者劳动者有异议的，也应对劳动者具有约束力；若上述内容规定属用人单位特殊需要而确立的行为准则的，除非用人单位能够证明属于行业惯例且劳动者已熟知外，用人单位必须告知劳动者并经其同意，否则不具约束力。此外，为了防止用人单位滥用惩戒解除权，用人单位据此解除劳动关系的，应当经过一定的评价程序并给予劳动者一定的辩解机会，否则该解除可以认定为不当解除。本案中，某公司从事卫生服务工作，该公司营运目标的实现很大程度上受到对其所进行卫生工作质量上的评价，因此，若方某因自身工作不认真尽责而导致社区居民的多次投诉且经教育后仍不悔改的，某公司可以据此解除方某的劳动关系。方某与社区居民仅有一次争论尚不能说明其已构成对实现劳动关系的目的有关键的影响，在此情形下，某公司应当对方某进行相应的思想教育并给其时间进行改正。但某公司并未采取事先教育而是以方某违反公司规定为由直接将其辞退，确属不妥。

经济补偿金就其性质而言实际上是一种对不同利益需求进行平衡的产物，是用人单位因其正当分散经营风险而给社会带来外部成本后所需要承担的一种社会性"代价"，且根据用人单位行为的外部性程度不同来确定该代价的大小。其目的在于试图通过支付劳动者一定的经济补偿以保障其被解除劳动关系后的生活需要，进而预先缓解因劳动者被解除劳动关系后对社会稳定可能造成的压力。对用人单位应当给付经济补偿金的标准，我国劳动合同法第47条针对用人单位正当解除、裁减人员、双方协商解除劳动合同的情形规定："经济补偿按劳动者在本单位工作的年限，每满一年支付一个月工资的标准向劳动者支付。六个月以上不满一年的，按一年计算；不满六个月的，向劳动者支付半个月工资的经济补偿。劳动者月工资高于用人单位所在直辖市、设区的市级人民政府公布的本地区上年度职工月平均工资三倍的，向其支付经济补偿的标准按职工月平均工资三倍的数额支付，向其支付经济补偿的年限最高不超过十二年。"该条还规定："本条所称月工资是指劳动者在劳动合同解除或者终止前十二个月的平均工资。"该法第48条规定："用人单位违反本法规定解除或者终止劳动合同，劳动者要求继续履行劳动合同的，用人单位应当继续履行；劳动者不要求继续履行劳动合同或者劳动合同已经不能继续履行的，用人单位应当依照本法第八十七条规定支付赔偿金。"该法第87条规定："用人单位违反本法规定解除或者终止劳动合同的，应当依照本法第四十七条规定的经济补偿标准的二倍向劳动者支付赔偿金。"方某到某公司工作6个月以上不满1年，应按1年计算。在方某不要求继续履行劳动合同的情况下，某公司应当按方某2个月的工资标准向其支付赔偿金。

【法条指引】

中华人民共和国劳动合同法

第四十七条　经济补偿按劳动者在本单位工作的年限，每满一年支付一个月工资的标准向劳动者支付。六个月以上不满一年的，按一年计算；不满六个月的，向劳动者支付半个月工资的经济补偿。

劳动者月工资高于用人单位所在直辖市、设区的市级人民政府公布的本地区上年度职工月平均工资三倍的，向其支付经济补偿的标准按职工月平均工资三倍的数额支付，向其支付经济补偿的年限最高不超过十二年。

本条所称月工资是指劳动者在劳动合同解除或者终止前十二个月的平均工资。

第四十八条　用人单位违反本法规定解除或者终止劳动合同，劳动者要求继续履行劳动合同的，用人单位应当继续履行；劳动者不要求继续履行劳动合同或者劳动合同已经不能继续履行的，用人单位应当依照本法第八十七条规定支付赔偿金。

第八十七条　用人单位违反本法规定解除或者终止劳动合同的，应当依照本法第四十七条规定的经济补偿标准的二倍向劳动者支付赔偿金。

第五章　女性农民工的特殊保护

1. 单位能否以农民工怀孕为由解除劳动合同?

【维权要点】

孕期是指女职工从怀孕到分娩的整个期间。产假为 98 天,其中产前 15 天,难产的增加 15 天,多胞胎生育的,每多生育一个婴儿,增加产假 15 天。女职工在孕期、产期、哺乳期的,用人单位不得解除劳动合同。

【典型案例】

农民工吴某与某百货公司于 2016 年签订了 5 年期限的劳动合同,在某百货公司当营业员。合同期限为 2016 年 5 月至 2021 年 4 月。签订劳动合同之前,某百货公司在合同中拟定了各项条款,其中一条规定:"如果吴某怀孕则双方签订的劳动合同将自行终止。"2017 年 5 月,吴某结婚一年后怀孕,因为惧怕被解除劳动合同,吴某谎称病假在家休息,但还是接到了某百货公司的通知,通知中声称通过了解核实,确认吴某已经怀孕,不再适合在某百货公司当营业员。根据劳动合同的约定,吴某与某百货公司的劳动合同终止。接到通知后,吴某多次与某百货公司领导交涉,希望能够回公司继续工作,但均无结果。吴某遂向当地劳动争议仲裁委员会申请仲裁,要求恢复劳动关系,继续履行劳动合同。

【法官讲法】

劳动合同法第 44 条规定:"有下列情形之一的,劳动合同终止:(一)劳动合同期满的;(二)劳动者开始依法享受基本养老保险待遇的;(三)劳动者死亡,或者被人民法院宣告死亡或者宣告失踪的;(四)用人单位被依法宣告破产的;(五)用人单位被吊销营业执照、责令关闭、撤销或者用人单位决定提前解散的；（六）法律、行政法规规定的其他情形。"这是劳动合同自然终止的情形。但是，用人单位不能将法律禁止其解除与劳动者劳动合同的情况约定为劳动合同的终止条件。劳动合同法第42条规定："劳动者有下列情形之一的，用人单位不得依照本法第四十条、第四十一条的规定解除劳动合同：（一）从事接触职业病危害作业的劳动者未进行离岗前职业健康检查，或者疑似职业病病人在诊断或者医学观察期间的；（二）在本单位患职业病或者因工负伤并被确认丧失或者部分丧失劳动能力的；（三）患病或者非因工负伤，在规定的医疗期内的；（四）女职工在孕期、产期、哺乳期的；（五）在本单位连续工作满十五年，且距法定退休年龄不足五年的；（六）法律、行政法规规定的其他情形。"因此，用人单位在与劳动者签订劳动合同时，不得将以上六个方面的内容约定为劳动合同的解除条件。因此，劳动争议仲裁委员会应当支持吴某的仲裁请求，依法裁决某百货公司单方面与吴某解除劳动合同违法，应继续履行原劳动合同。

【法条指引】

中华人民共和国劳动合同法

第四十二条 劳动者有下列情形之一的，用人单位不得依照本法第四十条、第四十一条的规定解除劳动合同：

（一）从事接触职业病危害作业的劳动者未进行离岗前职业健康检查，或者疑似职业病病人在诊断或者医学观察期间的；

（二）在本单位患职业病或者因工负伤并被确认丧失或者部分丧失劳动能力的；

（三）患病或者非因工负伤，在规定的医疗期内的；

（四）女职工在孕期、产期、哺乳期的；

（五）在本单位连续工作满十五年，且距法定退休年龄不足五年的；

（六）法律、行政法规规定的其他情形。

第四十四条 有下列情形之一的，劳动合同终止：

（一）劳动合同期满的；

（二）劳动者开始依法享受基本养老保险待遇的；

（三）劳动者死亡，或者被人民法院宣告死亡或者宣告失踪的；

（四）用人单位被依法宣告破产的；

（五）用人单位被吊销营业执照、责令关闭、撤销或者用人单位决定提前解散的；

（六）法律、行政法规规定的其他情形。

2. 女性农民工哺乳期内能终止劳动关系吗？

【维权要点】

劳动者在医疗期、孕期、产期、哺乳期内，劳动合同期限届满时，用人单位不得终止劳动合同。劳动合同的期限应自动延续至医疗期、孕期、产期、哺乳期满为止。

【典型案例】

农村女青年夏某高中毕业到某县建材公司工作，2016 年 3 月，双方签订 3 年期限劳动合同。2019 年 2 月夏某怀孕生产，同年 7 月 1 日产假满后上班。7 月 11 日，建材公司书面通知夏某双方劳动合同到期终止。夏某告知公司其处于哺乳期，单位不能按合同约定终止劳动关系，该建材公司不予理睬。后夏某向当地劳动争议仲裁委员会申请仲裁。仲裁委员会作出裁决后，夏某不服提起诉讼，请求认定建材公司终止劳动关系违法，要求继续履行劳动合同并支付工资。人民法院最终判决某建材公司与夏某履行劳动合同至夏某哺乳期届满。

【法官讲法】

作为劳动法律法规特殊保护对象的女职工，法律法规均有女职工在"三期"内，不得解除劳动合同或劳动关系的强制性规定。劳动法第 29 条规定：劳动者有下列情形之一的，用人单位不得依据本法第二十六条、第二十七条的规定解除劳动合同：（三）女职工在孕期、产期、哺乳期内的。《关于贯彻执行〈中华人民共和国劳动法〉若干问题的意见》第 34 条规定："除劳动法第二十五条规定的情形外，劳动者在医疗期、孕期、产期、哺乳期内，劳动合同期限届满时，用人单位不得终止劳动合同。劳动合同的期限应自动延续至医疗期、孕期、产期、哺乳期期满为止。"

本案中，建材公司作出终止劳动关系决定时，夏某正处在哺乳期内，人民法院对建材公司在夏某哺乳期未满的情况下作出的终止与夏某的劳动关系的决定予以否定，并判决其延续至夏某哺乳期满时是正确的。

【法条指引】

中华人民共和国劳动法

第二十九条 劳动者有下列情形之一的，用人单位不得依据本法第二十六条、第二十七条的规定解除劳动合同：

（一）患职业病或者因工负伤并被确认丧失或者部分丧失劳动能力的；

（二）患病或者负伤，在规定的医疗期内的；

（三）女职工在孕期、产期、哺乳期内的；

（四）法律、行政法规规定的其他情形。

关于贯彻执行《中华人民共和国劳动法》若干问题的意见

34. 除劳动法第二十五条规定的情形外，劳动者在医疗期、孕期、产期、哺乳期内，劳动合同期限届满时，用人单位不得终止劳动合同。劳动合同的期限应自动延续至医疗期、孕期、产期和哺乳期期满为止。

3. 女职工哺乳期内，用人单位能否停发工资？

【维权要点】

用工单位自用工之日起到劳动者离职之日止，必须严格按照劳动法的规定向劳动者支付报酬。如果用工单位恶意拖欠或以各种理由克扣工资的，劳动者可以向当地的劳动监察部门举报。根据我国有关法律规定，用人单位不得在女职工孕期、产期、哺乳期内降低其基本工资或者解除劳动合同。

【典型案例】

2016年初，农民工贺某与某机械厂签订了劳动合同。2017年元旦，贺某结婚，次年1月11日剖腹产生育一女。产假期满后由于剖腹产时手术有后遗症，身体虚弱，贺某于 2018 年 4 月 28 日向厂工会提出休哺乳假 1 年的报告，工会签字同意，并于当日下午报厂长孙某，孙某也签字表示同意贺某休哺乳假，工资按贺某月工资 3000 元的 80% 发放。2018 年 5 月 17 日，机械厂主管集团下发文件规定，本系统女职工凡请哺乳假的，要从 6 月 1 日上班，如想继续休假，工资不发，只发给 1000 元生活费。6 月 16 日，贺某领工资时只有生活费一项 1000 元，其余工资全部被扣发。贺某不服，向当地劳动争议仲裁委员会申请仲裁，要求补发工资。仲裁委员会支持了贺某的请求。

【法官讲法】

女职工的"三期"指孕期、产假、哺乳期，是女职工因妊娠、生育、抚育婴儿所处的特殊生理时期。上述期间，基于特殊的身体状况，女职工往往无法正常地提供劳动，而导致劳动权益得不到保障的情况时常发生。司法实践中，怀孕女职工因岗位和工资待遇产生的争议，是涉及女职工权益案件中较为常见的一类。法律规定，用人单位与劳动者只有通过协商一致采用书面形式才能变更劳动合同中约定的工作岗位和工资标准。但部分用人单位在女职工怀孕后便单方变更其工作岗位，并减少女职工的工资报酬，甚至以此逼迫女职工主动辞职，上述做法显然欠妥。此外，需要指出的是，如果是因为女职工确实不能胜任原工作岗位，而进行相应的岗位调整和工资报酬变更，则需要有完备的管理制度作为支撑，否则用人单位可能承担相应的法律风险。

《女职工劳动保护特别规定》第 5 条明确规定："用人单位不得因女职工怀孕、生育、哺乳降低其工资、予以辞退、与其解除劳动或者聘用合同。"而贺某所在省人民政府公布实施的《关于〈女职工劳动保护特别规定〉实施办法》第 9 条规定："女职工产假 90 天期满后，上班确有困难的经本人申请，单位批准，可请哺乳假半年至一年。请假期间，单位发给不低于本人标准工资 75% 的工资，工龄连续计算。"本案中，贺某产假期满后，因剖腹产时留有后遗症，经本人申请，单位领导同意休哺乳假 1 年并发 80% 工资。后仅凭主管集团文件就擅自取消正常休哺乳假女职工的工资待遇，有违上述地方规章，应予纠正。

【法条指引】

女职工劳动保护特别规定

第五条　用人单位不得因女职工怀孕、生育、哺乳降低其工资、予以辞退、与其解除劳动或者聘用合同。

4. 用人单位能否规定女职工怀孕劳动合同自行解除？

【维权要点】

女职工在怀孕期、产期、哺乳期不得解除劳动合同。任何单位不得以结婚、产假、哺乳等为由，辞退女职工或者单方解除劳动合同。

【典型案例】

2017 年 4 月，农村女青年丁某应聘到某大酒店二楼大餐厅任服务员，双方签订有效期 5 年的劳动合同。后丁某怀孕，2018 年 4 月 16 日，丁某到当地某医院妇产科进行产前检查，医生根据丁某已怀孕 6 个月的身体状况，建议单位减轻劳动强度，调整做较轻工作。次日，丁某到公司总经理办公室，出示医院证明，要求总经理同意安排较轻工作，总经理当场拒绝，并告知丁某双方签订的劳动合同规定：劳动者必须无条件遵守《员工手册》，而《员工手册》第 8 条规定：女服务员怀孕时，劳动合同自行解除。后酒店人事部门正式公告解除与丁某的合同。丁某不服，向当地劳动争议仲裁委员会申请仲裁，要求继续履行原劳动合同，安排其他工作岗位。仲裁委员会支持了丁某的请求。

【法官讲法】

女职工在怀孕、生育、哺乳期间，用人单位不得因其处于上述"三期"期间而与其解除劳动关系。如用人单位违法与处于"三期"女职工解除劳动合同的，女职工可选择以下两种途径之一维护自身权益：一是不同意解除劳动合同，要求双方继续履行劳动合同；二是不主张双方劳动关系继续存续，但要求用人单位支付违法解除劳动合同赔偿金。司法实践中，涉女职工权益类案件中最为常见的一类便是用人单位以女职工怀孕为由，单方提出解除劳动关系，严重侵害女职工的合法权益。在此情况下，法律对此作出特殊保护性规定，用人单位应当给予足够重视。我国劳动法第29条第3项规定："女职工在孕期、产期、哺乳期内不得解除劳动合同。"2018年妇女权益保障法第27条第1款规定："任何单位不得因结婚、怀孕、产假、哺乳等情形，降低女职工的工资，辞退女职工，单方解除劳动（聘用）合同或者服务协议。但是，女职工要求终止劳动（聘用）合同或者服务协议的除外。"《女职工劳动保护特别规定》第5条规定："用人单位不得因女职工怀孕、生育、哺乳降低其工资、予以辞退、与其解除劳动或者聘用合同。"本案中，丁某作为女职工，在怀孕期间，用人单位单方解除劳动合同没有法律依据。至于酒店《员工手册》部分内容明显与劳动法及相关规定相违背，应当认定无效。此外，根据《女职工劳动保护特别规定》第6条第1款的规定，女职工在怀孕期间，不能适应原劳动的，应当根据医务部门的证明，予以减轻劳动或安排其他劳动。丁某怀孕已6个月，显然不再适合酒店大餐厅的工作，要求另行安排其他适当劳动，应当认为是合理要求，得到支持。

【法条指引】

中华人民共和国劳动法

第二十九条　劳动者有下列情形之一的，用人单位不得依据本法第二十六条、第二十七条的规定解除劳动合同：

（一）患职业病或者因工负伤并被确认丧失或者部分丧失劳动能力的；

（二）患病或者负伤，在规定的医疗期内的；

（三）女职工在孕期、产期、哺乳期内的；

（四）法律、行政法规规定的其他情形。

女职工劳动保护特别规定

第五条　用人单位不得因女职工怀孕、生育、哺乳降低其工资、予以辞退、与其解除劳动或者聘用合同。

第六条　女职工在孕期不能适应原劳动的，用人单位应当根据医疗机构的证明，予以减轻劳动量或者安排其他能够适应的劳动。

对怀孕 7 个月以上的女职工，用人单位不得延长劳动时间或者安排夜班劳动，并应当在劳动时间内安排一定的休息时间。

怀孕女职工在劳动时间内进行产前检查，所需时间计入劳动时间。

5. 女职工怀孕流产后是否应当享受产假待遇？

【维权要点】

女职工怀孕流产的，所在单位应当给予一定时间的产假。其中，女职工怀孕未满 4 个月流产的，享受 15 天产假；怀孕满 4 个月流产的，享受42 天产假。产假期间工资照发。

【典型案例】

农村女青年宋某于 2017 年被县城某企业聘用，双方签订了为期 5 年的劳动合同。2021 年，宋某结婚，婚后不久即怀孕。2021 年 8 月，宋某在家休息期间，因下楼时不小心跌倒，导致流产。宋某在当地医院做了引产手术后，持医院证明到单位请假。单位负责人称，现在正是生产高峰期，人手紧缺，而宋某又不是正常生产，应坚持工作，不同意给予宋某产假。双方因此发生争议，宋某赌气不到单位上班。单位扣发了宋某 8 月份的工资，并通知宋某：如再不到单位上班，将按旷工处理。宋某向当地劳动争议仲裁委员会申请仲裁。

【法官讲法】

本案主要涉及女职工怀孕流产后的特殊保护问题。按照医学要求，妇女生育后需要一段时间休养以恢复体力。因此，劳动法规定，女职工生育享受不少于 90 天的产假。劳动法的规定体现了对生育女职工的特殊保护。但生育是一件具有一定风险的事，在女职工怀孕期间，由于种种原因，经常会发生流产的情况。流产使妇女的生育以失败告终，在这种情况下，如果坚持女职工流产后就丧失了享受产假的权利，对女职工是十分不利的。因为流产对妇女的身体造成了严重的损害，对女职工心理上的负面影响也是非常巨大的。在这种情况下，为了使女职工尽快恢复身心健康，应当根据具体情况给予女职工一定时间的产假。因此，《女职工劳动保护特别规定》第 7 条明确规定："女职工生育享受 98 天产假，其中产前可以休假 15

天；难产的，增加产假 15 天；生育多胞胎的，每多生育 1 个婴儿，增加产假 15 天。女职工怀孕未满 4 个月流产的，享受 15 天产假；怀孕满 4 个月流产的，享受 42 天产假。"本案中，某单位以宋某怀孕流产为由，拒绝给予其产假的做法是错误的。宋某被扣发的 8 月份的工资应当予以补发。

【法条指引】

中华人民共和国劳动法

第六十二条　女职工生育享受不少于九十天的产假。

女职工劳动保护特别规定

第七条　女职工生育享受 98 天产假，其中产前可以休假 15 天；难产的，增加产假 15 天；生育多胞胎的，每多生育 1 个婴儿，增加产假 15 天。

女职工怀孕未满 4 个月流产的，享受 15 天产假；怀孕满 4 个月流产的，享受 42 天产假。

第八条　女职工产假期间的生育津贴，对已经参加生育保险的，按照用人单位上年度职工月平均工资的标准由生育保险基金支付；对未参加生育保险的，按照女职工产假前工资的标准由用人单位支付。

女职工生育或者流产的医疗费用，按照生育保险规定的项目和标准，对已经参加生育保险的，由生育保险基金支付；对未参加生育保险的，由用人单位支付。

6. 解除劳动合同后才知道已怀孕怎么办?

【维权要点】

女职工的权益受特殊保护。根据我国劳动法及劳动合同法的有关规定，女职工只要是在合同存续期间怀孕，就可以适用劳动法的有关规定，用人单位不得依据劳动法第 26 条、第 27 条的规定与其解除劳动合同。

【典型案例】

农村姑娘万某应聘到某服装厂做合同工，半年后，服装厂发现万某不能胜任本职工作，于是给她调换了一个新的工作岗位。一段时间后，服装厂发现万某在新的工作岗位上仍然不能胜任工作。于是，服装厂以万某不能胜任工作，经过调整工作岗位后，仍不能胜任工作为理由，单方作出了与其解除劳动合同的决定。自决定宣布之日起，与万某的劳动合同解除。半个月后，万某到医院看病时，意外地发现自己已于半个月前怀孕了，她了解到劳动法规定单位不能随意与怀孕的职工解除劳动合同。于是，她找到服装厂领导，要求厂方撤销解除劳动合同的决定，但服装厂坚决不同意。双方由此发生了纠纷。

【法官讲法】

劳动法第26条第2项规定："有下列情形之一的，用人单位可以解除劳动合同，但是应当提前三十日以书面形式通知劳动者本人：劳动者不能胜任工作，经过培训或者调整工作岗位，仍不能胜任工作的。"第29条规定："劳动者有下列情形之一的，用人单位不得依据本法第二十六条、第二十七条的规定解除劳动合同：（三）女职工在孕期、产期、哺乳期内的。"由此可见，职工在怀孕期间即使不能胜任工作，经过调整工作岗位仍不能胜任的，用人单位也不得解除劳动合同。本案中，依据劳动法的规定，女职工在孕期，用人单位不能以不胜任工作为由解除合同。那么，尽管万某被解除合同时没有发现自己已怀孕，但只要事后有充分证据证明其怀孕是在解除合同之前，服装厂解除合同的决定就不符合法律规定。服装厂应核实万某是否在解除劳动合同前怀孕，如情况属实，就应撤销解除劳动合同决定，恢复双方的劳动关系。

【法律指引】

中华人民共和国劳动法

第二十六条 有下列情形之一的，用人单位可以解除劳动合同，但是应当提前三十日以书面形式通知劳动者本人：

（一）劳动者患病或者非因工负伤，医疗期满后，不能从事原工作也不能从事由用人单位另行安排的工作的；

（二）劳动者不能胜任工作，经过培训或者调整工作岗位，仍不能胜任工作的。

（三）劳动合同订立时所依据的客观情况发生重大变化，致使原劳动合同无法履行，经当事人协商不能就变更劳动合同达成协议的。用人单位依据本条规定裁减人员，在六个月内录用人员的，应当优先录用被裁减的人员。

第二十九条　劳动者有下列情形之一的，用人单位不得依据本法第二十六条、第二十七条的规定解除劳动合同：

（一）患职业病或者因工负伤并被确认丧失或者部分丧失劳动能力的；

（二）患病或者负伤，在规定的医疗期内的；

（三）女职工在孕期、产期、哺乳期内的；

（四）法律、行政法规规定的其他情形。

中华人民共和国劳动合同法

第四十二条　劳动者有下列情形之一的，用人单位不得依照本法第四十条、第四十一条的规定解除劳动合同：

（一）从事接触职业病危害作业的劳动者未进行离岗前职业健康检查，或者疑似职业病病人在诊断或者医学观察期间的；

（二）在本单位患职业病或者因工负伤并被确认丧失或者部分丧失劳动能力的；

（三）患病或者非因工负伤，在规定的医疗期内的；

（四）女职工在孕期、产期、哺乳期的；

（五）在本单位连续工作满十五年，且距法定退休年龄不足五年的；

（六）法律、行政法规规定的其他情形。

7. 怀孕女职工在劳动时间内进行产前检查，所需时间计入劳动时间吗？

【维权要点】

产前检查，是怀孕女职工随着孕周的变化，需要接受的各项例行检查。考虑到怀孕女职工定期产检可能影响正常的劳动时间，进而可能导致工资待遇、劳动关系的稳定等合法权益事项受到侵害，法律赋予女职工产检期间以特别保护。《女职工劳动保护特别规定》第6条第3款规定："怀孕女职工在劳动时间内进行产前检查，所需时间计入劳动时间。"即女职工产检期间虽未向用人单位提供劳动，但用人单位应当按照正常工资标准向女职工发放产检期间的工资，即女职工产前检查应按出勤对待，不能按病假、事假、旷工处理；对在生产一线的女职工，要相应地减少生产定额，以保证产前检查时间。

【典型案例】

林某是甲公司下辖门市店面的收银员，怀孕后因为定期要到医院进行产前检查，林某每隔一段时间就要向公司请一次假。后林某发现，每月打到其工资卡中的工资数额比以往减少了近1000元，林某向公司财务部门咨询后发现，其产检期间均按照病假处理，工资亦相应地按照病假工资发放。因其病假天数超过公司规定，故每月工资组成中的奖金予以扣发。林某向公司领导反映此事，却被告知公司长期以来执行该薪酬制度，若不服从公司制度管理，公司有权将其辞退。林某经过考虑，以要求甲公司支付工资差额为由向当地劳动争议仲裁委员会申请仲裁。仲裁裁决甲公司应当按照林某的工资标准补足工资差额，甲公司不服该裁决结果，诉请人民法院要求判决无须支付工资差额。庭审中，甲公司主张，林某在产检期间并未提供劳动，公司按照病假工资标准向其支付，已属于优待怀孕女职工，且扣发奖金亦有公司制度支持，故无须向林某支付工资差额。人民法院经审理认为，怀孕女职工在劳动时间内进行产前检查，所需时间计入劳动时间。甲公司将林某的产检期间视为病假期间，仅发放病假工资并比照病假待遇相应地扣发工资，没有法律依据，因此应当向林某补足相应的工资差额。

【法官讲法】

本案中，甲公司将林某的产检时间视为病假，按病假标准发放工资，并参照病假待遇扣发林某奖金的行为是违反法律法规中对"三期"女职工劳动权益特殊保护的，故应当按照林某的正常工资标准予以补足。

需要提醒的是，随着企业管理规定的逐步完善成熟，女职工在进行产前检查时还应按照企业的考勤管理规定，履行必要的请假手续，并注意留存相关诊疗记录，避免因为程序和证据问题，影响自己孕期合法劳动权益的维护。

【法条指引】

女职工劳动保护特别规定

第六条　女职工在孕期不能适应原劳动的，用人单位应当根据医疗机构的证明，予以减轻劳动量或者安排其他能够适应的劳动。

对怀孕 7 个月以上的女职工，用人单位不得延长劳动时间或者安排夜班劳动，并应当在劳动时间内安排一定的休息时间。

怀孕女职工在劳动时间内进行产前检查，所需时间计入劳动时间。

8. 女职工产假期间工资待遇怎么算？

【维权要点】

女职工生育享受 98 天产假，其中产前可以休假 15 天；难产的，增加产假 15 天；生育多胞胎的，每多生育 1 个婴儿，增加产假 15 天。女职工怀孕未满 4 个月流产的，享受 15 天产假；怀孕满 4 个月流产的，享受 42 天产假。女职工产假期间的生育津贴，对已经参加生育保险的，按照用人单位上年度职工月平均工资的标准由生育保险基金支付；对未参加生育保险的，按照女职工产假前工资的标准由用人单位支付。

【典型案例】

女青年彭某在某外资企业工作，2017 年 12 月，彭某在计划生育政策内怀孕。2018 年 4 月，彭某在上班途中不慎跌倒，造成怀孕 5 个多月的胎儿流产。彭某报告了单位希望能批准自己休 1 个月的产假。但单位答复按照企业规定，女工流产最长只能请假 20 天，并且这期间只能享受病假工资待遇，即最低工资标准的 80%。彭某感到不理解。

【法官讲法】

本案中，外资企业在对待女职工流产方面存在两个问题：一是产假天数的问题；二是产假期间工资待遇问题。《女职工劳动保护特别规定》第 7 条第 2 款明确规定："女职工怀孕未满 4 个月流产的，享受 15 天产假；怀孕满 4 个月流产的，享受 42 天产假。"彭某怀孕 5 个月流产，按规定可以享受 42 天的产假。但是某外资企业按照所谓"企业规定"只允许彭某休假 20 天，这就侵犯了她的合法权益。关于产期工资待遇问题，《女职工劳动保护特别规定》第 5 条指出："用人单位不得因女职工怀孕、生育、哺乳降低其工资、予以辞退、与其解除劳动或者聘用合同。"因此，某外资企业按病假工资支付彭某的产假待遇，也违反了上述法律规定。

【法条指引】

女职工劳动保护特别规定

第七条 女职工生育享受 98 天产假，其中产前可以休假 15 天；难产的，增加产假 15 天；生育多胞胎的，每多生育 1 个婴儿，增加产假 15 天。

女职工怀孕未满 4 个月流产的，享受 15 天产假；怀孕满 4 个月流产的，享受 42 天产假。

第八条第一款 女职工产假期间的生育津贴，对已经参加生育保险的，按照用人单位上年度职工月平均工资的标准由生育保险基金支付；对未参加生育保险的，按照女职工产假前工资的标准由用人单位支付。

9. 女性农民工能否享受生育保险？

【维权要点】

生育保险是通过国家立法规定，在劳动者因生育子女而导致劳动力暂时中断时，由国家和社会及时给予物质帮助的一项社会保险制度。我国生育保险待遇主要包括两项：一是生育津贴，用于保障女职工产假期间的基本生活需要；二是生育医疗待遇，用于保障女职工怀孕、分娩期间等基本医疗保健需要。生育保险适用于我国境内一切国家机关、人民团体、企业、事业单位的女职工。

【典型案例】

卢某是农村户口，在广东某市一家公司打工。该市已经实行生育保险统筹，但卢某所在的公司却以卢某户口不在本市为由不为其缴纳生育保险费。并提出根据相关文件规定，只有具有该市户口的人才能享受生育保险待遇。卢某因为户口不在该市，就被排除在生育保险范围之外。对此，卢某向劳动行政部门反映，要求相关部门纠正该公司的违法行为。

【法官讲法】

我国劳动法第70条规定："国家发展社会保险事业，建立社会保险制度，设立社会保险基金，使劳动者在年老、患病、工伤、失业、生育等情况下获得帮助和补偿。"生育保险是通过国家立法规定，在劳动者因生育子女而导致劳动力暂时中断时，由国家和社会及时给予物质帮助的一项社会保险制度。我国生育保险待遇主要包括两项：一是生育津贴，用于保障女职工产假期间的基本生活需要；二是生育医疗待遇，用于保障女职工怀孕、分娩期间等基本医疗保健需要。生育保险适用于我国境内一切国家机关、人民团体、企业、事业单位的女职工。

本案中，卢某所在城市已经实行生育保险统筹，在生育保险的支付上，就应当遵守国家有关规定。《企业职工生育保险试行办法》第2条明确规定："本办法适用于城镇企业及其职工。"这里的"职工"既包括城镇职工，也包括农民工；既包括当地职工，也包括外地务工人员。因此，卢某虽然是外地农村户口，仍有权享受当地的生育保险。该公司以卢某不是本地户口为由不为其缴纳生育保险与上述规定的精神相违背，应当由有关部门依法予以纠正。

【法条指引】

中华人民共和国劳动法

第七十条 国家发展社会保险事业，建立社会保险制度，设立社会保险基金，使劳动者在年老、患病、工伤、失业、生育等情况下获得帮助和补偿。

第六章 农民工的劳动争议处理

1. 劳动争议发生后能否直接向人民法院起诉？

【维权要点】

劳动争议，是指劳动关系双方当事人因实现劳动权利和履行劳动义务而发生的纠纷。劳动争议发生后，当事人双方应通过合法的渠道和方式予以解决。我国的法律、法规、规章均对此作了明确规定。用人单位与劳动者发生劳动争议，当事人可以依法申请调解、仲裁、提起诉讼，也可以协调解决。同时，我国法律法规也规定，仲裁程序是劳动争议处理中的必经程序，一般而言，不经仲裁程序而直接向人民法院起诉，人民法院将不予受理。

【典型案例】

2015 年 1 月，某市化工厂招聘了 50 名农村工人，对其生产的香皂进行手工包装。双方签订了一份书面劳动合同。合同中规定，合同有效期为 2 年，从 2015 年 1 月至 2016 年 12 月，月工资 2200 元。2015 年 6 月，厂里采纳了技术科的建议，决定购买香皂包装机械，实行自动化，这样不仅能够提高工作效率，而且从长远来看还节约资金。2015 年 11 月 25 日，香皂包装机械被运到化工厂开始安装调试。厂里书面通知 50 名雇工，不久香皂机就要投入使用，希望他们能够及时重新寻找工作，双方签订的合同只能履行 1 年，2016 年 1 月全部员工应离开化工厂，厂里对此表示歉意，愿意给每个人 1 个月的工资作为补偿。但有的农民工表示反对，认为既然签订劳动合同，就不能随意解除合同。厂里多次派人与这批人协商也没有达成一致意见。2016 年 1 月，化工厂宣布劳动合同解除。赵某等十几名农民工向人民法院提起诉讼，要求保护他们的合法权益。人民法院认为劳动争议应先行仲裁，便告诉他们先到当地劳动争议仲裁委员会申请仲裁，对仲裁裁决不服的，才可以向法院起诉。

【法官讲法】

首先，本案中，人民法院对于赵某等人起诉的处理是正确的，依据我国劳动法第79条及第83条的规定，仲裁是劳动争议处理的必经程序，只有不服仲裁裁决的，才可以向人民法院起诉。因此，本案属于劳动争议，应当先行仲裁。其次，依据我国劳动法第26条的规定"有下列情形之一的，用人单位可以解除劳动合同，但是应当提前三十日以书面形式通知劳动者本人：（三）劳动合同订立时所依据的客观情况发生重大变化，致使原劳动合同无法履行，经当事人协商不能就变更劳动合同达成协议的"。本案中，合同订立时，化工厂并没有购买香皂包装机械，故与劳动者签订2年期限劳动合同，现化工厂购买机器设备，使得化工厂需人工包装的情况不存在了，属于"劳动合同订立时所依据的客观情况发生重大变化"。为此厂里也及时作了书面通知，并和农民工多次进行协商，在未能达成一致意见的情况下，化工厂是可以解除劳动合同的。但劳动合同的解除，显然是化工厂的原因，因此应当给予工人解除劳动合同经济补偿金。

【法条指引】

中华人民共和国劳动法

第二十六条　有下列情形之一的，用人单位可以解除劳动合同，但是应当提前三十日以书面形式通知劳动者本人：

（一）劳动者患病或者非因工负伤，医疗期满后，不能从事原工作也不能从事由用人单位另行安排的工作的；

（二）劳动者不能胜任工作，经过培训或者调整工作岗位，仍不能胜任工作的；

（三）劳动合同订立时所依据的客观情况发生重大变化，致使原劳动合同无法履行，经当事人协商不能就变更劳动合同达成协议的。

第七十九条　劳动争议发生后，当事人可以向本单位劳动争议调解委员会申请调解；调解不成，当事人一方要求仲裁的，可以向劳动争议仲裁委员会申请仲裁。当事人一方也可以直接向劳动争议仲裁委员会申请仲裁。对仲裁裁决不服的，可以向人民法院提起诉讼。

2. 仲裁委员会已经作出裁决的劳动争议案件，人民法院能否就时效问题再进行审查？

【维权要点】

劳动争议的仲裁为诉讼的前置程序，但这并不意味着劳动争议的仲裁具有排斥司法裁判的效力。对于仲裁委已经作出裁决的案件，是否要进行时效问题审查需要区别对待，应该分情况予以处理。

【典型案例】

王某原系某乙单位职工。双方于 2017 年 12 月 28 日解除劳动关系。解除劳动关系时某乙单位支付给王某工资 3000 元，未支付经济补偿金。王某于 2019 年 5 月 30 日向劳动争议仲裁委员会申请仲裁，要求给付经济补偿金、双休日加班工资等。仲裁期间，某乙单位提出王某申请仲裁时效已过。劳动争议仲裁委员会于 2019 年 9 月 9 日作出仲裁，裁决由某乙公司按照规定支付王某经济补偿金、双休日加班工资等，对某乙公司提出的仲裁时效未予处理。某乙公司以仲裁申请期限已过为由，不服仲裁裁决起诉至人民法院。

【法官讲法】

该案中双方的争议焦点为申请劳动仲裁是否已过仲裁时效。对当事人提出的劳动仲裁时效的问题到底应该如何处理？笔者认为，对于此种情况应予审查处理。但是并不认为所有情况下人民法院都要对仲裁时效问题进行审查、处理。应该分情况予以处理，不应采取"一刀切"的方式。一是对于当事人在仲裁阶段及诉讼阶段都未提出对仲裁时效的审查问题，人民法院不予审查。2008 年《最高人民法院关于审理民事案件适用诉讼时效制度若干问题的规定》第 3 条规定：当事人未提出诉讼时效抗辩，人民法院不应对诉讼时效问题进行释明及主动适用诉讼时效的规定进行裁判。二是对劳动者申请仲裁，单位以诉讼时效进行抗辩，仲裁机构未予审查，且作出实体仲裁裁决的；在诉讼阶段当事人再次要求对仲裁时效进行审查的，人民法院应予审查。因为仲裁机构对于当事人已经提出的抗辩请求不予审查是不当的，这样无视当事人的诉讼权利，不利于对当事人权利的平等保护。而且当事人并没有消极地行使自己的权利，在诉讼阶段再次提出此项请求，人民法院就应本着保护当事人的诉讼权利的原则，依法进行审理。本案就是这样的情形，双方于 2017 年 12 月 28 日解除劳动关系。某甲于 2019 年 5 月 30 日向劳动争议仲裁委员会申请劳动仲裁，仲裁期间虽然单位提出了仲裁时效已过，但是仲裁委员会并未对此作出处理。这时人民法院就应对此问题进行审查。

人民法院审查后，对此问题的处理又分两种情况：其一是仲裁时效已过且仲裁机构对实体作出仲裁裁决的。对此类案件，人民法院应查明如确实超过仲裁时效，且劳动者没有证据证明存在时效中断、中止情形的，应以劳动者超过仲裁时效为由判决某单位无须支付相关费用。本案从 2017 年 12 月 28 日双方解除劳动关系，至 2019 年 5 月 30 日申请仲裁，已经明显超过 1 年仲裁时效期间，劳动者亦未提交证据证明期间存在中止、中断情形。其二是法律规定的期限已过，但存在不可抗力或者其他正当理由导致诉讼时效中止、中断的，人民法院审查后应认定未过仲裁时效，从实体上进行处理。

【法条指引】

中华人民共和国劳动争议调解仲裁法

第二十七条　劳动争议申请仲裁的时效期间为一年。仲裁时效期间从当事人知道或者应当知道其权利被侵害之日起计算。

前款规定的仲裁时效，因当事人一方向对方当事人主张权利，或者向有关部门请求权利救济，或者对方当事人同意履行义务而中断。从中断时起，仲裁时效期间重新计算。

因不可抗力或者有其他正当理由，当事人不能在本条第一款规定的仲裁时效期间申请仲裁的，仲裁时效中止。从中止时效的原因消除之日起，仲裁时效期间继续计算。

劳动关系存续期间因拖欠劳动报酬发生争议的，劳动者申请仲裁不受本条第一款规定的仲裁时效期间的限制；但是，劳动关系终止的，应当自劳动关系终止之日起一年内提出。

3. 劳动争议仲裁裁决生效后，一方当事人不履行的应当如何处理？

【维权要点】

劳动争议当事人对仲裁裁决不服的，可以自收到仲裁裁决书起 15 日内向人民法院提起诉讼。一方当事人在法定期限内不起诉又不履行仲裁裁决的，另一方当事人可以申请人民法院强制执行。

【典型案例】

农民工梁某于 2017 年 10 月与某企业签订了劳动合同，到该企业工作。由于该企业未按合同的约定期限结算梁某的工资。梁某在向企业多次交涉未果的情况下，向当地劳动争议仲裁委员会申请仲裁。当地劳动争议仲裁委员会在经多次调解未果的情况下，作出仲裁裁决：由某企业按照劳动合同的约定支付梁某的工资。某企业在法定期限内未提起诉讼，也未履行当地劳动争议仲裁委员会作出的仲裁裁决。2018 年 3 月，梁某向当地人民法院申请强制执行仲裁裁决。

【法官讲法】

根据我国法律规定，劳动争议当事人对仲裁裁决不服的，可以自收到仲裁裁决书之日起 15 日内向人民法院提起诉讼。一方当事人在法定期限内不起诉又不履行仲裁裁决的，另一方当事人可以申请人民法院强制执行。民事诉讼法第 244 条第 1 款规定：对依法设立的仲裁机构的裁决，一方当事人不履行的，对方当事人可以向有管辖权的人民法院申请执行。本案中，梁某与某外资企业之间的劳动争议已经劳动争议仲裁委员会作出仲裁裁决，该仲裁裁决事实清楚，适用法律正确，在实体和程序上均没有错误，人民法院应当依梁某的申请予以强制执行。

【法条指引】

中华人民共和国劳动法

第八十三条 劳动争议当事人对仲裁裁决不服的，可以自收到仲裁裁决书之日起十五日内向人民法院提起诉讼。一方当事人在法定期限内不起诉又不履行仲裁裁决的，另一方当事人可以申请人民法院强制执行。

中华人民共和国民事诉讼法

第二百四十四条第一款　对依法设立的仲裁机构的裁决，一方当事人不履行的，对方当事人可以向有管辖权的人民法院申请执行。受申请的人民法院应当执行。

4. 在诉讼过程中，用人单位能否变更对劳动者的处理决定？

【维权要点】

诉讼过程中，人民法院要对仲裁裁决所依据的事实和理由进行审查，在此期间，不能随意变更审理的内容，使用人单位提出的新的事实和理由未经仲裁裁决就进入诉讼程序。

【典型案例】

农民工陈某于 2017 年 11 月与某公司签订了为期 2 年的劳动合同。2018 年 3 月，陈某结婚。2019 年 11 月，双方的劳动合同届满，某公司通知陈某，劳动合同不再续延。陈某向公司提交了医院出具的诊断证明，证实自己已经怀孕，按照劳动法的规定，公司不能终止与自己的劳动合同。某公司对此未予理会，强行解除了与陈某的劳动合同，陈某的工作岗位被他人接替，并停发了陈某的工资。2019 年 12 月，陈某向当地劳动争议仲裁委员会申请仲裁。劳动争议仲裁委员会经审理后裁决：某公司终止与陈某的劳动合同的行为违法，劳动合同的效力顺延至陈某的哺乳期满为止。某公司对仲裁裁决不服，向人民法院起诉。在起诉书中，某公司称：陈某在工作期间经常迟到早退，不能按时完成公司安排的工作任务，并与公司负责人多次发生争执，严重违反了公司的规章制度，请求依法解除与陈某的劳动合同。

【法官讲法】

本案中，陈某与某公司劳动合同届满时，陈某正在怀孕期间，按照劳动合同法第 45 条的规定，双方的劳动合同不能终止。这时，双方不需要订立新的劳动合同，原劳动合同的效力自动顺延至哺乳期满。某公司坚持终止与陈某的劳动合同的做法违反法律规定。在劳动合同的存续期间，女职工虽然享有劳动法规定的各项权利，同时也应当遵守用人单位的劳动纪律和规章制度。如果陈某具有某公司所说的劳动法第25条规定的严重违反劳动纪律和用人单位规章制度的行为，在她怀孕期间，某公司也有权终止期限届满的劳动合同。那么本案的焦点在于，该公司究竟是因何种事由终止与陈某的劳动合同的？

从本案情况来看，双方因陈某怀孕期间，劳动合同期限届满，某公司坚持终止合同而发生争议。该争议经仲裁裁决，某公司终止劳动合同的行为无效后，某公司在向人民法院起诉时提出了新的解除劳动合同的理由，即陈某在工作期间严重违反公司的规章制度，依法应解除劳动合同。这相当于某公司对陈某以新的理由作出了一个新的处理决定。该决定未经劳动者提出异议和劳动争议仲裁机构裁决，就直接进入了诉讼程序，违反了劳动法关于仲裁为诉讼前置程序的规定。诉讼过程中，人民法院要对仲裁裁决所依据的事实和理由进行审查，在此期间，不能随意变更审理的内容，使用人单位提出的新的事实和理由未经仲裁裁决就进入诉讼程序。某公司基于新的理由对陈某作出的解除劳动合同的决定，是一个新的决定，该决定在第一个处理决定（终止到期的劳动合同）的法律效力尚未确定的情况下，没有法律效力，对陈某没有约束力。所以，本案中，人民法院仍应对该公司的前一个处理决定进行审查。在前一个处理决定的法律效力确定，劳动争议得到解决之后，用人单位可以依据新的理由对陈某重新作出处理决定。陈某对处理决定不服，可以向劳动争议仲裁委员会申请仲裁。一方当事人对仲裁裁决不服的，可以向人民法院提起诉讼。

【法条指引】

中华人民共和国劳动争议调解仲裁法

第五条 发生劳动争议，当事人不愿协商、协商不成或者达成和解协议后不履行的，可以向调解组织申请调解；不愿调解、调解不成或者达成调解协议后不履行的，可以向劳动争议仲裁委员会申请仲裁；对仲裁裁决不服的，除本法另有规定的外，可以向人民法院提起诉讼。

5. 补缴社会保险是否属于人民法院受理劳动争议案件范围?

【维权要点】

社会保险从办理登记、缴费、发放社保费用到监督检查等,依法应当由社会保险行政部门负责和管理。劳动者请求用人单位补办社会保险手续、补缴社会保险费,不是单一的劳动者与用人单位之间的社会保险争议,不属于人民法院受理劳动争议案件的范围。

【典型案例】

宗某于2012年中专毕业后,于2013年1月进入某砂石经营管理站从事财务工作并与用人单位签订了劳动合同。该单位为节约经营成本,一直未为宗某办理基本养老保险参保登记,未缴纳养老保险费。2019年,宗某从该单位离职。考虑到今后无法领取退休金,宗某于2019年11月22日向劳动争议仲裁委员会申请仲裁,要求裁决用人单位给予补办基本养老保险的参保登记,补缴社会保险费。劳动争议仲裁委员会根据相关规定依法裁定不予受理,宗某不服该裁定,诉至人民法院。

【法官讲法】

根据我国劳动法第72条规定,用人单位和劳动者必须依法参加社会保险,缴纳社会保险费。《社会保险费征缴暂行条例》第13条规定:"缴费单位未按规定缴纳和代扣代缴社会保险费的,由劳动保障行政部门或者税务机关责令限期缴纳;逾期仍不缴纳的,除补缴欠缴数额外,从欠缴之日起,按日加收千分之二的滞纳金。滞纳金并入社会保险基金。"第26条规定:"缴费单位逾期拒不缴纳社会保险费、滞纳金的,由劳动保障行政部门或者税务机关申请人民法院依法强制征缴。"社会保险法第58条第1款规定:"用人单位应当自用工之日起三十日内为其职工向社会保险经办机构申请办理社会保险登记。未办理社会保险登记的,由社会保险经办机构核定其应当缴纳的社会保险费。"第63条第1款规定:"用人单位未按时足额缴纳社会保险费的,由社会保险费征收机构责令其限期缴纳或者补足。"

根据上述规定,社会保险从办理登记、费用征缴、社会保险待遇的发放以及监督检查均由社会保险行政部门负责和管理。法律、行政法规已经赋予社会保险行政部门对用人单位为劳动者办理社会保险的专属管理权、监察权和处罚权。因此，用人单位不办理参保登记，欠缴、拒缴社会保险费，或者劳动者因对缴费年限、缴费基数有异议等发生的征收与缴纳之间的纠纷，均属于行政管理的范畴，应当由社会保险行政部门处理，不属于人民法院受理劳动争议案件的范围。

【法条指引】

中华人民共和国社会保险法

第六十三条 用人单位未按时足额缴纳社会保险费的，由社会保险费征收机构责令其限期缴纳或者补足。

用人单位逾期仍未缴纳或者补足社会保险费的，社会保险费征收机构可以向银行和其他金融机构查询其存款账户；并可以申请县级以上有关行政部门作出划拨社会保险费的决定，书面通知其开户银行或者其他金融机构划拨社会保险费。用人单位账户余额少于应当缴纳的社会保险费的，社会保险费征收机构可以要求该用人单位提供担保，签订延期缴费协议。

用人单位未足额缴纳社会保险费且未提供担保的，社会保险费征收机构可以申请人民法院扣押、查封、拍卖其价值相当于应当缴纳社会保险费的财产，以拍卖所得抵缴社会保险费。

最高人民法院关于审理劳动争议案件适用法律问题的解释（一）

第二条 下列纠纷不属于劳动争议：

（一）劳动者请求社会保险经办机构发放社会保险金的纠纷；

（二）劳动者与用人单位因住房制度改革产生的公有住房转让纠纷；

（三）劳动者对劳动能力鉴定委员会的伤残等级鉴定结论或者对职业病诊断鉴定委员会的职业病诊断鉴定结论的异议纠纷；

（四）家庭或者个人与家政服务人员之间的纠纷；

（五）个体工匠与帮工、学徒之间的纠纷；

（六）农村承包经营户与受雇人之间的纠纷。

6. 用人单位不按约定返还工作押金，应当如何处理？

【维权要点】

用人单位违反劳动法相关规定，以担保或者其他名义向劳动者收取财物的，由劳动行政部门责令限期退还劳动者本人，并可处以罚款；给劳动者造成损害的，应当承担赔偿责任。

【典型案例】

农民工杨某于 2016 年 8 月到某旅游公司应聘担任导游。该公司提出：到该公司担任导游，必须先缴纳公司规定的工作抵押金。杨某为尽快找到工作，便向单位缴纳了 3000 元工作抵押金。双方签订了劳动合同，并在劳动合同中约定：该抵押金在杨某离开该旅游公司半年后返还给杨某。2016 年 11 月，杨某向该旅游公司提出辞职申请，经公司同意，双方解除了劳动合同关系。2017 年 5 月，杨某要求该旅游公司返还当初缴纳的工作抵押金，但公司以种种理由拖延返还。2017 年 6 月，杨某向当地劳动行政部门反映该旅游公司违规收取其工作抵押金且拒绝返还的情况，劳动行政部门根据相关规定对该公司予以处罚并责令其限期改正。

【法官讲法】

我国劳动合同法第 9 条规定："用人单位招用劳动者，不得扣押劳动者的居民身份证或者其他证件，不得要求劳动者提供担保或者以其他名义向劳动者收取财物。"第 84 条第 2 款规定："用人单位违反本法规定，以担保或者其他名义向劳动者收取财物的，由劳动行政部门责令限期退还劳动者本人，按每人五百元以上二千元以下的标准处以罚款；给劳动者造成损害的，应当承担赔偿责任。"本案中，某旅游公司在与杨某签订的劳动合同中关于工作抵押金的约定违反了法律规定，没有法律效力。劳动行政部门根据相关规定责令某旅游公司限期返还杨某 3000 元的工作押金，并对其处以 500 元以上 2000 元以下罚款。

【法条指引】

中华人民共和国劳动合同法

第九条　用人单位招用劳动者，不得扣押劳动者的居民身份证和其他证件，不得要求劳动者提供担保或者以其他名义向劳动者收取财物。

第八十四条 用人单位违反本法规定，扣押劳动者居民身份证等证件的，由劳动行政部门责令限期退还劳动者本人，并依照有关法律规定给予处罚。

用人单位违反本法规定，以担保或者其他名义向劳动者收取财物的，由劳动行政部门责令限期退还劳动者本人，并以每人五百元以上二千元以下的标准处以罚款；给劳动者造成损害的，应当承担赔偿责任。

劳动者依法解除或者终止劳动合同，用人单位扣押劳动者档案或者其他物品的，依照前款规定处罚。

7. 劳动行政部门不履行保护人身权、财产权法定职责，农民工可否提起行政诉讼？

【维权要点】

行政诉讼，是指公民、法人或其他组织认为作为行政主体的行政机关或法律授权的组织所实施的具体行政行为侵犯其合法权益，依法向人民法院起诉，人民法院对被诉行为的合法性进行审查，并依法作出裁决的活动。在劳动法律关系中，也涉及劳动行政关系，也会发生行政诉讼。保护劳动者的人身权和财产权，是行政机关的职责，当农民工的人身健康权、劳动安全权受到威胁和侵犯时，有权申请劳动行政机关履行支付工伤保险金等社保待遇的法定职责，劳动行政机关拒绝履行或不予答复的，农民工可以提起行政诉讼。

【典型案例】

郭某是某建材厂的合同制农民工，他认为建材厂有违反劳动法律法规，停发及乱扣其工资的行为，向某县劳动局递交书面申请，请求劳动局给予解决。但是，两个多月过去了，劳动局对郭某的申请不予答复。郭某遂以县劳动局不履行保护劳动者人身权、财产权的法定职责为由，向县人民法院提起行政诉讼，请求责令劳动局履行其法定职责。被告某县劳动局则辩称，被告已将原告的申请作为人民来信转交其他部门处理，依法履行了自己的法定职责，因而原告的起诉不成立。县人民法院经审理查明，原告写了一份反映其所在建材厂有违反劳动法律法规的行为，要求县劳动局依法调查处理的申请，县劳动局局长孙某在此信上批示："将此文转交相关部门处理。"事后,既未对申请信中所反映的问题进行监督检查,也未向郭某本人作出答复。县人民法院据此判决,责成被告某县劳动局依法对某建材厂违反劳动法律法规的情况进行监督检查,并在两个月内对原告郭某本人作出书面答复。宣判后,原告、被告均未提出上诉。

【法官讲法】

我国劳动法第88条第2款规定:"任何组织和个人对于违反劳动法律、法规的行为有权检举和控告。"原告郭某认为建材厂违反劳动法律、法规,侵害了自己的合法权益,写信要求查处,是行使公民的正当权利。劳动法第9条第2款规定:"县级以上地方人民政府劳动行政部门主管本行政区域内的劳动工作。"被告某县劳动局是某县行政区劳动工作的主管部门,郭某就劳动工作方面的问题向其投诉,是适当的。劳动法第85条规定:"县级以上各级人民政府劳动行政部门依法对用人单位遵守劳动法律、法规的情况进行监督检查,对违反劳动法律、法规的行为有权制止,并责令改正。"第86条规定了劳动行政部门执行监督检查公务权力,第12章规定劳动行政部门对用人单位违反劳动法律、法规的行为进行处理的各种权限。这些规定说明,某县劳动局有责任、也有权力对用人单位遵守劳动法律、法规的情况进行监督、检查和处理。劳动法第87条规定:"县级以上各级人民政府有关部门在各自职责范围内,对用人单位遵守劳动法律、法规的情况进行监督。"县劳动局把要求查处违法行为的来信批转无处理权的其他部门去处理,自己既不履行监督检查的职责,也不向相关部门了解监督的结果如何,并且不给来信人答复,不能认为其已履行了法定职责。否则,法律赋予公民的检举、控告的权利就会形同虚设。县劳动局已经履行法定职责的辩解理由不能成立。

【法条指引】

中华人民共和国劳动法

第八十五条 县级以上各级人民政府劳动行政部门依法对用人单位遵守劳动法律、法规的情况进行监督检查,对违反劳动法律、法规的行为有权制止,并责令改正。

第八十六条　县级以上各级人民政府劳动行政部门监督检查人员执行公务，有权进入用人单位了解执行劳动法律、法规的情况，查阅必要的资料，并对劳动场所进行检查。

县级以上各级人民政府劳动行政部门监督检查人员执行公务，必须出示证件，秉公执法并遵守有关规定。

第八十七条　县级以上各级人民政府有关部门在各自职责范围内，对用人单位遵守劳动法律、法规的情况进行监督。

第八十八条　各级工会依法维护劳动者的合法权益，对用人单位遵守劳动法律、法规的情况进行监督。

任何组织和个人对于违反劳动法律、法规的行为有权检举和控告。

附　　录

中华人民共和国劳动法

（1994 年 7 月 5 日第八届全国人民代表大会常务委员会第八次会议通过　根据 2009 年 8 月 27 日第十一届全国人民代表大会常务委员会第十次会议《关于修改部分法律的决定》第一次修正　根据 2018 年 12 月 29 日第十三届全国人民代表大会常务委员会第七次会议《关于修改〈中华人民共和国劳动法〉等七部法律的决定》第二次修正）

第一章　总　　则

第一条　为了保护劳动者的合法权益，调整劳动关系，建立和维护适应社会主义市场经济的劳动制度，促进经济发展和社会进步，根据宪法，制定本法。

第二条　在中华人民共和国境内的企业、个体经济组织（以下统称用人单位）和与之形成劳动关系的劳动者，适用本法。

国家机关、事业组织、社会团体和与之建立劳动合同关系的劳动者，依照本法执行。

第三条　劳动者享有平等就业和选择职业的权利、取得劳动报酬的权利、休息休假的权利、获得劳动安全卫生保护的权利、接受职业技能培训的权利、享受社会保险和福利的权利、提请劳动争议处理的权利以及法律规定的其他劳动权利。

劳动者应当完成劳动任务，提高职业技能，执行劳动安全卫生规程，遵守劳动纪律和职业道德。

第四条　用人单位应当依法建立和完善规章制度，保障劳动者享有劳动权利和履行劳动义务。

第五条 国家采取各种措施，促进劳动就业，发展职业教育，制定劳动标准，调节社会收入，完善社会保险，协调劳动关系，逐步提高劳动者的生活水平。

第六条 国家提倡劳动者参加社会义务劳动，开展劳动竞赛和合理化建议活动，鼓励和保护劳动者进行科学研究、技术革新和发明创造，表彰和奖励劳动模范和先进工作者。

第七条 劳动者有权依法参加和组织工会。

工会代表和维护劳动者的合法权益，依法独立自主地开展活动。

第八条 劳动者依照法律规定，通过职工大会、职工代表大会或者其他形式，参与民主管理或者就保护劳动者合法权益与用人单位进行平等协商。

第九条 国务院劳动行政部门主管全国劳动工作。

县级以上地方人民政府劳动行政部门主管本行政区域内的劳动工作。

第二章 促进就业

第十条 国家通过促进经济和社会发展，创造就业条件，扩大就业机会。

国家鼓励企业、事业组织、社会团体在法律、行政法规规定的范围内兴办产业或者拓展经营，增加就业。

国家支持劳动者自愿组织起来就业和从事个体经营实现就业。

第十一条 地方各级人民政府应当采取措施，发展多种类型的职业介绍机构，提供就业服务。

第十二条 劳动者就业，不因民族、种族、性别、宗教信仰不同而受歧视。

第十三条 妇女享有与男子平等的就业权利。在录用职工时，除国家规定的不适合妇女的工种或者岗位外，不得以性别为由拒绝录用妇女或者提高对妇女的录用标准。

第十四条 残疾人、少数民族人员、退出现役的军人的就业，法律、法规有特别规定的，从其规定。

第十五条 禁止用人单位招用未满十六周岁的未成年人。

文艺、体育和特种工艺单位招用未满十六周岁的未成年人，必须遵守国家有关规定，并保障其接受义务教育的权利。

第三章　劳动合同和集体合同

第十六条　劳动合同是劳动者与用人单位确立劳动关系、明确双方权利和义务的协议。

建立劳动关系应当订立劳动合同。

第十七条　订立和变更劳动合同，应当遵循平等自愿、协商一致的原则，不得违反法律、行政法规的规定。

劳动合同依法订立即具有法律约束力，当事人必须履行劳动合同规定的义务。

第十八条　下列劳动合同无效：

（一）违反法律、行政法规的劳动合同；

（二）采取欺诈、威胁等手段订立的劳动合同。

无效的劳动合同，从订立的时候起，就没有法律约束力。确认劳动合同部分无效的，如果不影响其余部分的效力，其余部分仍然有效。

劳动合同的无效，由劳动争议仲裁委员会或者人民法院确认。

第十九条　劳动合同应当以书面形式订立，并具备以下条款：

（一）劳动合同期限；

（二）工作内容；

（三）劳动保护和劳动条件；

（四）劳动报酬；

（五）劳动纪律；

（六）劳动合同终止的条件；

（七）违反劳动合同的责任。

劳动合同除前款规定的必备条款外，当事人可以协商约定其他内容。

第二十条　劳动合同的期限分为有固定期限、无固定期限和以完成一定的工作为期限。

劳动者在同一用人单位连续工作满十年以上，当事人双方同意续延劳动合同的，如果劳动者提出订立无固定期限的劳动合同，应当订立无固定期限的劳动合同。

第二十一条　劳动合同可以约定试用期。试用期最长不得超过六个月。

第二十二条　劳动合同当事人可以在劳动合同中约定保守用人单位商业秘密的有关事项。

第二十三条　劳动合同期满或者当事人约定的劳动合同终止条件出现，劳动合同即行终止。

第二十四条　经劳动合同当事人协商一致，劳动合同可以解除。

第二十五条　劳动者有下列情形之一的，用人单位可以解除劳动合同：

（一）在试用期间被证明不符合录用条件的；

（二）严重违反劳动纪律或者用人单位规章制度的；

（三）严重失职，营私舞弊，对用人单位利益造成重大损害的；

（四）被依法追究刑事责任的。

第二十六条　有下列情形之一的，用人单位可以解除劳动合同，但是应当提前三十日以书面形式通知劳动者本人：

（一）劳动者患病或者非因工负伤，医疗期满后，不能从事原工作也不能从事由用人单位另行安排的工作的；

（二）劳动者不能胜任工作，经过培训或者调整工作岗位，仍不能胜任工作的；

（三）劳动合同订立时所依据的客观情况发生重大变化，致使原劳动合同无法履行，经当事人协商不能就变更劳动合同达成协议的。

第二十七条　用人单位濒临破产进行法定整顿期间或者生产经营状况发生严重困难，确需裁减人员的，应当提前三十日向工会或者全体职工说明情况，听取工会或者职工的意见，经向劳动行政部门报告后，可以裁减人员。

用人单位依据本条规定裁减人员，在六个月内录用人员的，应当优先录用被裁减的人员。

第二十八条　用人单位依据本法第二十四条、第二十六条、第二十七条的规定解除劳动合同的，应当依照国家有关规定给予经济补偿。

第二十九条　劳动者有下列情形之一的，用人单位不得依据本法第二十六条、第二十七条的规定解除劳动合同：

（一）患职业病或者因工负伤并被确认丧失或者部分丧失劳动能力的；

（二）患病或者负伤，在规定的医疗期内的；

（三）女职工在孕期、产期、哺乳期内的；

（四）法律、行政法规规定的其他情形。

第三十条　用人单位解除劳动合同，工会认为不适当的，有权提出意见。如果用人单位违反法律、法规或者劳动合同，工会有权要求重新处理；劳动者申请仲裁或者提起诉讼的，工会应当依法给予支持和帮助。

第三十一条　劳动者解除劳动合同，应当提前三十日以书面形式通知用人单位。

第三十二条　有下列情形之一的，劳动者可以随时通知用人单位解除劳动合同：

（一）在试用期内的；

（二）用人单位以暴力、威胁或者非法限制人身自由的手段强迫劳动的；

（三）用人单位未按照劳动合同约定支付劳动报酬或者提供劳动条件的。

第三十三条　企业职工一方与企业可以就劳动报酬、工作时间、休息休假、劳动安全卫生、保险福利等事项，签订集体合同。集体合同草案应当提交职工代表大会或者全体职工讨论通过。

集体合同由工会代表职工与企业签订；没有建立工会的企业，由职工推举的代表与企业签订。

第三十四条　集体合同签订后应当报送劳动行政部门；劳动行政部门自收到集体合同文本之日起十五日内未提出异议的，集体合同即行生效。

第三十五条　依法签订的集体合同对企业和企业全体职工具有约束力。职工个人与企业订立的劳动合同中劳动条件和劳动报酬等标准不得低于集体合同的规定。

第四章　工作时间和休息休假

第三十六条　国家实行劳动者每日工作时间不超过八小时、平均每周工作时间不超过四十四小时的工时制度。

第三十七条　对实行计件工作的劳动者，用人单位应当根据本法第三十六条规定的工时制度合理确定其劳动定额和计件报酬标准。

第三十八条　用人单位应当保证劳动者每周至少休息一日。

第三十九条 企业因生产特点不能实行本法第三十六条、第三十八条规定的，经劳动行政部门批准，可以实行其他工作和休息办法。

第四十条 用人单位在下列节日期间应当依法安排劳动者休假：

（一）元旦；

（二）春节；

（三）国际劳动节；

（四）国庆节；

（五）法律、法规规定的其他休假节日。

第四十一条 用人单位由于生产经营需要，经与工会和劳动者协商后可以延长工作时间，一般每日不得超过一小时；因特殊原因需要延长工作时间的，在保障劳动者身体健康的条件下延长工作时间每日不得超过三小时，但是每月不得超过三十六小时。

第四十二条 有下列情形之一的，延长工作时间不受本法第四十一条规定的限制：

（一）发生自然灾害、事故或者因其他原因，威胁劳动者生命健康和财产安全，需要紧急处理的；

（二）生产设备、交通运输线路、公共设施发生故障，影响生产和公众利益，必须及时抢修的；

（三）法律、行政法规规定的其他情形。

第四十三条 用人单位不得违反本法规定延长劳动者的工作时间。

第四十四条 有下列情形之一的，用人单位应当按照下列标准支付高于劳动者正常工作时间工资的工资报酬：

（一）安排劳动者延长工作时间的，支付不低于工资的百分之一百五十的工资报酬；

（二）休息日安排劳动者工作又不能安排补休的，支付不低于工资的百分之二百的工资报酬；

（三）法定休假日安排劳动者工作的，支付不低于工资的百分之三百的工资报酬。

第四十五条 国家实行带薪年休假制度。

劳动者连续工作一年以上的，享受带薪年休假。具体办法由国务院规定。

第五章 工 资

第四十六条 工资分配应当遵循按劳分配原则，实行同工同酬。

工资水平在经济发展的基础上逐步提高。国家对工资总量实行宏观调控。

第四十七条 用人单位根据本单位的生产经营特点和经济效益，依法自主确定本单位的工资分配方式和工资水平。

第四十八条 国家实行最低工资保障制度。最低工资的具体标准由省、自治区、直辖市人民政府规定，报国务院备案。

用人单位支付劳动者的工资不得低于当地最低工资标准。

第四十九条 确定和调整最低工资标准应当综合参考下列因素：

（一）劳动者本人及平均赡养人口的最低生活费用；

（二）社会平均工资水平；

（三）劳动生产率；

（四）就业状况；

（五）地区之间经济发展水平的差异。

第五十条 工资应当以货币形式按月支付给劳动者本人。不得克扣或者无故拖欠劳动者的工资。

第五十一条 劳动者在法定休假日和婚丧假期间以及依法参加社会活动期间，用人单位应当依法支付工资。

第六章 劳动安全卫生

第五十二条 用人单位必须建立、健全劳动安全卫生制度，严格执行国家劳动安全卫生规程和标准，对劳动者进行劳动安全卫生教育，防止劳动过程中的事故，减少职业危害。

第五十三条 劳动安全卫生设施必须符合国家规定的标准。

新建、改建、扩建工程的劳动安全卫生设施必须与主体工程同时设计、同时施工、同时投入生产和使用。

第五十四条 用人单位必须为劳动者提供符合国家规定的劳动安全卫生条件和必要的劳动防护用品，对从事有职业危害作业的劳动者应当定期进行健康检查。

第五十五条 从事特种作业的劳动者必须经过专门培训并取得特种作业资格。

第五十六条 劳动者在劳动过程中必须严格遵守安全操作规程。

劳动者对用人单位管理人员违章指挥、强令冒险作业，有权拒绝执行；对危害生命安全和身体健康的行为，有权提出批评、检举和控告。

第五十七条 国家建立伤亡事故和职业病统计报告和处理制度。县级以上各级人民政府劳动行政部门、有关部门和用人单位应当依法对劳动者在劳动过程中发生的伤亡事故和劳动者的职业病状况，进行统计、报告和处理。

第七章　女职工和未成年工特殊保护

第五十八条 国家对女职工和未成年工实行特殊劳动保护。

未成年工是指年满十六周岁未满十八周岁的劳动者。

第五十九条 禁止安排女职工从事矿山井下、国家规定的第四级体力劳动强度的劳动和其他禁忌从事的劳动。

第六十条 不得安排女职工在经期从事高处、低温、冷水作业和国家规定的第三级体力劳动强度的劳动。

第六十一条 不得安排女职工在怀孕期间从事国家规定的第三级体力劳动强度的劳动和孕期禁忌从事的劳动。对怀孕七个月以上的女职工，不得安排其延长工作时间和夜班劳动。

第六十二条 女职工生育享受不少于九十天的产假。

第六十三条 不得安排女职工在哺乳未满一周岁的婴儿期间从事国家规定的第三级体力劳动强度的劳动和哺乳期禁忌从事的其他劳动，不得安排其延长工作时间和夜班劳动。

第六十四条 不得安排未成年工从事矿山井下、有毒有害、国家规定的第四级体力劳动强度的劳动和其他禁忌从事的劳动。

第六十五条 用人单位应当对未成年工定期进行健康检查。

第八章　职业培训

第六十六条 国家通过各种途径，采取各种措施，发展职业培训事业，开发劳动者的职业技能，提高劳动者素质，增强劳动者的就业能力和工作能力。

第六十七条　各级人民政府应当把发展职业培训纳入社会经济发展的规划，鼓励和支持有条件的企业、事业组织、社会团体和个人进行各种形式的职业培训。

第六十八条　用人单位应当建立职业培训制度，按照国家规定提取和使用职业培训经费，根据本单位实际，有计划地对劳动者进行职业培训。

从事技术工种的劳动者，上岗前必须经过培训。

第六十九条　国家确定职业分类，对规定的职业制定职业技能标准，实行职业资格证书制度，由经备案的考核鉴定机构负责对劳动者实施职业技能考核鉴定。

第九章　社会保险和福利

第七十条　国家发展社会保险事业，建立社会保险制度，设立社会保险基金，使劳动者在年老、患病、工伤、失业、生育等情况下获得帮助和补偿。

第七十一条　社会保险水平应当与社会经济发展水平和社会承受能力相适应。

第七十二条　社会保险基金按照保险类型确定资金来源，逐步实行社会统筹。用人单位和劳动者必须依法参加社会保险，缴纳社会保险费。

第七十三条　劳动者在下列情形下，依法享受社会保险待遇：

（一）退休；

（二）患病、负伤；

（三）因工伤残或者患职业病；

（四）失业；

（五）生育。

劳动者死亡后，其遗属依法享受遗属津贴。

劳动者享受社会保险待遇的条件和标准由法律、法规规定。

劳动者享受的社会保险金必须按时足额支付。

第七十四条　社会保险基金经办机构依照法律规定收支、管理和运营社会保险基金，并负有使社会保险基金保值增值的责任。

社会保险基金监督机构依照法律规定，对社会保险基金的收支、管理和运营实施监督。

社会保险基金经办机构和社会保险基金监督机构的设立和职能由法律规定。

任何组织和个人不得挪用社会保险基金。

第七十五条 国家鼓励用人单位根据本单位实际情况为劳动者建立补充保险。

国家提倡劳动者个人进行储蓄性保险。

第七十六条 国家发展社会福利事业，兴建公共福利设施，为劳动者休息、休养和疗养提供条件。

用人单位应当创造条件，改善集体福利，提高劳动者的福利待遇。

第十章　劳动争议

第七十七条 用人单位与劳动者发生劳动争议，当事人可以依法申请调解、仲裁、提起诉讼，也可以协商解决。

调解原则适用于仲裁和诉讼程序。

第七十八条 解决劳动争议，应当根据合法、公正、及时处理的原则，依法维护劳动争议当事人的合法权益。

第七十九条 劳动争议发生后，当事人可以向本单位劳动争议调解委员会申请调解；调解不成，当事人一方要求仲裁的，可以向劳动争议仲裁委员会申请仲裁。当事人一方也可以直接向劳动争议仲裁委员会申请仲裁。对仲裁裁决不服的，可以向人民法院提起诉讼。

第八十条 在用人单位内，可以设立劳动争议调解委员会。劳动争议调解委员会由职工代表、用人单位代表和工会代表组成。劳动争议调解委员会主任由工会代表担任。

劳动争议经调解达成协议的，当事人应当履行。

第八十一条 劳动争议仲裁委员会由劳动行政部门代表、同级工会代表、用人单位方面的代表组成。劳动争议仲裁委员会主任由劳动行政部门代表担任。

第八十二条 提出仲裁要求的一方应当自劳动争议发生之日起六十日内向劳动争议仲裁委员会提出书面申请。仲裁裁决一般应在收到仲裁申请的六十日内作出。对仲裁裁决无异议的，当事人必须履行。

第八十三条　劳动争议当事人对仲裁裁决不服的，可以自收到仲裁裁决书之日起十五日内向人民法院提起诉讼。一方当事人在法定期限内不起诉又不履行仲裁裁决的，另一方当事人可以申请人民法院强制执行。

第八十四条　因签订集体合同发生争议，当事人协商解决不成的，当地人民政府劳动行政部门可以组织有关各方协调处理。

因履行集体合同发生争议，当事人协商解决不成的，可以向劳动争议仲裁委员会申请仲裁；对仲裁裁决不服的，可以自收到仲裁裁决书之日起十五日内向人民法院提起诉讼。

第十一章　监督检查

第八十五条　县级以上各级人民政府劳动行政部门依法对用人单位遵守劳动法律、法规的情况进行监督检查，对违反劳动法律、法规的行为有权制止，并责令改正。

第八十六条　县级以上各级人民政府劳动行政部门监督检查人员执行公务，有权进入用人单位了解执行劳动法律、法规的情况，查阅必要的资料，并对劳动场所进行检查。

县级以上各级人民政府劳动行政部门监督检查人员执行公务，必须出示证件，秉公执法并遵守有关规定。

第八十七条　县级以上各级人民政府有关部门在各自职责范围内，对用人单位遵守劳动法律、法规的情况进行监督。

第八十八条　各级工会依法维护劳动者的合法权益，对用人单位遵守劳动法律、法规的情况进行监督。

任何组织和个人对于违反劳动法律、法规的行为有权检举和控告。

第十二章　法律责任

第八十九条　用人单位制定的劳动规章制度违反法律、法规规定的，由劳动行政部门给予警告，责令改正；对劳动者造成损害的，应当承担赔偿责任。

第九十条　用人单位违反本法规定，延长劳动者工作时间的，由劳动行政部门给予警告，责令改正，并可以处以罚款。

第九十一条　用人单位有下列侵害劳动者合法权益情形之一的，由劳动行政部门责令支付劳动者的工资报酬、经济补偿，并可以责令支付赔偿金：

（一）克扣或者无故拖欠劳动者工资的；

（二）拒不支付劳动者延长工作时间工资报酬的；

（三）低于当地最低工资标准支付劳动者工资的；

（四）解除劳动合同后，未依照本法规定给予劳动者经济补偿的。

第九十二条 用人单位的劳动安全设施和劳动卫生条件不符合国家规定或者未向劳动者提供必要的劳动防护用品和劳动保护设施的，由劳动行政部门或者有关部门责令改正，可以处以罚款；情节严重的，提请县级以上人民政府决定责令停产整顿；对事故隐患不采取措施，致使发生重大事故，造成劳动者生命和财产损失的，对责任人员依照刑法有关规定追究刑事责任。

第九十三条 用人单位强令劳动者违章冒险作业，发生重大伤亡事故，造成严重后果的，对责任人员依法追究刑事责任。

第九十四条 用人单位非法招用未满十六周岁的未成年人的，由劳动行政部门责令改正，处以罚款；情节严重的，由市场监督管理部门吊销营业执照。

第九十五条 用人单位违反本法对女职工和未成年工的保护规定，侵害其合法权益的，由劳动行政部门责令改正，处以罚款；对女职工或者未成年工造成损害的，应当承担赔偿责任。

第九十六条 用人单位有下列行为之一，由公安机关对责任人员处以十五日以下拘留、罚款或者警告；构成犯罪的，对责任人员依法追究刑事责任：

（一）以暴力、威胁或者非法限制人身自由的手段强迫劳动的；

（二）侮辱、体罚、殴打、非法搜查和拘禁劳动者的。

第九十七条 由于用人单位的原因订立的无效合同，对劳动者造成损害的，应当承担赔偿责任。

第九十八条 用人单位违反本法规定的条件解除劳动合同或者故意拖延不订立劳动合同的，由劳动行政部门责令改正；对劳动者造成损害的，应当承担赔偿责任。

第九十九条 用人单位招用尚未解除劳动合同的劳动者，对原用人单位造成经济损失的，该用人单位应当依法承担连带赔偿责任。

第一百条　用人单位无故不缴纳社会保险费的，由劳动行政部门责令其限期缴纳；逾期不缴的，可以加收滞纳金。

第一百零一条　用人单位无理阻挠劳动行政部门、有关部门及其工作人员行使监督检查权，打击报复举报人员的，由劳动行政部门或者有关部门处以罚款；构成犯罪的，对责任人员依法追究刑事责任。

第一百零二条　劳动者违反本法规定的条件解除劳动合同或者违反劳动合同中约定的保密事项，对用人单位造成经济损失的，应当依法承担赔偿责任。

第一百零三条　劳动行政部门或者有关部门的工作人员滥用职权、玩忽职守、徇私舞弊，构成犯罪的，依法追究刑事责任；不构成犯罪的，给予行政处分。

第一百零四条　国家工作人员和社会保险基金经办机构的工作人员挪用社会保险基金，构成犯罪的，依法追究刑事责任。

第一百零五条　违反本法规定侵害劳动者合法权益，其他法律、行政法规已规定处罚的，依照该法律、行政法规的规定处罚。

第十三章　附　　则

第一百零六条　省、自治区、直辖市人民政府根据本法和本地区的实际情况，规定劳动合同制度的实施步骤，报国务院备案。

第一百零七条　本法自 1995 年 1 月 1 日起施行。

中华人民共和国劳动合同法

(2007 年 6 月 29 日第十届全国人民代表大会常务委员会第二十八次会议通过 根据 2012 年 12 月 28 日第十一届全国人民代表大会常务委员会第三十次会议《关于修改〈中华人民共和国劳动合同法〉的决定》修正)

第一章 总 则

第一条 为了完善劳动合同制度，明确劳动合同双方当事人的权利和义务，保护劳动者的合法权益，构建和发展和谐稳定的劳动关系，制定本法。

第二条 中华人民共和国境内的企业、个体经济组织、民办非企业单位等组织（以下称用人单位）与劳动者建立劳动关系，订立、履行、变更、解除或者终止劳动合同，适用本法。

国家机关、事业单位、社会团体和与其建立劳动关系的劳动者，订立、履行、变更、解除或者终止劳动合同，依照本法执行。

第三条 订立劳动合同，应当遵循合法、公平、平等自愿、协商一致、诚实信用的原则。

依法订立的劳动合同具有约束力，用人单位与劳动者应当履行劳动合同约定的义务。

第四条 用人单位应当依法建立和完善劳动规章制度，保障劳动者享有劳动权利、履行劳动义务。

用人单位在制定、修改或者决定有关劳动报酬、工作时间、休息休假、劳动安全卫生、保险福利、职工培训、劳动纪律以及劳动定额管理等直接涉及劳动者切身利益的规章制度或者重大事项时，应当经职工代表大会或者全体职工讨论，提出方案和意见，与工会或者职工代表平等协商确定。

在规章制度和重大事项决定实施过程中，工会或者职工认为不适当的，有权向用人单位提出，通过协商予以修改完善。

用人单位应当将直接涉及劳动者切身利益的规章制度和重大事项决定

公示，或者告知劳动者。

第五条　县级以上人民政府劳动行政部门会同工会和企业方面代表，建立健全协调劳动关系三方机制，共同研究解决有关劳动关系的重大问题。

第六条　工会应当帮助、指导劳动者与用人单位依法订立和履行劳动合同，并与用人单位建立集体协商机制，维护劳动者的合法权益。

第二章　劳动合同的订立

第七条　用人单位自用工之日起即与劳动者建立劳动关系。用人单位应当建立职工名册备查。

第八条　用人单位招用劳动者时，应当如实告知劳动者工作内容、工作条件、工作地点、职业危害、安全生产状况、劳动报酬，以及劳动者要求了解的其他情况；用人单位有权了解劳动者与劳动合同直接相关的基本情况，劳动者应当如实说明。

第九条　用人单位招用劳动者，不得扣押劳动者的居民身份证和其他证件，不得要求劳动者提供担保或者以其他名义向劳动者收取财物。

第十条　建立劳动关系，应当订立书面劳动合同。

已建立劳动关系，未同时订立书面劳动合同的，应当自用工之日起一个月内订立书面劳动合同。

用人单位与劳动者在用工前订立劳动合同的，劳动关系自用工之日起建立。

第十一条　用人单位未在用工的同时订立书面劳动合同，与劳动者约定的劳动报酬不明确的，新招用的劳动者的劳动报酬按照集体合同规定的标准执行；没有集体合同或者集体合同未规定的，实行同工同酬。

第十二条　劳动合同分为固定期限劳动合同、无固定期限劳动合同和以完成一定工作任务为期限的劳动合同。

第十三条　固定期限劳动合同，是指用人单位与劳动者约定合同终止时间的劳动合同。

用人单位与劳动者协商一致，可以订立固定期限劳动合同。

第十四条　无固定期限劳动合同，是指用人单位与劳动者约定无确定终止时间的劳动合同。

用人单位与劳动者协商一致，可以订立无固定期限劳动合同。有下列情形之一，劳动者提出或者同意续订、订立劳动合同的，除劳动者提出订立固定期限劳动合同外，应当订立无固定期限劳动合同：

（一）劳动者在该用人单位连续工作满十年的；

（二）用人单位初次实行劳动合同制度或者国有企业改制重新订立劳动合同时，劳动者在该用人单位连续工作满十年且距法定退休年龄不足十年的；

（三）连续订立二次固定期限劳动合同，且劳动者没有本法第三十九条和第四十条第一项、第二项规定的情形，续订劳动合同的。

用人单位自用工之日起满一年不与劳动者订立书面劳动合同的，视为用人单位与劳动者已订立无固定期限劳动合同。

第十五条　以完成一定工作任务为期限的劳动合同，是指用人单位与劳动者约定以某项工作的完成为合同期限的劳动合同。

用人单位与劳动者协商一致，可以订立以完成一定工作任务为期限的劳动合同。

第十六条　劳动合同由用人单位与劳动者协商一致，并经用人单位与劳动者在劳动合同文本上签字或者盖章生效。

劳动合同文本由用人单位和劳动者各执一份。

第十七条　劳动合同应当具备以下条款：

（一）用人单位的名称、住所和法定代表人或者主要负责人；

（二）劳动者的姓名、住址和居民身份证或者其他有效身份证件号码；

（三）劳动合同期限；

（四）工作内容和工作地点；

（五）工作时间和休息休假；

（六）劳动报酬；

（七）社会保险；

（八）劳动保护、劳动条件和职业危害防护；

（九）法律、法规规定应当纳入劳动合同的其他事项。

劳动合同除前款规定的必备条款外，用人单位与劳动者可以约定试用期、培训、保守秘密、补充保险和福利待遇等其他事项。

第十八条　劳动合同对劳动报酬和劳动条件等标准约定不明确，引发争议的，用人单位与劳动者可以重新协商；协商不成的，适用集体合同规定；没有集体合同或者集体合同未规定劳动报酬的，实行同工同酬；没有集体合同或者集体合同未规定劳动条件等标准的，适用国家有关规定。

第十九条　劳动合同期限三个月以上不满一年的，试用期不得超过一个月；劳动合同期限一年以上不满三年的，试用期不得超过二个月；三年以上固定期限和无固定期限的劳动合同，试用期不得超过六个月。

同一用人单位与同一劳动者只能约定一次试用期。

以完成一定工作任务为期限的劳动合同或者劳动合同期限不满三个月的，不得约定试用期。

试用期包含在劳动合同期限内。劳动合同仅约定试用期的，试用期不成立，该期限为劳动合同期限。

第二十条　劳动者在试用期的工资不得低于本单位相同岗位最低档工资或者劳动合同约定工资的百分之八十，并不得低于用人单位所在地的最低工资标准。

第二十一条　在试用期中，除劳动者有本法第三十九条和第四十条第一项、第二项规定的情形外，用人单位不得解除劳动合同。用人单位在试用期解除劳动合同的，应当向劳动者说明理由。

第二十二条　用人单位为劳动者提供专项培训费用，对其进行专业技术培训的，可以与该劳动者订立协议，约定服务期。

劳动者违反服务期约定的，应当按照约定向用人单位支付违约金。违约金的数额不得超过用人单位提供的培训费用。用人单位要求劳动者支付的违约金不得超过服务期尚未履行部分所应分摊的培训费用。

用人单位与劳动者约定服务期的，不影响按照正常的工资调整机制提高劳动者在服务期期间的劳动报酬。

第二十三条　用人单位与劳动者可以在劳动合同中约定保守用人单位的商业秘密和与知识产权相关的保密事项。

对负有保密义务的劳动者，用人单位可以在劳动合同或者保密协议中与劳动者约定竞业限制条款，并约定在解除或者终止劳动合同后，在竞业限制期限内按月给予劳动者经济补偿。劳动者违反竞业限制约定的，应当按照约定向用人单位支付违约金。

第二十四条　竞业限制的人员限于用人单位的高级管理人员、高级技术人员和其他负有保密义务的人员。竞业限制的范围、地域、期限由用人单位与劳动者约定，竞业限制的约定不得违反法律、法规的规定。

在解除或者终止劳动合同后，前款规定的人员到与本单位生产或者经营同类产品、从事同类业务的有竞争关系的其他用人单位，或者自己开业生产或者经营同类产品、从事同类业务的竞业限制期限，不得超过二年。

第二十五条 除本法第二十二条和第二十三条规定的情形外，用人单位不得与劳动者约定由劳动者承担违约金。

第二十六条 下列劳动合同无效或者部分无效：

（一）以欺诈、胁迫的手段或者乘人之危，使对方在违背真实意思的情况下订立或者变更劳动合同的；

（二）用人单位免除自己的法定责任、排除劳动者权利的；

（三）违反法律、行政法规强制性规定的。

对劳动合同的无效或者部分无效有争议的，由劳动争议仲裁机构或者人民法院确认。

第二十七条 劳动合同部分无效，不影响其他部分效力的，其他部分仍然有效。

第二十八条 劳动合同被确认无效，劳动者已付出劳动的，用人单位应当向劳动者支付劳动报酬。劳动报酬的数额，参照本单位相同或者相近岗位劳动者的劳动报酬确定。

第三章 劳动合同的履行和变更

第二十九条 用人单位与劳动者应当按照劳动合同的约定，全面履行各自的义务。

第三十条 用人单位应当按照劳动合同约定和国家规定，向劳动者及时足额支付劳动报酬。

用人单位拖欠或者未足额支付劳动报酬的，劳动者可以依法向当地人民法院申请支付令，人民法院应当依法发出支付令。

第三十一条 用人单位应当严格执行劳动定额标准，不得强迫或者变相强迫劳动者加班。用人单位安排加班的，应当按照国家有关规定向劳动者支付加班费。

第三十二条 劳动者拒绝用人单位管理人员违章指挥、强令冒险作业的，不视为违反劳动合同。

劳动者对危害生命安全和身体健康的劳动条件，有权对用人单位提出批评、检举和控告。

第三十三条 用人单位变更名称、法定代表人、主要负责人或者投资人等事项，不影响劳动合同的履行。

第三十四条 用人单位发生合并或者分立等情况，原劳动合同继续有效，劳动合同由承继其权利和义务的用人单位继续履行。

第三十五条 用人单位与劳动者协商一致，可以变更劳动合同约定的内容。变更劳动合同，应当采用书面形式。

第四章　劳动合同的解除和终止

第三十六条 用人单位与劳动者协商一致，可以解除劳动合同。

第三十七条 劳动者提前三十日以书面形式通知用人单位，可以解除劳动合同。劳动者在试用期内提前三日通知用人单位，可以解除劳动合同。

第三十八条 用人单位有下列情形之一的，劳动者可以解除劳动合同：

（一）未按照劳动合同约定提供劳动保护或者劳动条件的；

（二）未及时足额支付劳动报酬的；

（三）未依法为劳动者缴纳社会保险费的；

（四）用人单位的规章制度违反法律、法规的规定，损害劳动者权益的；

（五）因本法第二十六条第一款规定的情形致使劳动合同无效的；

（六）法律、行政法规规定劳动者可以解除劳动合同的其他情形。

用人单位以暴力、威胁或者非法限制人身自由的手段强迫劳动者劳动的，或者用人单位违章指挥、强令冒险作业危及劳动者人身安全的，劳动者可以立即解除劳动合同，不需事先告知用人单位。

第三十九条 劳动者有下列情形之一的，用人单位可以解除劳动合同：

（一）在试用期间被证明不符合录用条件的；

（二）严重违反用人单位的规章制度的；

（三）严重失职，营私舞弊，给用人单位造成重大损害的；

（四）劳动者同时与其他用人单位建立劳动关系，对完成本单位的工作任务造成严重影响，或者经用人单位提出，拒不改正的；

（五）因本法第二十六条第一款第一项规定的情形致使劳动合同无效的；

（六）被依法追究刑事责任的。

第四十条 有下列情形之一的，用人单位提前三十日以书面形式通知劳动者本人或者额外支付劳动者一个月工资后，可以解除劳动合同：

（一）劳动者患病或者非因工负伤，在规定的医疗期满后不能从事原工作，也不能从事由用人单位另行安排的工作的；

（二）劳动者不能胜任工作，经过培训或者调整工作岗位，仍不能胜任工作的；

（三）劳动合同订立时所依据的客观情况发生重大变化，致使劳动合同无法履行，经用人单位与劳动者协商，未能就变更劳动合同内容达成协议的。

第四十一条 有下列情形之一，需要裁减人员二十人以上或者裁减不足二十人但占企业职工总数百分之十以上的，用人单位提前三十日向工会或者全体职工说明情况，听取工会或者职工的意见后，裁减人员方案经向劳动行政部门报告，可以裁减人员：

（一）依照企业破产法规定进行重整的；

（二）生产经营发生严重困难的；

（三）企业转产、重大技术革新或者经营方式调整，经变更劳动合同后，仍需裁减人员的；

（四）其他因劳动合同订立时所依据的客观经济情况发生重大变化，致使劳动合同无法履行的。

裁减人员时，应当优先留用下列人员：

（一）与本单位订立较长期限的固定期限劳动合同的；

（二）与本单位订立无固定期限劳动合同的；

（三）家庭无其他就业人员，有需要扶养的老人或者未成年人的。

用人单位依照本条第一款规定裁减人员，在六个月内重新招用人员的，应当通知被裁减的人员，并在同等条件下优先招用被裁减的人员。

第四十二条　劳动者有下列情形之一的，用人单位不得依照本法第四十条、第四十一条的规定解除劳动合同：

（一）从事接触职业病危害作业的劳动者未进行离岗前职业健康检查，或者疑似职业病病人在诊断或者医学观察期间的；

（二）在本单位患职业病或者因工负伤并被确认丧失或者部分丧失劳动能力的；

（三）患病或者非因工负伤，在规定的医疗期内的；

（四）女职工在孕期、产期、哺乳期的；

（五）在本单位连续工作满十五年，且距法定退休年龄不足五年的；

（六）法律、行政法规规定的其他情形。

第四十三条　用人单位单方解除劳动合同，应当事先将理由通知工会。用人单位违反法律、行政法规规定或者劳动合同约定的，工会有权要求用人单位纠正。用人单位应当研究工会的意见，并将处理结果书面通知工会。

第四十四条　有下列情形之一的，劳动合同终止：

（一）劳动合同期满的；

（二）劳动者开始依法享受基本养老保险待遇的；

（三）劳动者死亡，或者被人民法院宣告死亡或者宣告失踪的；

（四）用人单位被依法宣告破产的；

（五）用人单位被吊销营业执照、责令关闭、撤销或者用人单位决定提前解散的；

（六）法律、行政法规规定的其他情形。

第四十五条　劳动合同期满，有本法第四十二条规定情形之一的，劳动合同应当续延至相应的情形消失时终止。但是，本法第四十二条第二项规定丧失或者部分丧失劳动能力劳动者的劳动合同的终止，按照国家有关工伤保险的规定执行。

第四十六条　有下列情形之一的，用人单位应当向劳动者支付经济补偿：

（一）劳动者依照本法第三十八条规定解除劳动合同的；

（二）用人单位依照本法第三十六条规定向劳动者提出解除劳动合同并与劳动者协商一致解除劳动合同的；

（三）用人单位依照本法第四十条规定解除劳动合同的；

（四）用人单位依照本法第四十一条第一款规定解除劳动合同的；

（五）除用人单位维持或者提高劳动合同约定条件续订劳动合同，劳动者不同意续订的情形外，依照本法第四十四条第一项规定终止固定期限劳动合同的；

（六）依照本法第四十四条第四项、第五项规定终止劳动合同的；

（七）法律、行政法规规定的其他情形。

第四十七条 经济补偿按劳动者在本单位工作的年限，每满一年支付一个月工资的标准向劳动者支付。六个月以上不满一年的，按一年计算；不满六个月的，向劳动者支付半个月工资的经济补偿。

劳动者月工资高于用人单位所在直辖市、设区的市级人民政府公布的本地区上年度职工月平均工资三倍的，向其支付经济补偿的标准按职工月平均工资三倍的数额支付，向其支付经济补偿的年限最高不超过十二年。

本条所称月工资是指劳动者在劳动合同解除或者终止前十二个月的平均工资。

第四十八条 用人单位违反本法规定解除或者终止劳动合同，劳动者要求继续履行劳动合同的，用人单位应当继续履行；劳动者不要求继续履行劳动合同或者劳动合同已经不能继续履行的，用人单位应当依照本法第八十七条规定支付赔偿金。

第四十九条 国家采取措施，建立健全劳动者社会保险关系跨地区转移接续制度。

第五十条 用人单位应当在解除或者终止劳动合同时出具解除或者终止劳动合同的证明，并在十五日内为劳动者办理档案和社会保险关系转移手续。

劳动者应当按照双方约定，办理工作交接。用人单位依照本法有关规定应当向劳动者支付经济补偿的，在办结工作交接时支付。

第五章 特别规定

第一节 集体合同

第五十一条 企业职工一方与用人单位通过平等协商，可以就劳动报酬、工作时间、休息休假、劳动安全卫生、保险福利等事项订立集体合同。集体合同草案应当提交职工代表大会或者全体职工讨论通过。

集体合同由工会代表企业职工一方与用人单位订立；尚未建立工会的用人单位，由上级工会指导劳动者推举的代表与用人单位订立。

第五十二条　企业职工一方与用人单位可以订立劳动安全卫生、女职工权益保护、工资调整机制等专项集体合同。

第五十三条　在县级以下区域内，建筑业、采矿业、餐饮服务业等行业可以由工会与企业方面代表订立行业性集体合同，或者订立区域性集体合同。

第五十四条　集体合同订立后，应当报送劳动行政部门；劳动行政部门自收到集体合同文本之日起十五日内未提出异议的，集体合同即行生效。

依法订立的集体合同对用人单位和劳动者具有约束力。行业性、区域性集体合同对当地本行业、本区域的用人单位和劳动者具有约束力。

第五十五条　集体合同中劳动报酬和劳动条件等标准不得低于当地人民政府规定的最低标准；用人单位与劳动者订立的劳动合同中劳动报酬和劳动条件等标准不得低于集体合同规定的标准。

第五十六条　用人单位违反集体合同，侵犯职工劳动权益的，工会可以依法要求用人单位承担责任；因履行集体合同发生争议，经协商解决不成的，工会可以依法申请仲裁、提起诉讼。

第二节　劳务派遣

第五十七条　经营劳务派遣业务应当具备下列条件：

（一）注册资本不得少于人民币二百万元；

（二）有与开展业务相适应的固定的经营场所和设施；

（三）有符合法律、行政法规规定的劳务派遣管理制度；

（四）法律、行政法规规定的其他条件。

经营劳务派遣业务，应当向劳动行政部门依法申请行政许可；经许可的，依法办理相应的公司登记。未经许可，任何单位和个人不得经营劳务派遣业务。

第五十八条　劳务派遣单位是本法所称用人单位，应当履行用人单位对劳动者的义务。劳务派遣单位与被派遣劳动者订立的劳动合同，除应当载明本法第十七条规定的事项外，还应当载明被派遣劳动者的用工单位以及派遣期限、工作岗位等情况。

　　劳务派遣单位应当与被派遣劳动者订立二年以上的固定期限劳动合同，按月支付劳动报酬；被派遣劳动者在无工作期间，劳务派遣单位应当按照所在地人民政府规定的最低工资标准，向其按月支付报酬。

　　第五十九条　劳务派遣单位派遣劳动者应当与接受以劳务派遣形式用工的单位（以下称用工单位）订立劳务派遣协议。劳务派遣协议应当约定派遣岗位和人员数量、派遣期限、劳动报酬和社会保险费的数额与支付方式以及违反协议的责任。

　　用工单位应当根据工作岗位的实际需要与劳务派遣单位确定派遣期限，不得将连续用工期限分割订立数个短期劳务派遣协议。

　　第六十条　劳务派遣单位应当将劳务派遣协议的内容告知被派遣劳动者。

　　劳务派遣单位不得克扣用工单位按照劳务派遣协议支付给被派遣劳动者的劳动报酬。

　　劳务派遣单位和用工单位不得向被派遣劳动者收取费用。

　　第六十一条　劳务派遣单位跨地区派遣劳动者的，被派遣劳动者享有的劳动报酬和劳动条件，按照用工单位所在地的标准执行。

　　第六十二条　用工单位应当履行下列义务：

　　（一）执行国家劳动标准，提供相应的劳动条件和劳动保护；

　　（二）告知被派遣劳动者的工作要求和劳动报酬；

　　（三）支付加班费、绩效奖金，提供与工作岗位相关的福利待遇；

　　（四）对在岗被派遣劳动者进行工作岗位所必需的培训；

　　（五）连续用工的，实行正常的工资调整机制。

　　用工单位不得将被派遣劳动者再派遣到其他用人单位。

　　第六十三条　被派遣劳动者享有与用工单位的劳动者同工同酬的权利。用工单位应当按照同工同酬原则，对被派遣劳动者与本单位同类岗位的劳动者实行相同的劳动报酬分配办法。用工单位无同类岗位劳动者的，参照用工单位所在地相同或者相近岗位劳动者的劳动报酬确定。

　　劳务派遣单位与被派遣劳动者订立的劳动合同和与用工单位订立的劳务派遣协议，载明或者约定的向被派遣劳动者支付的劳动报酬应当符合前款规定。

第六十四条　被派遣劳动者有权在劳务派遣单位或者用工单位依法参加或者组织工会，维护自身的合法权益。

第六十五条　被派遣劳动者可以依照本法第三十六条、第三十八条的规定与劳务派遣单位解除劳动合同。

被派遣劳动者有本法第三十九条和第四十条第一项、第二项规定情形的，用工单位可以将劳动者退回劳务派遣单位，劳务派遣单位依照本法有关规定，可以与劳动者解除劳动合同。

第六十六条　劳动合同用工是我国的企业基本用工形式。劳务派遣用工是补充形式，只能在临时性、辅助性或者替代性的工作岗位上实施。

前款规定的临时性工作岗位是指存续时间不超过六个月的岗位；辅助性工作岗位是指为主营业务岗位提供服务的非主营业务岗位；替代性工作岗位是指用工单位的劳动者因脱产学习、休假等原因无法工作的一定期间内，可以由其他劳动者替代工作的岗位。

用工单位应当严格控制劳务派遣用工数量，不得超过其用工总量的一定比例，具体比例由国务院劳动行政部门规定。

第六十七条　用人单位不得设立劳务派遣单位向本单位或者所属单位派遣劳动者。

第三节　非全日制用工

第六十八条　非全日制用工，是指以小时计酬为主，劳动者在同一用人单位一般平均每日工作时间不超过四小时，每周工作时间累计不超过二十四小时的用工形式。

第六十九条　非全日制用工双方当事人可以订立口头协议。

从事非全日制用工的劳动者可以与一个或者一个以上用人单位订立劳动合同；但是，后订立的劳动合同不得影响先订立的劳动合同的履行。

第七十条　非全日制用工双方当事人不得约定试用期。

第七十一条　非全日制用工双方当事人任何一方都可以随时通知对方终止用工。终止用工，用人单位不向劳动者支付经济补偿。

第七十二条　非全日制用工小时计酬标准不得低于用人单位所在地人民政府规定的最低小时工资标准。

第六章　监督检查

第七十三条　国务院劳动行政部门负责全国劳动合同制度实施的监督管理。

县级以上地方人民政府劳动行政部门负责本行政区域内劳动合同制度实施的监督管理。

县级以上各级人民政府劳动行政部门在劳动合同制度实施的监督管理工作中，应当听取工会、企业方面代表以及有关行业主管部门的意见。

第七十四条　县级以上地方人民政府劳动行政部门依法对下列实施劳动合同制度的情况进行监督检查：

（一）用人单位制定直接涉及劳动者切身利益的规章制度及其执行的情况；

（二）用人单位与劳动者订立和解除劳动合同的情况；

（三）劳务派遣单位和用工单位遵守劳务派遣有关规定的情况；

（四）用人单位遵守国家关于劳动者工作时间和休息休假规定的情况；

（五）用人单位支付劳动合同约定的劳动报酬和执行最低工资标准的情况；

（六）用人单位参加各项社会保险和缴纳社会保险费的情况；

（七）法律、法规规定的其他劳动监察事项。

第七十五条　县级以上地方人民政府劳动行政部门实施监督检查时，有权查阅与劳动合同、集体合同有关的材料，有权对劳动场所进行实地检查，用人单位和劳动者都应当如实提供有关情况和材料。

劳动行政部门的工作人员进行监督检查，应当出示证件，依法行使职权，文明执法。

第七十六条　县级以上人民政府建设、卫生、安全生产监督管理等有关主管部门在各自职责范围内，对用人单位执行劳动合同制度的情况进行监督管理。

第七十七条　劳动者合法权益受到侵害的，有权要求有关部门依法处理，或者依法申请仲裁、提起诉讼。

第七十八条　工会依法维护劳动者的合法权益，对用人单位履行劳动合同、集体合同的情况进行监督。用人单位违反劳动法律、法规和劳动合同、集体合同的，工会有权提出意见或者要求纠正；劳动者申请仲裁、提起诉讼的，工会依法给予支持和帮助。

第七十九条　任何组织或者个人对违反本法的行为都有权举报，县级以上人民政府劳动行政部门应当及时核实、处理，并对举报有功人员给予奖励。

第七章　法律责任

第八十条　用人单位直接涉及劳动者切身利益的规章制度违反法律、法规规定的，由劳动行政部门责令改正，给予警告；给劳动者造成损害的，应当承担赔偿责任。

第八十一条　用人单位提供的劳动合同文本未载明本法规定的劳动合同必备条款或者用人单位未将劳动合同文本交付劳动者的，由劳动行政部门责令改正；给劳动者造成损害的，应当承担赔偿责任。

第八十二条　用人单位自用工之日起超过一个月不满一年未与劳动者订立书面劳动合同的，应当向劳动者每月支付二倍的工资。

用人单位违反本法规定不与劳动者订立无固定期限劳动合同的，自应当订立无固定期限劳动合同之日起向劳动者每月支付二倍的工资。

第八十三条　用人单位违反本法规定与劳动者约定试用期的，由劳动行政部门责令改正；违法约定的试用期已经履行的，由用人单位以劳动者试用期满月工资为标准，按已经履行的超过法定试用期的期间向劳动者支付赔偿金。

第八十四条　用人单位违反本法规定，扣押劳动者居民身份证等证件的，由劳动行政部门责令限期退还劳动者本人，并依照有关法律规定给予处罚。

用人单位违反本法规定，以担保或者其他名义向劳动者收取财物的，由劳动行政部门责令限期退还劳动者本人，并以每人五百元以上二千元以下的标准处以罚款；给劳动者造成损害的，应当承担赔偿责任。

劳动者依法解除或者终止劳动合同，用人单位扣押劳动者档案或者其他物品的，依照前款规定处罚。

第八十五条　用人单位有下列情形之一的，由劳动行政部门责令限期支付劳动报酬、加班费或者经济补偿；劳动报酬低于当地最低工资标准的，应当支付其差额部分；逾期不支付的，责令用人单位按应付金额百分之五十以上百分之一百以下的标准向劳动者加付赔偿金：

（一）未按照劳动合同的约定或者国家规定及时足额支付劳动者劳动报酬的；

（二）低于当地最低工资标准支付劳动者工资的；

（三）安排加班不支付加班费的；

（四）解除或者终止劳动合同，未依照本法规定向劳动者支付经济补偿的。

第八十六条 劳动合同依照本法第二十六条规定被确认无效，给对方造成损害的，有过错的一方应当承担赔偿责任。

第八十七条 用人单位违反本法规定解除或者终止劳动合同的，应当依照本法第四十七条规定的经济补偿标准的二倍向劳动者支付赔偿金。

第八十八条 用人单位有下列情形之一的，依法给予行政处罚；构成犯罪的，依法追究刑事责任；给劳动者造成损害的，应当承担赔偿责任：

（一）以暴力、威胁或者非法限制人身自由的手段强迫劳动的；

（二）违章指挥或者强令冒险作业危及劳动者人身安全的；

（三）侮辱、体罚、殴打、非法搜查或者拘禁劳动者的；

（四）劳动条件恶劣、环境污染严重，给劳动者身心健康造成严重损害的。

第八十九条 用人单位违反本法规定未向劳动者出具解除或者终止劳动合同的书面证明，由劳动行政部门责令改正；给劳动者造成损害的，应当承担赔偿责任。

第九十条 劳动者违反本法规定解除劳动合同，或者违反劳动合同中约定的保密义务或者竞业限制，给用人单位造成损失的，应当承担赔偿责任。

第九十一条 用人单位招用与其他用人单位尚未解除或者终止劳动合同的劳动者，给其他用人单位造成损失的，应当承担连带赔偿责任。

第九十二条 违反本法规定，未经许可，擅自经营劳务派遣业务的，由劳动行政部门责令停止违法行为，没收违法所得，并处违法所得一倍以上五倍以下的罚款；没有违法所得的，可以处五万元以下的罚款。

劳务派遣单位、用工单位违反本法有关劳务派遣规定的，由劳动行政部门责令限期改正；逾期不改正的，以每人五千元以上一万元以下的标准处以罚款，对劳务派遣单位，吊销其劳务派遣业务经营许可证。用工单位给被派遣劳动者造成损害的，劳务派遣单位与用工单位承担连带赔偿责任。

第九十三条 对不具备合法经营资格的用人单位的违法犯罪行为，依法追究法律责任；劳动者已经付出劳动的，该单位或者其出资人应当依照本法有关规定向劳动者支付劳动报酬、经济补偿、赔偿金；给劳动者造成损害的，应当承担赔偿责任。

第九十四条 个人承包经营违反本法规定招用劳动者，给劳动者造成损害的，发包的组织与个人承包经营者承担连带赔偿责任。

第九十五条 劳动行政部门和其他有关主管部门及其工作人员玩忽职守、不履行法定职责，或者违法行使职权，给劳动者或者用人单位造成损害的，应当承担赔偿责任；对直接负责的主管人员和其他直接责任人员，依法给予行政处分；构成犯罪的，依法追究刑事责任。

第八章　附　　则

第九十六条 事业单位与实行聘用制的工作人员订立、履行、变更、解除或者终止劳动合同，法律、行政法规或者国务院另有规定的，依照其规定；未作规定的，依照本法有关规定执行。

第九十七条 本法施行前已依法订立且在本法施行之日存续的劳动合同，继续履行；本法第十四条第二款第三项规定连续订立固定期限劳动合同的次数，自本法施行后续订固定期限劳动合同时开始计算。

本法施行前已建立劳动关系，尚未订立书面劳动合同的，应当自本法施行之日起一个月内订立。

本法施行之日存续的劳动合同在本法施行后解除或者终止，依照本法第四十六条规定应当支付经济补偿的，经济补偿年限自本法施行之日起计算；本法施行前按照当时有关规定，用人单位应当向劳动者支付经济补偿的，按照当时有关规定执行。

第九十八条 本法自 2013 年 7 月 1 日起施行。

中华人民共和国劳动争议调解仲裁法

（2007 年 12 月 29 日第十届全国人民代表大会常务委员会第三十一次会议通过）

第一章　总　　则

第一条　为了公正及时解决劳动争议，保护当事人合法权益，促进劳动关系和谐稳定，制定本法。

第二条　中华人民共和国境内的用人单位与劳动者发生的下列劳动争议，适用本法：

（一）因确认劳动关系发生的争议；

（二）因订立、履行、变更、解除和终止劳动合同发生的争议；

（三）因除名、辞退和辞职、离职发生的争议；

（四）因工作时间、休息休假、社会保险、福利、培训以及劳动保护发生的争议；

（五）因劳动报酬、工伤医疗费、经济补偿或者赔偿金等发生的争议；

（六）法律、法规规定的其他劳动争议。

第三条　解决劳动争议，应当根据事实，遵循合法、公正、及时、着重调解的原则，依法保护当事人的合法权益。

第四条　发生劳动争议，劳动者可以与用人单位协商，也可以请工会或者第三方共同与用人单位协商，达成和解协议。

第五条　发生劳动争议，当事人不愿协商、协商不成或者达成和解协议后不履行的，可以向调解组织申请调解；不愿调解、调解不成或者达成调解协议后不履行的，可以向劳动争议仲裁委员会申请仲裁；对仲裁裁决不服的，除本法另有规定的外，可以向人民法院提起诉讼。

第六条　发生劳动争议，当事人对自己提出的主张，有责任提供证据。与争议事项有关的证据属于用人单位掌握管理的，用人单位应当提供；用人单位不提供的，应当承担不利后果。

第七条　发生劳动争议的劳动者一方在十人以上，并有共同请求的，可以推举代表参加调解、仲裁或者诉讼活动。

　　第八条　县级以上人民政府劳动行政部门会同工会和企业方面代表建立协调劳动关系三方机制，共同研究解决劳动争议的重大问题。

　　第九条　用人单位违反国家规定，拖欠或者未足额支付劳动报酬，或者拖欠工伤医疗费、经济补偿或者赔偿金的，劳动者可以向劳动行政部门投诉，劳动行政部门应当依法处理。

第二章　调　解

　　第十条　发生劳动争议，当事人可以到下列调解组织申请调解：

　　（一）企业劳动争议调解委员会；

　　（二）依法设立的基层人民调解组织；

　　（三）在乡镇、街道设立的具有劳动争议调解职能的组织。

　　企业劳动争议调解委员会由职工代表和企业代表组成。职工代表由工会成员担任或者由全体职工推举产生，企业代表由企业负责人指定。企业劳动争议调解委员会主任由工会成员或者双方推举的人员担任。

　　第十一条　劳动争议调解组织的调解员应当由公道正派、联系群众、热心调解工作，并具有一定法律知识、政策水平和文化水平的成年公民担任。

　　第十二条　当事人申请劳动争议调解可以书面申请，也可以口头申请。口头申请的，调解组织应当当场记录申请人基本情况、申请调解的争议事项、理由和时间。

　　第十三条　调解劳动争议，应当充分听取双方当事人对事实和理由的陈述，耐心疏导，帮助其达成协议。

　　第十四条　经调解达成协议的，应当制作调解协议书。

　　调解协议书由双方当事人签名或者盖章，经调解员签名并加盖调解组织印章后生效，对双方当事人具有约束力，当事人应当履行。

　　自劳动争议调解组织收到调解申请之日起十五日内未达成调解协议的，当事人可以依法申请仲裁。

　　第十五条　达成调解协议后，一方当事人在协议约定期限内不履行调解协议的，另一方当事人可以依法申请仲裁。

　　第十六条　因支付拖欠劳动报酬、工伤医疗费、经济补偿或者赔偿金事项达成调解协议，用人单位在协议约定期限内不履行的，劳动者可以持调解协议书依法向人民法院申请支付令。人民法院应当依法发出支付令。

第三章　仲　裁

第一节　一般规定

第十七条　劳动争议仲裁委员会按照统筹规划、合理布局和适应实际需要的原则设立。省、自治区人民政府可以决定在市、县设立；直辖市人民政府可以决定在区、县设立。直辖市、设区的市也可以设立一个或者若干个劳动争议仲裁委员会。劳动争议仲裁委员会不按行政区划层层设立。

第十八条　国务院劳动行政部门依照本法有关规定制定仲裁规则。省、自治区、直辖市人民政府劳动行政部门对本行政区域的劳动争议仲裁工作进行指导。

第十九条　劳动争议仲裁委员会由劳动行政部门代表、工会代表和企业方面代表组成。劳动争议仲裁委员会组成人员应当是单数。

劳动争议仲裁委员会依法履行下列职责：

（一）聘任、解聘专职或者兼职仲裁员；

（二）受理劳动争议案件；

（三）讨论重大或者疑难的劳动争议案件；

（四）对仲裁活动进行监督。

劳动争议仲裁委员会下设办事机构，负责办理劳动争议仲裁委员会的日常工作。

第二十条　劳动争议仲裁委员会应当设仲裁员名册。

仲裁员应当公道正派并符合下列条件之一：

（一）曾任审判员的；

（二）从事法律研究、教学工作并具有中级以上职称的；

（三）具有法律知识、从事人力资源管理或者工会等专业工作满五年的；

（四）律师执业满三年的。

第二十一条　劳动争议仲裁委员会负责管辖本区域内发生的劳动争议。

劳动争议由劳动合同履行地或者用人单位所在地的劳动争议仲裁委员

会管辖。双方当事人分别向劳动合同履行地和用人单位所在地的劳动争议仲裁委员会申请仲裁的，由劳动合同履行地的劳动争议仲裁委员会管辖。

第二十二条　发生劳动争议的劳动者和用人单位为劳动争议仲裁案件的双方当事人。

劳务派遣单位或者用工单位与劳动者发生劳动争议的，劳务派遣单位和用工单位为共同当事人。

第二十三条　与劳动争议案件的处理结果有利害关系的第三人，可以申请参加仲裁活动或者由劳动争议仲裁委员会通知其参加仲裁活动。

第二十四条　当事人可以委托代理人参加仲裁活动。委托他人参加仲裁活动，应当向劳动争议仲裁委员会提交有委托人签名或者盖章的委托书，委托书应当载明委托事项和权限。

第二十五条　丧失或者部分丧失民事行为能力的劳动者，由其法定代理人代为参加仲裁活动；无法定代理人的，由劳动争议仲裁委员会为其指定代理人。劳动者死亡的，由其近亲属或者代理人参加仲裁活动。

第二十六条　劳动争议仲裁公开进行，但当事人协议不公开进行或者涉及国家秘密、商业秘密和个人隐私的除外。

第二节　申请和受理

第二十七条　劳动争议申请仲裁的时效期间为一年。仲裁时效期间从当事人知道或者应当知道其权利被侵害之日起计算。

前款规定的仲裁时效，因当事人一方向对方当事人主张权利，或者向有关部门请求权利救济，或者对方当事人同意履行义务而中断。从中断时起，仲裁时效期间重新计算。

因不可抗力或者有其他正当理由，当事人不能在本条第一款规定的仲裁时效期间申请仲裁的，仲裁时效中止。从中止时效的原因消除之日起，仲裁时效期间继续计算。

劳动关系存续期间因拖欠劳动报酬发生争议的，劳动者申请仲裁不受本条第一款规定的仲裁时效期间的限制；但是，劳动关系终止的，应当自劳动关系终止之日起一年内提出。

第二十八条　申请人申请仲裁应当提交书面仲裁申请，并按照被申请人人数提交副本。

仲裁申请书应当载明下列事项：

（一）劳动者的姓名、性别、年龄、职业、工作单位和住所，用人单位的名称、住所和法定代表人或者主要负责人的姓名、职务；

（二）仲裁请求和所根据的事实、理由；

（三）证据和证据来源、证人姓名和住所。

书写仲裁申请确有困难的，可以口头申请，由劳动争议仲裁委员会记入笔录，并告知对方当事人。

第二十九条 劳动争议仲裁委员会收到仲裁申请之日起五日内，认为符合受理条件的，应当受理，并通知申请人；认为不符合受理条件的，应当书面通知申请人不予受理，并说明理由。对劳动争议仲裁委员会不予受理或者逾期未作出决定的，申请人可以就该劳动争议事项向人民法院提起诉讼。

第三十条 劳动争议仲裁委员会受理仲裁申请后，应当在五日内将仲裁申请书副本送达被申请人。

被申请人收到仲裁申请书副本后，应当在十日内向劳动争议仲裁委员会提交答辩书。劳动争议仲裁委员会收到答辩书后，应当在五日内将答辩书副本送达申请人。被申请人未提交答辩书的，不影响仲裁程序的进行。

第三节　开庭和裁决

第三十一条 劳动争议仲裁委员会裁决劳动争议案件实行仲裁庭制。仲裁庭由三名仲裁员组成，设首席仲裁员。简单劳动争议案件可以由一名仲裁员独任仲裁。

第三十二条 劳动争议仲裁委员会应当在受理仲裁申请之日起五日内将仲裁庭的组成情况书面通知当事人。

第三十三条 仲裁员有下列情形之一，应当回避，当事人也有权以口头或者书面方式提出回避申请：

（一）是本案当事人或者当事人、代理人的近亲属的；

（二）与本案有利害关系的；

（三）与本案当事人、代理人有其他关系，可能影响公正裁决的；

（四）私自会见当事人、代理人，或者接受当事人、代理人的请客送礼的。

劳动争议仲裁委员会对回避申请应当及时作出决定，并以口头或者书面方式通知当事人。

第三十四条　仲裁员有本法第三十三条第四项规定情形，或者有索贿受贿、徇私舞弊、枉法裁决行为的，应当依法承担法律责任。劳动争议仲裁委员会应当将其解聘。

第三十五条　仲裁庭应当在开庭五日前，将开庭日期、地点书面通知双方当事人。当事人有正当理由的，可以在开庭三日前请求延期开庭。是否延期，由劳动争议仲裁委员会决定。

第三十六条　申请人收到书面通知，无正当理由拒不到庭或者未经仲裁庭同意中途退庭的，可以视为撤回仲裁申请。

被申请人收到书面通知，无正当理由拒不到庭或者未经仲裁庭同意中途退庭的，可以缺席裁决。

第三十七条　仲裁庭对专门性问题认为需要鉴定的，可以交由当事人约定的鉴定机构鉴定；当事人没有约定或者无法达成约定的，由仲裁庭指定的鉴定机构鉴定。

根据当事人的请求或者仲裁庭的要求，鉴定机构应当派鉴定人参加开庭。当事人经仲裁庭许可，可以向鉴定人提问。

第三十八条　当事人在仲裁过程中有权进行质证和辩论。质证和辩论终结时，首席仲裁员或者独任仲裁员应当征询当事人的最后意见。

第三十九条　当事人提供的证据经查证属实的，仲裁庭应当将其作为认定事实的根据。

劳动者无法提供由用人单位掌握管理的与仲裁请求有关的证据，仲裁庭可以要求用人单位在指定期限内提供。用人单位在指定期限内不提供的，应当承担不利后果。

第四十条　仲裁庭应当将开庭情况记入笔录。当事人和其他仲裁参加人认为对自己陈述的记录有遗漏或者差错的，有权申请补正。如果不予补正，应当记录该申请。

笔录由仲裁员、记录人员、当事人和其他仲裁参加人签名或者盖章。

第四十一条　当事人申请劳动争议仲裁后，可以自行和解。达成和解协议的，可以撤回仲裁申请。

第四十二条　仲裁庭在作出裁决前，应当先行调解。

调解达成协议的，仲裁庭应当制作调解书。

调解书应当写明仲裁请求和当事人协议的结果。调解书由仲裁员签名，加盖劳动争议仲裁委员会印章，送达双方当事人。调解书经双方当事人签收后，发生法律效力。

调解不成或者调解书送达前，一方当事人反悔的，仲裁庭应当及时作出裁决。

第四十三条 仲裁庭裁决劳动争议案件，应当自劳动争议仲裁委员会受理仲裁申请之日起四十五日内结束。案情复杂需要延期的，经劳动争议仲裁委员会主任批准，可以延期并书面通知当事人，但是延长期限不得超过十五日。逾期未作出仲裁裁决的，当事人可以就该劳动争议事项向人民法院提起诉讼。

仲裁庭裁决劳动争议案件时，其中一部分事实已经清楚，可以就该部分先行裁决。

第四十四条 仲裁庭对追索劳动报酬、工伤医疗费、经济补偿或者赔偿金的案件，根据当事人的申请，可以裁决先予执行，移送人民法院执行。

仲裁庭裁决先予执行的，应当符合下列条件：

（一）当事人之间权利义务关系明确；

（二）不先予执行将严重影响申请人的生活。

劳动者申请先予执行的，可以不提供担保。

第四十五条 裁决应当按照多数仲裁员的意见作出，少数仲裁员的不同意见应当记入笔录。仲裁庭不能形成多数意见时，裁决应当按照首席仲裁员的意见作出。

第四十六条 裁决书应当载明仲裁请求、争议事实、裁决理由、裁决结果和裁决日期。裁决书由仲裁员签名，加盖劳动争议仲裁委员会印章。对裁决持不同意见的仲裁员，可以签名，也可以不签名。

第四十七条 下列劳动争议，除本法另有规定的外，仲裁裁决为终局裁决，裁决书自作出之日起发生法律效力：

（一）追索劳动报酬、工伤医疗费、经济补偿或者赔偿金，不超过当地月最低工资标准十二个月金额的争议；

（二）因执行国家的劳动标准在工作时间、休息休假、社会保险等方面发生的争议。

第四十八条 劳动者对本法第四十七条规定的仲裁裁决不服的，可以自收到仲裁裁决书之日起十五日内向人民法院提起诉讼。

第四十九条　用人单位有证据证明本法第四十七条规定的仲裁裁决有下列情形之一，可以自收到仲裁裁决书之日起三十日内向劳动争议仲裁委员会所在地的中级人民法院申请撤销裁决：

（一）适用法律、法规确有错误的；

（二）劳动争议仲裁委员会无管辖权的；

（三）违反法定程序的；

（四）裁决所根据的证据是伪造的；

（五）对方当事人隐瞒了足以影响公正裁决的证据的；

（六）仲裁员在仲裁该案时有索贿受贿、徇私舞弊、枉法裁决行为的。

人民法院经组成合议庭审查核实裁决有前款规定情形之一的，应当裁定撤销。

仲裁裁决被人民法院裁定撤销的，当事人可以自收到裁定书之日起十五日内就该劳动争议事项向人民法院提起诉讼。

第五十条　当事人对本法第四十七条规定以外的其他劳动争议案件的仲裁裁决不服的，可以自收到仲裁裁决书之日起十五日内向人民法院提起诉讼；期满不起诉的，裁决书发生法律效力。

第五十一条　当事人对发生法律效力的调解书、裁决书，应当依照规定的期限履行。一方当事人逾期不履行的，另一方当事人可以依照民事诉讼法的有关规定向人民法院申请执行。受理申请的人民法院应当依法执行。

第四章　附　　则

第五十二条　事业单位实行聘用制的工作人员与本单位发生劳动争议的，依照本法执行；法律、行政法规或者国务院另有规定的，依照其规定。

第五十三条　劳动争议仲裁不收费。劳动争议仲裁委员会的经费由财政予以保障。

第五十四条　本法自 2008 年 5 月 1 日起施行。

工伤保险条例

（2003 年 4 月 27 日中华人民共和国国务院令第 375 号公布　根据 2010 年 12 月 20 日《国务院关于修改〈工伤保险条例〉的决定》修订）

第一章　总　则

第一条　为了保障因工作遭受事故伤害或者患职业病的职工获得医疗救治和经济补偿，促进工伤预防和职业康复，分散用人单位的工伤风险，制定本条例。

第二条　中华人民共和国境内的企业、事业单位、社会团体、民办非企业单位、基金会、律师事务所、会计师事务所等组织和有雇工的个体工商户（以下称用人单位）应当依照本条例规定参加工伤保险，为本单位全部职工或者雇工（以下称职工）缴纳工伤保险费。

中华人民共和国境内的企业、事业单位、社会团体、民办非企业单位、基金会、律师事务所、会计师事务所等组织的职工和个体工商户的雇工，均有依照本条例的规定享受工伤保险待遇的权利。

第三条　工伤保险费的征缴按照《社会保险费征缴暂行条例》关于基本养老保险费、基本医疗保险费、失业保险费的征缴规定执行。

第四条　用人单位应当将参加工伤保险的有关情况在本单位内公示。

用人单位和职工应当遵守有关安全生产和职业病防治的法律法规，执行安全卫生规程和标准，预防工伤事故发生，避免和减少职业病危害。

职工发生工伤时，用人单位应当采取措施使工伤职工得到及时救治。

第五条　国务院社会保险行政部门负责全国的工伤保险工作。

县级以上地方各级人民政府社会保险行政部门负责本行政区域内的工伤保险工作。

社会保险行政部门按照国务院有关规定设立的社会保险经办机构（以下称经办机构）具体承办工伤保险事务。

第六条　社会保险行政部门等部门制定工伤保险的政策、标准，应当征求工会组织、用人单位代表的意见。

第二章　工伤保险基金

第七条　工伤保险基金由用人单位缴纳的工伤保险费、工伤保险基金的利息和依法纳入工伤保险基金的其他资金构成。

第八条　工伤保险费根据以支定收、收支平衡的原则，确定费率。

国家根据不同行业的工伤风险程度确定行业的差别费率，并根据工伤保险费使用、工伤发生率等情况在每个行业内确定若干费率档次。行业差别费率及行业内费率档次由国务院社会保险行政部门制定，报国务院批准后公布施行。

统筹地区经办机构根据用人单位工伤保险费使用、工伤发生率等情况，适用所属行业内相应的费率档次确定单位缴费费率。

第九条　国务院社会保险行政部门应当定期了解全国各统筹地区工伤保险基金收支情况，及时提出调整行业差别费率及行业内费率档次的方案，报国务院批准后公布施行。

第十条　用人单位应当按时缴纳工伤保险费。职工个人不缴纳工伤保险费。

用人单位缴纳工伤保险费的数额为本单位职工工资总额乘以单位缴费费率之积。

对难以按照工资总额缴纳工伤保险费的行业，其缴纳工伤保险费的具体方式，由国务院社会保险行政部门规定。

第十一条　工伤保险基金逐步实行省级统筹。

跨地区、生产流动性较大的行业，可以采取相对集中的方式异地参加统筹地区的工伤保险。具体办法由国务院社会保险行政部门会同有关行业的主管部门制定。

第十二条　工伤保险基金存入社会保障基金财政专户，用于本条例规定的工伤保险待遇，劳动能力鉴定，工伤预防的宣传、培训等费用，以及法律、法规规定的用于工伤保险的其他费用的支付。

工伤预防费用的提取比例、使用和管理的具体办法，由国务院社会保险行政部门会同国务院财政、卫生行政、安全生产监督管理等部门规定。

任何单位或者个人不得将工伤保险基金用于投资运营、兴建或者改建办公场所、发放奖金，或者挪作其他用途。

第十三条　工伤保险基金应当留有一定比例的储备金，用于统筹地区重大事故的工伤保险待遇支付；储备金不足支付的，由统筹地区的人民政府垫付。储备金占基金总额的具体比例和储备金的使用办法，由省、自治区、直辖市人民政府规定。

第三章　工伤认定

第十四条　职工有下列情形之一的，应当认定为工伤：

（一）在工作时间和工作场所内，因工作原因受到事故伤害的；

（二）工作时间前后在工作场所内，从事与工作有关的预备性或者收尾性工作受到事故伤害的；

（三）在工作时间和工作场所内，因履行工作职责受到暴力等意外伤害的；

（四）患职业病的；

（五）因工外出期间，由于工作原因受到伤害或者发生事故下落不明的；

（六）在上下班途中，受到非本人主要责任的交通事故或者城市轨道交通、客运轮渡、火车事故伤害的；

（七）法律、行政法规规定应当认定为工伤的其他情形。

第十五条　职工有下列情形之一的，视同工伤：

（一）在工作时间和工作岗位，突发疾病死亡或者在48小时之内经抢救无效死亡的；

（二）在抢险救灾等维护国家利益、公共利益活动中受到伤害的；

（三）职工原在军队服役，因战、因公负伤致残，已取得革命伤残军人证，到用人单位后旧伤复发的。

职工有前款第（一）项、第（二）项情形的，按照本条例的有关规定享受工伤保险待遇；职工有前款第（三）项情形的，按照本条例的有关规定享受除一次性伤残补助金以外的工伤保险待遇。

第十六条　职工符合本条例第十四条、第十五条的规定，但是有下列情形之一的，不得认定为工伤或者视同工伤：

（一）故意犯罪的；

（二）醉酒或者吸毒的；

（三）自残或者自杀的。

第十七条　职工发生事故伤害或者按照职业病防治法规定被诊断、鉴定为职业病，所在单位应当自事故伤害发生之日或者被诊断、鉴定为职业病之日起 30 日内，向统筹地区社会保险行政部门提出工伤认定申请。遇有特殊情况，经报社会保险行政部门同意，申请时限可以适当延长。

用人单位未按前款规定提出工伤认定申请的，工伤职工或者其近亲属、工会组织在事故伤害发生之日或者被诊断、鉴定为职业病之日起 1 年内，可以直接向用人单位所在地统筹地区社会保险行政部门提出工伤认定申请。

按照本条第一款规定应当由省级社会保险行政部门进行工伤认定的事项，根据属地原则由用人单位所在地的设区的市级社会保险行政部门办理。

用人单位未在本条第一款规定的时限内提交工伤认定申请，在此期间发生符合本条例规定的工伤待遇等有关费用由该用人单位负担。

第十八条　提出工伤认定申请应当提交下列材料：

（一）工伤认定申请表；

（二）与用人单位存在劳动关系（包括事实劳动关系）的证明材料；

（三）医疗诊断证明或者职业病诊断证明书（或者职业病诊断鉴定书）。

工伤认定申请表应当包括事故发生的时间、地点、原因以及职工伤害程度等基本情况。

工伤认定申请人提供材料不完整的，社会保险行政部门应当一次性书面告知工伤认定申请人需要补正的全部材料。申请人按照书面告知要求补正材料后，社会保险行政部门应当受理。

第十九条　社会保险行政部门受理工伤认定申请后，根据审核需要可以对事故伤害进行调查核实，用人单位、职工、工会组织、医疗机构以及有关部门应当予以协助。职业病诊断和诊断争议的鉴定，依照职业病防治法的有关规定执行。对依法取得职业病诊断证明书或者职业病诊断鉴定书的，社会保险行政部门不再进行调查核实。

职工或者其近亲属认为是工伤，用人单位不认为是工伤的，由用人单位承担举证责任。

第二十条　社会保险行政部门应当自受理工伤认定申请之日起 60 日内

作出工伤认定的决定，并书面通知申请工伤认定的职工或者其近亲属和该职工所在单位。

社会保险行政部门对受理的事实清楚、权利义务明确的工伤认定申请，应当在 15 日内作出工伤认定的决定。

作出工伤认定决定需要以司法机关或者有关行政主管部门的结论为依据的，在司法机关或者有关行政主管部门尚未作出结论期间，作出工伤认定决定的时限中止。

社会保险行政部门工作人员与工伤认定申请人有利害关系的，应当回避。

第四章 劳动能力鉴定

第二十一条 职工发生工伤，经治疗伤情相对稳定后存在残疾、影响劳动能力的，应当进行劳动能力鉴定。

第二十二条 劳动能力鉴定是指劳动功能障碍程度和生活自理障碍程度的等级鉴定。

劳动功能障碍分为十个伤残等级，最重的为一级，最轻的为十级。

生活自理障碍分为三个等级：生活完全不能自理、生活大部分不能自理和生活部分不能自理。

劳动能力鉴定标准由国务院社会保险行政部门会同国务院卫生行政部门等部门制定。

第二十三条 劳动能力鉴定由用人单位、工伤职工或者其近亲属向设区的市级劳动能力鉴定委员会提出申请，并提供工伤认定决定和职工工伤医疗的有关资料。

第二十四条 省、自治区、直辖市劳动能力鉴定委员会和设区的市级劳动能力鉴定委员会分别由省、自治区、直辖市和设区的市级社会保险行政部门、卫生行政部门、工会组织、经办机构代表以及用人单位代表组成。

劳动能力鉴定委员会建立医疗卫生专家库。列入专家库的医疗卫生专业技术人员应当具备下列条件：

（一）具有医疗卫生高级专业技术职务任职资格；

（二）掌握劳动能力鉴定的相关知识；

（三）具有良好的职业品德。

第二十五条　设区的市级劳动能力鉴定委员会收到劳动能力鉴定申请后，应当从其建立的医疗卫生专家库中随机抽取 3 名或者 5 名相关专家组成专家组，由专家组提出鉴定意见。设区的市级劳动能力鉴定委员会根据专家组的鉴定意见作出工伤职工劳动能力鉴定结论；必要时，可以委托具备资格的医疗机构协助进行有关的诊断。

设区的市级劳动能力鉴定委员会应当自收到劳动能力鉴定申请之日起 60 日内作出劳动能力鉴定结论，必要时，作出劳动能力鉴定结论的期限可以延长 30 日。劳动能力鉴定结论应当及时送达申请鉴定的单位和个人。

第二十六条　申请鉴定的单位或者个人对设区的市级劳动能力鉴定委员会作出的鉴定结论不服的，可以在收到该鉴定结论之日起 15 日内向省、自治区、直辖市劳动能力鉴定委员会提出再次鉴定申请。省、自治区、直辖市劳动能力鉴定委员会作出的劳动能力鉴定结论为最终结论。

第二十七条　劳动能力鉴定工作应当客观、公正。劳动能力鉴定委员会组成人员或者参加鉴定的专家与当事人有利害关系的，应当回避。

第二十八条　自劳动能力鉴定结论作出之日起 1 年后，工伤职工或者其近亲属、所在单位或者经办机构认为伤残情况发生变化的，可以申请劳动能力复查鉴定。

第二十九条　劳动能力鉴定委员会依照本条例第二十六条和第二十八条的规定进行再次鉴定和复查鉴定的期限，依照本条例第二十五条第二款的规定执行。

第五章　工伤保险待遇

第三十条　职工因工作遭受事故伤害或者患职业病进行治疗，享受工伤医疗待遇。

职工治疗工伤应当在签订服务协议的医疗机构就医，情况紧急时可以先到就近的医疗机构急救。

治疗工伤所需费用符合工伤保险诊疗项目目录、工伤保险药品目录、工伤保险住院服务标准的，从工伤保险基金支付。工伤保险诊疗项目目录、工伤保险药品目录、工伤保险住院服务标准，由国务院社会保险行政部门会同国务院卫生行政部门、食品药品监督管理部门等部门规定。

职工住院治疗工伤的伙食补助费，以及经医疗机构出具证明，报经办机构同意，工伤职工到统筹地区以外就医所需的交通、食宿费用从工伤保险基金支付，基金支付的具体标准由统筹地区人民政府规定。

工伤职工治疗非工伤引发的疾病，不享受工伤医疗待遇，按照基本医疗保险办法处理。

工伤职工到签订服务协议的医疗机构进行工伤康复的费用，符合规定的，从工伤保险基金支付。

第三十一条　社会保险行政部门作出认定为工伤的决定后发生行政复议、行政诉讼的，行政复议和行政诉讼期间不停止支付工伤职工治疗工伤的医疗费用。

第三十二条　工伤职工因日常生活或者就业需要，经劳动能力鉴定委员会确认，可以安装假肢、矫形器、假眼、假牙和配置轮椅等辅助器具，所需费用按照国家规定的标准从工伤保险基金支付。

第三十三条　职工因工作遭受事故伤害或者患职业病需要暂停工作接受工伤医疗的，在停工留薪期内，原工资福利待遇不变，由所在单位按月支付。

停工留薪期一般不超过12个月。伤情严重或者情况特殊，经设区的市级劳动能力鉴定委员会确认，可以适当延长，但延长不得超过12个月。工伤职工评定伤残等级后，停发原待遇，按照本章的有关规定享受伤残待遇。工伤职工在停工留薪期满后仍需治疗的，继续享受工伤医疗待遇。

生活不能自理的工伤职工在停工留薪期需要护理的，由所在单位负责。

第三十四条　工伤职工已经评定伤残等级并经劳动能力鉴定委员会确认需要生活护理的，从工伤保险基金按月支付生活护理费。

生活护理费按照生活完全不能自理、生活大部分不能自理或者生活部分不能自理3个不同等级支付，其标准分别为统筹地区上年度职工月平均工资的50%、40%或者30%。

第三十五条　职工因工致残被鉴定为一级至四级伤残的，保留劳动关系，退出工作岗位，享受以下待遇：

（一）从工伤保险基金按伤残等级支付一次性伤残补助金，标准为：一级伤残为27个月的本人工资，二级伤残为25个月的本人工资，三级伤残为 23 个月的本人工资，四级伤残为 21 个月的本人工资；

（二）从工伤保险基金按月支付伤残津贴，标准为：一级伤残为本人工资的 90%，二级伤残为本人工资的 85%，三级伤残为本人工资的 80%，四级伤残为本人工资的 75%。伤残津贴实际金额低于当地最低工资标准的，由工伤保险基金补足差额；

（三）工伤职工达到退休年龄并办理退休手续后，停发伤残津贴，按照国家有关规定享受基本养老保险待遇。基本养老保险待遇低于伤残津贴的，由工伤保险基金补足差额。

职工因工致残被鉴定为一级至四级伤残的，由用人单位和职工个人以伤残津贴为基数，缴纳基本医疗保险费。

第三十六条　职工因工致残被鉴定为五级、六级伤残的，享受以下待遇：

（一）从工伤保险基金按伤残等级支付一次性伤残补助金，标准为：五级伤残为 18 个月的本人工资，六级伤残为 16 个月的本人工资；

（二）保留与用人单位的劳动关系，由用人单位安排适当工作。难以安排工作的，由用人单位按月发给伤残津贴，标准为：五级伤残为本人工资的 70%，六级伤残为本人工资的 60%，并由用人单位按照规定为其缴纳应缴纳的各项社会保险费。伤残津贴实际金额低于当地最低工资标准的，由用人单位补足差额。

经工伤职工本人提出，该职工可以与用人单位解除或者终止劳动关系，由工伤保险基金支付一次性工伤医疗补助金，由用人单位支付一次性伤残就业补助金。一次性工伤医疗补助金和一次性伤残就业补助金的具体标准由省、自治区、直辖市人民政府规定。

第三十七条　职工因工致残被鉴定为七级至十级伤残的，享受以下待遇：

（一）从工伤保险基金按伤残等级支付一次性伤残补助金，标准为：七级伤残为 13 个月的本人工资，八级伤残为 11 个月的本人工资，九级伤残为 9 个月的本人工资，十级伤残为 7 个月的本人工资；

（二）劳动、聘用合同期满终止，或者职工本人提出解除劳动、聘用合同的，由工伤保险基金支付一次性工伤医疗补助金，由用人单位支付一次性伤残就业补助金。一次性工伤医疗补助金和一次性伤残就业补助金的具体标准由省、自治区、直辖市人民政府规定。

第三十八条　工伤职工工伤复发，确认需要治疗的，享受本条例第三十条、第三十二条和第三十三条规定的工伤待遇。

第三十九条　职工因工死亡，其近亲属按照下列规定从工伤保险基金领取丧葬补助金、供养亲属抚恤金和一次性工亡补助金：

（一）丧葬补助金为6个月的统筹地区上年度职工月平均工资；

（二）供养亲属抚恤金按照职工本人工资的一定比例发给由因工死亡职工生前提供主要生活来源、无劳动能力的亲属。标准为：配偶每月40%，其他亲属每人每月30%，孤寡老人或者孤儿每人每月在上述标准的基础上增加10%。核定的各供养亲属的抚恤金之和不应高于因工死亡职工生前的工资。供养亲属的具体范围由国务院社会保险行政部门规定；

（三）一次性工亡补助金标准为上一年度全国城镇居民人均可支配收入（2011年城镇居民人均可支配收入21810元）的20倍。

伤残职工在停工留薪期内因工伤导致死亡的，其近亲属享受本条第一款规定的待遇。

一级至四级伤残职工在停工留薪期满后死亡的，其近亲属可以享受本条第一款第（一）项、第（二）项规定的待遇。

第四十条　伤残津贴、供养亲属抚恤金、生活护理费由统筹地区社会保险行政部门根据职工平均工资和生活费用变化等情况适时调整。调整办法由省、自治区、直辖市人民政府规定。

第四十一条　职工因工外出期间发生事故或者在抢险救灾中下落不明的，从事故发生当月起3个月内照发工资，从第4个月起停发工资，由工伤保险基金向其供养亲属按月支付供养亲属抚恤金。生活有困难的，可以预支一次性工亡补助金的50%。职工被人民法院宣告死亡的，按照本条例第三十九条职工因工死亡的规定处理。

第四十二条　工伤职工有下列情形之一的，停止享受工伤保险待遇：

（一）丧失享受待遇条件的；

（二）拒不接受劳动能力鉴定的；

（三）拒绝治疗的。

第四十三条　用人单位分立、合并、转让的，承继单位应当承担原用人单位的工伤保险责任；原用人单位已经参加工伤保险的，承继单位应当到当地经办机构办理工伤保险变更登记。

用人单位实行承包经营的，工伤保险责任由职工劳动关系所在单位承担。

职工被借调期间受到工伤事故伤害的，由原用人单位承担工伤保险责任，但原用人单位与借调单位可以约定补偿办法。

企业破产的，在破产清算时依法拨付应当由单位支付的工伤保险待遇费用。

第四十四条 职工被派遣出境工作，依据前往国家或者地区的法律应当参加当地工伤保险的，参加当地工伤保险，其国内工伤保险关系中止；不能参加当地工伤保险的，其国内工伤保险关系不中止。

第四十五条 职工再次发生工伤，根据规定应当享受伤残津贴的，按照新认定的伤残等级享受伤残津贴待遇。

第六章　监督管理

第四十六条 经办机构具体承办工伤保险事务，履行下列职责：

（一）根据省、自治区、直辖市人民政府规定，征收工伤保险费；

（二）核查用人单位的工资总额和职工人数，办理工伤保险登记，并负责保存用人单位缴费和职工享受工伤保险待遇情况的记录；

（三）进行工伤保险的调查、统计；

（四）按照规定管理工伤保险基金的支出；

（五）按照规定核定工伤保险待遇；

（六）为工伤职工或者其近亲属免费提供咨询服务。

第四十七条 经办机构与医疗机构、辅助器具配置机构在平等协商的基础上签订服务协议，并公布签订服务协议的医疗机构、辅助器具配置机构的名单。具体办法由国务院社会保险行政部门分别会同国务院卫生行政部门、民政部门等部门制定。

第四十八条 经办机构按照协议和国家有关目录、标准对工伤职工医疗费用、康复费用、辅助器具费用的使用情况进行核查，并按时足额结算费用。

第四十九条 经办机构应当定期公布工伤保险基金的收支情况，及时向社会保险行政部门提出调整费率的建议。

第五十条 社会保险行政部门、经办机构应当定期听取工伤职工、医疗机构、辅助器具配置机构以及社会各界对改进工伤保险工作的意见。

第五十一条　社会保险行政部门依法对工伤保险费的征缴和工伤保险基金的支付情况进行监督检查。

财政部门和审计机关依法对工伤保险基金的收支、管理情况进行监督。

第五十二条　任何组织和个人对有关工伤保险的违法行为，有权举报。社会保险行政部门对举报应当及时调查，按照规定处理，并为举报人保密。

第五十三条　工会组织依法维护工伤职工的合法权益，对用人单位的工伤保险工作实行监督。

第五十四条　职工与用人单位发生工伤待遇方面的争议，按照处理劳动争议的有关规定处理。

第五十五条　有下列情形之一的，有关单位或者个人可以依法申请行政复议，也可以依法向人民法院提起行政诉讼：

（一）申请工伤认定的职工或者其近亲属、该职工所在单位对工伤认定申请不予受理的决定不服的；

（二）申请工伤认定的职工或者其近亲属、该职工所在单位对工伤认定结论不服的；

（三）用人单位对经办机构确定的单位缴费费率不服的；

（四）签订服务协议的医疗机构、辅助器具配置机构认为经办机构未履行有关协议或者规定的；

（五）工伤职工或者其近亲属对经办机构核定的工伤保险待遇有异议的。

第七章　法律责任

第五十六条　单位或者个人违反本条例第十二条规定挪用工伤保险基金，构成犯罪的，依法追究刑事责任；尚不构成犯罪的，依法给予处分或者纪律处分。被挪用的基金由社会保险行政部门追回，并入工伤保险基金；没收的违法所得依法上缴国库。

第五十七条　社会保险行政部门工作人员有下列情形之一的，依法给予处分；情节严重，构成犯罪的，依法追究刑事责任：

（一）无正当理由不受理工伤认定申请，或者弄虚作假将不符合工伤条件的人员认定为工伤职工的；

（二）未妥善保管申请工伤认定的证据材料，致使有关证据灭失的；

（三）收受当事人财物的。

第五十八条 经办机构有下列行为之一的，由社会保险行政部门责令改正，对直接负责的主管人员和其他责任人员依法给予纪律处分；情节严重，构成犯罪的，依法追究刑事责任；造成当事人经济损失的，由经办机构依法承担赔偿责任：

（一）未按规定保存用人单位缴费和职工享受工伤保险待遇情况记录的；

（二）不按规定核定工伤保险待遇的；

（三）收受当事人财物的。

第五十九条 医疗机构、辅助器具配置机构不按服务协议提供服务的，经办机构可以解除服务协议。

经办机构不按时足额结算费用的，由社会保险行政部门责令改正；医疗机构、辅助器具配置机构可以解除服务协议。

第六十条 用人单位、工伤职工或者其近亲属骗取工伤保险待遇，医疗机构、辅助器具配置机构骗取工伤保险基金支出的，由社会保险行政部门责令退还，处骗取金额 2 倍以上 5 倍以下的罚款；情节严重，构成犯罪的，依法追究刑事责任。

第六十一条 从事劳动能力鉴定的组织或者个人有下列情形之一的，由社会保险行政部门责令改正，处 2000 元以上 1 万元以下的罚款；情节严重，构成犯罪的，依法追究刑事责任：

（一）提供虚假鉴定意见的；

（二）提供虚假诊断证明的；

（三）收受当事人财物的。

第六十二条 用人单位依照本条例规定应当参加工伤保险而未参加的，由社会保险行政部门责令限期参加，补缴应当缴纳的工伤保险费，并自欠缴之日起，按日加收万分之五的滞纳金；逾期仍不缴纳的，处欠缴数额 1 倍以上 3 倍以下的罚款。

依照本条例规定应当参加工伤保险而未参加工伤保险的用人单位职工

发生工伤的，由该用人单位按照本条例规定的工伤保险待遇项目和标准支付费用。

用人单位参加工伤保险并补缴应当缴纳的工伤保险费、滞纳金后，由工伤保险基金和用人单位依照本条例的规定支付新发生的费用。

第六十三条　用人单位违反本条例第十九条的规定，拒不协助社会保险行政部门对事故进行调查核实的，由社会保险行政部门责令改正，处2000元以上2万元以下的罚款。

第八章　附　则

第六十四条　本条例所称工资总额，是指用人单位直接支付给本单位全部职工的劳动报酬总额。

本条例所称本人工资，是指工伤职工因工作遭受事故伤害或者患职业病前12个月平均月缴费工资。本人工资高于统筹地区职工平均工资300%的，按照统筹地区职工平均工资的300%计算；本人工资低于统筹地区职工平均工资60%的，按照统筹地区职工平均工资的60%计算。

第六十五条　公务员和参照公务员法管理的事业单位、社会团体的工作人员因工作遭受事故伤害或者患职业病的，由所在单位支付费用。具体办法由国务院社会保险行政部门会同国务院财政部门规定。

第六十六条　无营业执照或者未经依法登记、备案的单位以及被依法吊销营业执照或者撤销登记、备案的单位的职工受到事故伤害或者患职业病的，由该单位向伤残职工或者死亡职工的近亲属给予一次性赔偿，赔偿标准不得低于本条例规定的工伤保险待遇；用人单位不得使用童工，用人单位使用童工造成童工伤残、死亡的，由该单位向童工或者童工的近亲属给予一次性赔偿，赔偿标准不得低于本条例规定的工伤保险待遇。具体办法由国务院社会保险行政部门规定。

前款规定的伤残职工或者死亡职工的近亲属就赔偿数额与单位发生争议的，以及前款规定的童工或者童工的近亲属就赔偿数额与单位发生争议的，按照处理劳动争议的有关规定处理。

第六十七条　本条例自2004年1月1日起施行。本条例施行前已受到事故伤害或者患职业病的职工尚未完成工伤认定的，按照本条例的规定执行。

女职工劳动保护特别规定

（2012 年 4 月 18 日国务院第 200 次常务会议通过）

第一条 为了减少和解决女职工在劳动中因生理特点造成的特殊困难，保护女职工健康，制定本规定。

第二条 中华人民共和国境内的国家机关、企业、事业单位、社会团体、个体经济组织以及其他社会组织等用人单位及其女职工，适用本规定。

第三条 用人单位应当加强女职工劳动保护，采取措施改善女职工劳动安全卫生条件，对女职工进行劳动安全卫生知识培训。

第四条 用人单位应当遵守女职工禁忌从事的劳动范围的规定。用人单位应当将本单位属于女职工禁忌从事的劳动范围的岗位书面告知女职工。

女职工禁忌从事的劳动范围由本规定附录列示。国务院安全生产监督管理部门会同国务院人力资源社会保障行政部门、国务院卫生行政部门根据经济社会发展情况，对女职工禁忌从事的劳动范围进行调整。

第五条 用人单位不得因女职工怀孕、生育、哺乳降低其工资、予以辞退、与其解除劳动或者聘用合同。

第六条 女职工在孕期不能适应原劳动的，用人单位应当根据医疗机构的证明，予以减轻劳动量或者安排其他能够适应的劳动。

对怀孕 7 个月以上的女职工，用人单位不得延长劳动时间或者安排夜班劳动，并应当在劳动时间内安排一定的休息时间。

怀孕女职工在劳动时间内进行产前检查，所需时间计入劳动时间。

第七条 女职工生育享受 98 天产假，其中产前可以休假 15 天；难产的，增加产假 15 天；生育多胞胎的，每多生育 1 个婴儿，增加产假 15 天。

女职工怀孕未满 4 个月流产的，享受 15 天产假；怀孕满 4 个月流产的，享受 42 天产假。

第八条 女职工产假期间的生育津贴，对已经参加生育保险的，按照用人单位上年度职工月平均工资的标准由生育保险基金支付；对未参加生育保险的，按照女职工产假前工资的标准由用人单位支付。

女职工生育或者流产的医疗费用，按照生育保险规定的项目和标准，对已经参加生育保险的，由生育保险基金支付；对未参加生育保险的，由用人单位支付。

第九条 对哺乳未满 1 周岁婴儿的女职工，用人单位不得延长劳动时间或者安排夜班劳动。

用人单位应当在每天的劳动时间内为哺乳期女职工安排 1 小时哺乳时间；女职工生育多胞胎的，每多哺乳 1 个婴儿每天增加 1 小时哺乳时间。

第十条 女职工比较多的用人单位应当根据女职工的需要，建立女职工卫生室、孕妇休息室、哺乳室等设施，妥善解决女职工在生理卫生、哺乳方面的困难。

第十一条 在劳动场所，用人单位应当预防和制止对女职工的性骚扰。

第十二条 县级以上人民政府人力资源社会保障行政部门、安全生产监督管理部门按照各自职责负责对用人单位遵守本规定的情况进行监督检查。

工会、妇女组织依法对用人单位遵守本规定的情况进行监督。

第十三条 用人单位违反本规定第六条第二款、第七条、第九条第一款规定的，由县级以上人民政府人力资源社会保障行政部门责令限期改正，按照受侵害女职工每人 1000 元以上 5000 元以下的标准计算，处以罚款。

用人单位违反本规定附录第一条、第二条规定的，由县级以上人民政府安全生产监督管理部门责令限期改正，按照受侵害女职工每人 1000 元以上 5000 元以下的标准计算，处以罚款。用人单位违反本规定附录第三条、第四条规定的，由县级以上人民政府安全生产监督管理部门责令限期治理，处 5 万元以上 30 万元以下的罚款；情节严重的，责令停止有关作业，或者提请有关人民政府按照国务院规定的权限责令关闭。

第十四条 用人单位违反本规定，侵害女职工合法权益的，女职工可以依法投诉、举报、申诉，依法向劳动人事争议调解仲裁机构申请调解仲裁，对仲裁裁决不服的，依法向人民法院提起诉讼。

第十五条 用人单位违反本规定，侵害女职工合法权益，造成女职工损害的，依法给予赔偿；用人单位及其直接负责的主管人员和其他直接责任人员构成犯罪的，依法追究刑事责任。

第十六条　本规定自公布之日起施行。1988 年 7 月 21 日国务院发布的《女职工劳动保护规定》同时废止。

附录：

女职工禁忌从事的劳动范围

一、女职工禁忌从事的劳动范围：

（一）矿山井下作业；

（二）体力劳动强度分级标准中规定的第四级体力劳动强度的作业；

（三）每小时负重 6 次以上、每次负重超过 20 公斤的作业，或者间断负重、每次负重超过 25 公斤的作业。

二、女职工在经期禁忌从事的劳动范围：

（一）冷水作业分级标准中规定的第二级、第三级、第四级冷水作业；

（二）低温作业分级标准中规定的第二级、第三级、第四级低温作业；

（三）体力劳动强度分级标准中规定的第三级、第四级体力劳动强度的作业；

（四）高处作业分级标准中规定的第三级、第四级高处作业。

三、女职工在孕期禁忌从事的劳动范围：

（一）作业场所空气中铅及其化合物、汞及其化合物、苯、镉、铍、砷、氰化物、氮氧化物、一氧化碳、二硫化碳、氯、己内酰胺、氯丁二烯、氯乙烯、环氧乙烷、苯胺、甲醛等有毒物质浓度超过国家职业卫生标准的作业；

（二）从事抗癌药物、己烯雌酚生产，接触麻醉剂气体等的作业；

（三）非密封源放射性物质的操作，核事故与放射事故的应急处置；

（四）高处作业分级标准中规定的高处作业；

（五）冷水作业分级标准中规定的冷水作业；

（六）低温作业分级标准中规定的低温作业；

（七）高温作业分级标准中规定的第三级、第四级的作业；

（八）噪声作业分级标准中规定的第三级、第四级的作业；

（九）体力劳动强度分级标准中规定的第三级、第四级体力劳动强度的作业；

（十）在密闭空间、高压室作业或者潜水作业，伴有强烈振动的作业，或者需要频繁弯腰、攀高、下蹲地作业。

四、女职工在哺乳期禁忌从事的劳动范围：

（一）孕期禁忌从事的劳动范围的第一项、第三项、第九项；

（二）作业场所空气中锰、氟、溴、甲醇、有机磷化合物、有机氯化合物等有毒物质浓度超过国家职业卫生标准的作业。

中华人民共和国劳动合同法实施条例

（2008 年 9 月 3 日国务院第 25 次常务会议通过）

第一章　总　　则

第一条　为了贯彻实施《中华人民共和国劳动合同法》（以下简称劳动合同法），制定本条例。

第二条　各级人民政府和县级以上人民政府劳动行政等有关部门以及工会等组织，应当采取措施，推动劳动合同法的贯彻实施，促进劳动关系的和谐。

第三条　依法成立的会计师事务所、律师事务所等合伙组织和基金会，属于劳动合同法规定的用人单位。

第二章　劳动合同的订立

第四条　劳动合同法规定的用人单位设立的分支机构，依法取得营业执照或者登记证书的，可以作为用人单位与劳动者订立劳动合同；未依法取得营业执照或者登记证书的，受用人单位委托可以与劳动者订立劳动合同。

第五条　自用工之日起一个月内，经用人单位书面通知后，劳动者不与用人单位订立书面劳动合同的，用人单位应当书面通知劳动者终止劳动关系，无需向劳动者支付经济补偿，但是应当依法向劳动者支付其实际工作时间的劳动报酬。

第六条　用人单位自用工之日起超过一个月不满一年未与劳动者订立书面劳动合同的，应当依照劳动合同法第八十二条的规定向劳动者每月支付两倍的工资，并与劳动者补订书面劳动合同；劳动者不与用人单位订立书面劳动合同的，用人单位应当书面通知劳动者终止劳动关系，并依照劳动合同法第四十七条的规定支付经济补偿。

前款规定的用人单位向劳动者每月支付两倍工资的起算时间为用工之日起满一个月的次日，截止时间为补订书面劳动合同的前一日。

第七条　用人单位自用工之日起满一年未与劳动者订立书面劳动合同的，自用工之日起满一个月的次日至满一年的前一日应当依照劳动合同法第八十二条的规定向劳动者每月支付两倍的工资，并视为自用工之日起满一年的当日已经与劳动者订立无固定期限劳动合同，应当立即与劳动者补订书面劳动合同。

第八条　劳动合同法第七条规定的职工名册，应当包括劳动者姓名、性别、公民身份号码、户籍地址及现住址、联系方式、用工形式、用工起始时间、劳动合同期限等内容。

第九条　劳动合同法第十四条第二款规定的连续工作满10年的起始时间，应当自用人单位用工之日起计算，包括劳动合同法施行前的工作年限。

第十条　劳动者非因本人原因从原用人单位被安排到新用人单位工作的，劳动者在原用人单位的工作年限合并计算为新用人单位的工作年限。原用人单位已经向劳动者支付经济补偿的，新用人单位在依法解除、终止劳动合同计算支付经济补偿的工作年限时，不再计算劳动者在原用人单位的工作年限。

第十一条　除劳动者与用人单位协商一致的情形外，劳动者依照劳动合同法第十四条第二款的规定，提出订立无固定期限劳动合同的，用人单位应当与其订立无固定期限劳动合同。对劳动合同的内容，双方应当按照合法、公平、平等自愿、协商一致、诚实信用的原则协商确定；对协商不一致的内容，依照劳动合同法第十八条的规定执行。

第十二条　地方各级人民政府及县级以上地方人民政府有关部门为安置就业困难人员提供的给予岗位补贴和社会保险补贴的公益性岗位，其劳动合同不适用劳动合同法有关无固定期限劳动合同的规定以及支付经济补偿的规定。

第十三条　用人单位与劳动者不得在劳动合同法第四十四条规定的劳动合同终止情形之外约定其他的劳动合同终止条件。

第十四条　劳动合同履行地与用人单位注册地不一致的，有关劳动者的最低工资标准、劳动保护、劳动条件、职业危害防护和本地区上年度职工月平均工资标准等事项，按照劳动合同履行地的有关规定执行；用人单位注册地的有关标准高于劳动合同履行地的有关标准，且用人单位与劳动者约定按照用人单位注册地的有关规定执行的，从其约定。

第十五条　劳动者在试用期的工资不得低于本单位相同岗位最低档工资的 80% 或者不得低于劳动合同约定工资的 80%，并不得低于用人单位所在地的最低工资标准。

第十六条　劳动合同法第二十二条第二款规定的培训费用，包括用人单位为了对劳动者进行专业技术培训而支付的有凭证的培训费用、培训期间的差旅费用以及因培训产生的用于该劳动者的其他直接费用。

第十七条　劳动合同期满，但是用人单位与劳动者依照劳动合同法第二十二条的规定约定的服务期尚未到期的，劳动合同应当续延至服务期满；双方另有约定的，从其约定。

第三章　劳动合同的解除和终止

第十八条　有下列情形之一的，依照劳动合同法规定的条件、程序，劳动者可以与用人单位解除固定期限劳动合同、无固定期限劳动合同或者以完成一定工作任务为期限的劳动合同：

（一）劳动者与用人单位协商一致的；

（二）劳动者提前 30 日以书面形式通知用人单位的；

（三）劳动者在试用期内提前 3 日通知用人单位的；

（四）用人单位未按照劳动合同约定提供劳动保护或者劳动条件的；

（五）用人单位未及时足额支付劳动报酬的；

（六）用人单位未依法为劳动者缴纳社会保险费的；

（七）用人单位的规章制度违反法律、法规的规定，损害劳动者权益的；

（八）用人单位以欺诈、胁迫的手段或者乘人之危，使劳动者在违背真实意思的情况下订立或者变更劳动合同的；

（九）用人单位在劳动合同中免除自己的法定责任、排除劳动者权利的；

（十）用人单位违反法律、行政法规强制性规定的；

（十一）用人单位以暴力、威胁或者非法限制人身自由的手段强迫劳动者劳动的；

（十二）用人单位违章指挥、强令冒险作业危及劳动者人身安全的；

（十三）法律、行政法规规定劳动者可以解除劳动合同的其他情形。

第十九条 有下列情形之一的，依照劳动合同法规定的条件、程序，用人单位可以与劳动者解除固定期限劳动合同、无固定期限劳动合同或者以完成一定工作任务为期限的劳动合同：

（一）用人单位与劳动者协商一致的；

（二）劳动者在试用期间被证明不符合录用条件的；

（三）劳动者严重违反用人单位的规章制度的；

（四）劳动者严重失职，营私舞弊，给用人单位造成重大损害的；

（五）劳动者同时与其他用人单位建立劳动关系，对完成本单位的工作任务造成严重影响，或者经用人单位提出，拒不改正的；

（六）劳动者以欺诈、胁迫的手段或者乘人之危，使用人单位在违背真实意思的情况下订立或者变更劳动合同的；

（七）劳动者被依法追究刑事责任的；

（八）劳动者患病或者非因工负伤，在规定的医疗期满后不能从事原工作，也不能从事由用人单位另行安排的工作的；

（九）劳动者不能胜任工作，经过培训或者调整工作岗位，仍不能胜任工作的；

（十）劳动合同订立时所依据的客观情况发生重大变化，致使劳动合同无法履行，经用人单位与劳动者协商，未能就变更劳动合同内容达成协议的；

（十一）用人单位依照企业破产法规定进行重整的；

（十二）用人单位生产经营发生严重困难的；

（十三）企业转产、重大技术革新或者经营方式调整，经变更劳动合同后，仍需裁减人员的；

（十四）其他因劳动合同订立时所依据的客观经济情况发生重大变化，致使劳动合同无法履行的。

第二十条 用人单位依照劳动合同法第四十条的规定，选择额外支付劳动者一个月工资解除劳动合同的，其额外支付的工资应当按照该劳动者上一个月的工资标准确定。

第二十一条 劳动者达到法定退休年龄的，劳动合同终止。

第二十二条 以完成一定工作任务为期限的劳动合同因任务完成而终

止的，用人单位应当依照劳动合同法第四十七条的规定向劳动者支付经济补偿。

第二十三条 用人单位依法终止工伤职工的劳动合同的，除依照劳动合同法第四十七条的规定支付经济补偿外，还应当依照国家有关工伤保险的规定支付一次性工伤医疗补助金和伤残就业补助金。

第二十四条 用人单位出具的解除、终止劳动合同的证明，应当写明劳动合同期限、解除或者终止劳动合同的日期、工作岗位、在本单位的工作年限。

第二十五条 用人单位违反劳动合同法的规定解除或者终止劳动合同，依照劳动合同法第八十七条的规定支付了赔偿金的，不再支付经济补偿。赔偿金的计算年限自用工之日起计算。

第二十六条 用人单位与劳动者约定了服务期，劳动者依照劳动合同法第三十八条的规定解除劳动合同的，不属于违反服务期的约定，用人单位不得要求劳动者支付违约金。

有下列情形之一，用人单位与劳动者解除约定服务期的劳动合同的，劳动者应当按照劳动合同的约定向用人单位支付违约金：

（一）劳动者严重违反用人单位的规章制度的；

（二）劳动者严重失职，营私舞弊，给用人单位造成重大损害的；

（三）劳动者同时与其他用人单位建立劳动关系，对完成本单位的工作任务造成严重影响，或者经用人单位提出，拒不改正的；

（四）劳动者以欺诈、胁迫的手段或者乘人之危，使用人单位在违背真实意思的情况下订立或者变更劳动合同的；

（五）劳动者被依法追究刑事责任的。

第二十七条 劳动合同法第四十七条规定的经济补偿的月工资按照劳动者应得工资计算，包括计时工资或者计件工资以及奖金、津贴和补贴等货币性收入。劳动者在劳动合同解除或者终止前 12 个月的平均工资低于当地最低工资标准的，按照当地最低工资标准计算。劳动者工作不满 12 个月的，按照实际工作的月数计算平均工资。

第四章　劳务派遣特别规定

第二十八条 用人单位或者其所属单位出资或者合伙设立的劳务派遣

单位，向本单位或者所属单位派遣劳动者的，属于劳动合同法第六十七条规定的不得设立的劳务派遣单位。

第二十九条　用工单位应当履行劳动合同法第六十二条规定的义务，维护被派遣劳动者的合法权益。

第三十条　劳务派遣单位不得以非全日制用工形式招用被派遣劳动者。

第三十一条　劳务派遣单位或者被派遣劳动者依法解除、终止劳动合同的经济补偿，依照劳动合同法第四十六条、第四十七条的规定执行。

第三十二条　劳务派遣单位违法解除或者终止被派遣劳动者的劳动合同的，依照劳动合同法第四十八条的规定执行。

第五章　法律责任

第三十三条　用人单位违反劳动合同法有关建立职工名册规定的，由劳动行政部门责令限期改正；逾期不改正的，由劳动行政部门处 2000 元以上 2 万元以下的罚款。

第三十四条　用人单位依照劳动合同法的规定应当向劳动者每月支付两倍的工资或者应当向劳动者支付赔偿金而未支付的，劳动行政部门应当责令用人单位支付。

第三十五条　用工单位违反劳动合同法和本条例有关劳务派遣规定的，由劳动行政部门和其他有关主管部门责令改正；情节严重的，以每位被派遣劳动者 1000 元以上 5000 元以下的标准处以罚款；给被派遣劳动者造成损害的，劳务派遣单位和用工单位承担连带赔偿责任。

第六章　附　则

第三十六条　对违反劳动合同法和本条例的行为的投诉、举报，县级以上地方人民政府劳动行政部门依照《劳动保障监察条例》的规定处理。

第三十七条　劳动者与用人单位因订立、履行、变更、解除或者终止劳动合同发生争议的，依照《中华人民共和国劳动争议调解仲裁法》的规定处理。

第三十八条　本条例自公布之日起施行。

最高人民法院关于审理劳动争议案件适用
法律问题的解释（一）

（2020 年 12 月 25 日最高人民法院审判委员会第 1825 次会议通过　自 2021 年 1 月 1 日起施行）

第一条　劳动者与用人单位之间发生的下列纠纷，属于劳动争议，当事人不服劳动争议仲裁机构作出的裁决，依法提起诉讼的，人民法院应予受理：

（一）劳动者与用人单位在履行劳动合同过程中发生的纠纷；

（二）劳动者与用人单位之间没有订立书面劳动合同，但已形成劳动关系后发生的纠纷；

（三）劳动者与用人单位因劳动关系是否已经解除或者终止，以及应否支付解除或者终止劳动关系经济补偿金发生的纠纷；

（四）劳动者与用人单位解除或者终止劳动关系后，请求用人单位返还其收取的劳动合同定金、保证金、抵押金、抵押物发生的纠纷，或者办理劳动者的人事档案、社会保险关系等移转手续发生的纠纷；

（五）劳动者以用人单位未为其办理社会保险手续，且社会保险经办机构不能补办导致其无法享受社会保险待遇为由，要求用人单位赔偿损失发生的纠纷；

（六）劳动者退休后，与尚未参加社会保险统筹的原用人单位因追索养老金、医疗费、工伤保险待遇和其他社会保险待遇而发生的纠纷；

（七）劳动者因为工伤、职业病，请求用人单位依法给予工伤保险待遇发生的纠纷；

（八）劳动者依据劳动合同法第八十五条规定，要求用人单位支付加付赔偿金发生的纠纷；

（九）因企业自主进行改制发生的纠纷。

第二条　下列纠纷不属于劳动争议：

（一）劳动者请求社会保险经办机构发放社会保险金的纠纷；

（二）劳动者与用人单位因住房制度改革产生的公有住房转让纠纷；

（三）劳动者对劳动能力鉴定委员会的伤残等级鉴定结论或者对职业病诊断鉴定委员会的职业病诊断鉴定结论的异议纠纷；

（四）家庭或者个人与家政服务人员之间的纠纷；

（五）个体工匠与帮工、学徒之间的纠纷；

（六）农村承包经营户与受雇人之间的纠纷。

第三条 劳动争议案件由用人单位所在地或者劳动合同履行地的基层人民法院管辖。

劳动合同履行地不明确的，由用人单位所在地的基层人民法院管辖。

法律另有规定的，依照其规定。

第四条 劳动者与用人单位均不服劳动争议仲裁机构的同一裁决，向同一人民法院起诉的，人民法院应当并案审理，双方当事人互为原告和被告，对双方的诉讼请求，人民法院应当一并作出裁决。在诉讼过程中，一方当事人撤诉的，人民法院应当根据另一方当事人的诉讼请求继续审理。双方当事人就同一仲裁裁决分别向有管辖权的人民法院起诉的，后受理的人民法院应当将案件移送给先受理的人民法院。

第五条 劳动争议仲裁机构以无管辖权为由对劳动争议案件不予受理，当事人提起诉讼的，人民法院按照以下情形分别处理：

（一）经审查认为该劳动争议仲裁机构对案件确无管辖权的，应当告知当事人向有管辖权的劳动争议仲裁机构申请仲裁；

（二）经审查认为该劳动争议仲裁机构有管辖权的，应当告知当事人申请仲裁，并将审查意见书面通知该劳动争议仲裁机构；劳动争议仲裁机构仍不受理，当事人就该劳动争议事项提起诉讼的，人民法院应予受理。

第六条 劳动争议仲裁机构以当事人申请仲裁的事项不属于劳动争议为由，作出不予受理的书面裁决、决定或者通知，当事人不服依法提起诉讼的，人民法院应当分别情况予以处理：

（一）属于劳动争议案件的，应当受理；

（二）虽不属于劳动争议案件，但属于人民法院主管的其他案件，应当依法受理。

第七条 劳动争议仲裁机构以申请仲裁的主体不适格为由，作出不予受理的书面裁决、决定或者通知，当事人不服依法提起诉讼，经审查确属主体不适格的，人民法院不予受理；已经受理的，裁定驳回起诉。

第八条　劳动争议仲裁机构为纠正原仲裁裁决错误重新作出裁决，当事人不服依法提起诉讼的，人民法院应当受理。

第九条　劳动争议仲裁机构仲裁的事项不属于人民法院受理的案件范围，当事人不服依法提起诉讼的，人民法院不予受理；已经受理的，裁定驳回起诉。

第十条　当事人不服劳动争议仲裁机构作出的预先支付劳动者劳动报酬、工伤医疗费、经济补偿或者赔偿金的裁决，依法提起诉讼的，人民法院不予受理。

用人单位不履行上述裁决中的给付义务，劳动者依法申请强制执行的，人民法院应予受理。

第十一条　劳动争议仲裁机构作出的调解书已经发生法律效力，一方当事人反悔提起诉讼的，人民法院不予受理；已经受理的，裁定驳回起诉。

第十二条　劳动争议仲裁机构逾期未作出受理决定或仲裁裁决，当事人直接提起诉讼的，人民法院应予受理，但申请仲裁的案件存在下列事由的除外：

（一）移送管辖的；

（二）正在送达或者送达延误的；

（三）等待另案诉讼结果、评残结论的；

（四）正在等待劳动争议仲裁机构开庭的；

（五）启动鉴定程序或者委托其他部门调查取证的；

（六）其他正当事由。

当事人以劳动争议仲裁机构逾期未作出仲裁裁决为由提起诉讼的，应当提交该仲裁机构出具的受理通知书或者其他已接受仲裁申请的凭证、证明。

第十三条　劳动者依据劳动合同法第三十条第二款和调解仲裁法第十六条规定向人民法院申请支付令，符合民事诉讼法第十七章督促程序规定的，人民法院应予受理。

依据劳动合同法第三十条第二款规定申请支付令被人民法院裁定终结督促程序后，劳动者就劳动争议事项直接提起诉讼的，人民法院应当告知其先向劳动争议仲裁机构申请仲裁。

依据调解仲裁法第十六条规定申请支付令被人民法院裁定终结督促程序后，劳动者依据调解协议直接提起诉讼的，人民法院应予受理。

第十四条　人民法院受理劳动争议案件后，当事人增加诉讼请求的，如该诉讼请求与讼争的劳动争议具有不可分性，应当合并审理；如属独立的劳动争议，应当告知当事人向劳动争议仲裁机构申请仲裁。

第十五条　劳动者以用人单位的工资欠条为证据直接提起诉讼，诉讼请求不涉及劳动关系其他争议的，视为拖欠劳动报酬争议，人民法院按照普通民事纠纷受理。

第十六条　劳动争议仲裁机构作出仲裁裁决后，当事人对裁决中的部分事项不服，依法提起诉讼的，劳动争议仲裁裁决不发生法律效力。

第十七条　劳动争议仲裁机构对多个劳动者的劳动争议作出仲裁裁决后，部分劳动者对仲裁裁决不服，依法提起诉讼的，仲裁裁决对提起诉讼的劳动者不发生法律效力；对未提起诉讼的部分劳动者，发生法律效力，如其申请执行的，人民法院应当受理。

第十八条　仲裁裁决的类型以仲裁裁决书确定为准。仲裁裁决书未载明该裁决为终局裁决或者非终局裁决，用人单位不服该仲裁裁决向基层人民法院提起诉讼的，应当按照以下情形分别处理：

（一）经审查认为该仲裁裁决为非终局裁决的，基层人民法院应予受理；

（二）经审查认为该仲裁裁决为终局裁决的，基层人民法院不予受理，但应告知用人单位可以自收到不予受理裁定书之日起三十日内向劳动争议仲裁机构所在地的中级人民法院申请撤销该仲裁裁决；已经受理的，裁定驳回起诉。

第十九条　仲裁裁决书未载明该裁决为终局裁决或者非终局裁决，劳动者依据调解仲裁法第四十七条第一项规定，追索劳动报酬、工伤医疗费、经济补偿或者赔偿金，如果仲裁裁决涉及数项，每项确定的数额均不超过当地月最低工资标准十二个月金额的，应当按照终局裁决处理。

第二十条　劳动争议仲裁机构作出的同一仲裁裁决同时包含终局裁决事项和非终局裁决事项，当事人不服该仲裁裁决向人民法院提起诉讼的，应当按照非终局裁决处理。

第二十一条　劳动者依据调解仲裁法第四十八条规定向基层人民法院提起诉讼，用人单位依据调解仲裁法第四十九条规定向劳动争议仲裁机构所在地的中级人民法院申请撤销仲裁裁决的，中级人民法院应当不予受理；已经受理的，应当裁定驳回申请。

被人民法院驳回起诉或者劳动者撤诉的，用人单位可以自收到裁定书之日起三十日内，向劳动争议仲裁机构所在地的中级人民法院申请撤销仲裁裁决。

第二十二条　用人单位依据调解仲裁法第四十九条规定向中级人民法院申请撤销仲裁裁决，中级人民法院作出的驳回申请或者撤销仲裁裁决的裁定为终审裁定。

第二十三条　中级人民法院审理用人单位申请撤销终局裁决的案件，应当组成合议庭开庭审理。经过阅卷、调查和询问当事人，对没有新的事实、证据或者理由，合议庭认为不需要开庭审理的，可以不开庭审理。

中级人民法院可以组织双方当事人调解。达成调解协议的，可以制作调解书。一方当事人逾期不履行调解协议的，另一方可以申请人民法院强制执行。

第二十四条　当事人申请人民法院执行劳动争议仲裁机构作出的发生法律效力的裁决书、调解书，被申请人提出证据证明劳动争议仲裁裁决书、调解书有下列情形之一，并经审查核实的，人民法院可以根据民事诉讼法第二百三十七条规定，裁定不予执行：

（一）裁决的事项不属于劳动争议仲裁范围，或者劳动争议仲裁机构无权仲裁的；

（二）适用法律、法规确有错误的；

（三）违反法定程序的；

（四）裁决所根据的证据是伪造的；

（五）对方当事人隐瞒了足以影响公正裁决的证据的；

（六）仲裁员在仲裁该案时有索贿受贿、徇私舞弊、枉法裁决行为的；

（七）人民法院认定执行该劳动争议仲裁裁决违背社会公共利益的。

人民法院在不予执行的裁定书中，应当告知当事人在收到裁定书之次日起三十日内，可以就该劳动争议事项向人民法院提起诉讼。

第二十五条　劳动争议仲裁机构作出终局裁决，劳动者向人民法院申请执行，用人单位向劳动争议仲裁机构所在地的中级人民法院申请撤销的，人民法院应当裁定中止执行。

用人单位撤回撤销终局裁决申请或者其申请被驳回的，人民法院应当裁定恢复执行。仲裁裁决被撤销的，人民法院应当裁定终结执行。

用人单位向人民法院申请撤销仲裁裁决被驳回后，又在执行程序中以相同理由提出不予执行抗辩的，人民法院不予支持。

第二十六条 用人单位与其他单位合并的，合并前发生的劳动争议，由合并后的单位为当事人；用人单位分立为若干单位的，其分立前发生的劳动争议，由分立后的实际用人单位为当事人。

用人单位分立为若干单位后，具体承受劳动权利义务的单位不明确的，分立后的单位均为当事人。

第二十七条 用人单位招用尚未解除劳动合同的劳动者，原用人单位与劳动者发生的劳动争议，可以列新的用人单位为第三人。

原用人单位以新的用人单位侵权为由提起诉讼的，可以列劳动者为第三人。

原用人单位以新的用人单位和劳动者共同侵权为由提起诉讼的，新的用人单位和劳动者列为共同被告。

第二十八条 劳动者在用人单位与其他平等主体之间的承包经营期间，与发包方和承包方双方或者一方发生劳动争议，依法提起诉讼的，应当将承包方和发包方作为当事人。

第二十九条 劳动者与未办理营业执照、营业执照被吊销或者营业期限届满仍继续经营的用人单位发生争议的，应当将用人单位或者其出资人列为当事人。

第三十条 未办理营业执照、营业执照被吊销或者营业期限届满仍继续经营的用人单位，以挂靠等方式借用他人营业执照经营的，应当将用人单位和营业执照出借方列为当事人。

第三十一条 当事人不服劳动争议仲裁机构作出的仲裁裁决，依法提起诉讼，人民法院审查认为仲裁裁决遗漏了必须共同参加仲裁的当事人的，应当依法追加遗漏的人为诉讼当事人。

被追加的当事人应当承担责任的，人民法院应当一并处理。

第三十二条 用人单位与其招用的已经依法享受养老保险待遇或者领

取退休金的人员发生用工争议而提起诉讼的，人民法院应当按劳务关系处理。

企业停薪留职人员、未达到法定退休年龄的内退人员、下岗待岗人员以及企业经营性停产放长假人员，因与新的用人单位发生用工争议而提起诉讼的，人民法院应当按劳动关系处理。

第三十三条 外国人、无国籍人未依法取得就业证件即与中华人民共和国境内的用人单位签订劳动合同，当事人请求确认与用人单位存在劳动关系的，人民法院不予支持。

持有《外国专家证》并取得《外国人来华工作许可证》的外国人，与中华人民共和国境内的用人单位建立用工关系的，可以认定为劳动关系。

第三十四条 劳动合同期满后，劳动者仍在原用人单位工作，原用人单位未表示异议的，视为双方同意以原条件继续履行劳动合同。一方提出终止劳动关系的，人民法院应予支持。

根据劳动合同法第十四条规定，用人单位应当与劳动者签订无固定期限劳动合同而未签订的，人民法院可以视为双方之间存在无固定期限劳动合同关系，并以原劳动合同确定双方的权利义务关系。

第三十五条 劳动者与用人单位就解除或者终止劳动合同办理相关手续、支付工资报酬、加班费、经济补偿或者赔偿金等达成的协议，不违反法律、行政法规的强制性规定，且不存在欺诈、胁迫或者乘人之危情形的，应当认定有效。

前款协议存在重大误解或者显失公平情形，当事人请求撤销的，人民法院应予支持。

第三十六条 当事人在劳动合同或者保密协议中约定了竞业限制，但未约定解除或者终止劳动合同后给予劳动者经济补偿，劳动者履行了竞业限制义务，要求用人单位按照劳动者在劳动合同解除或者终止前十二个月平均工资的30%按月支付经济补偿的，人民法院应予支持。

前款规定的月平均工资的30%低于劳动合同履行地最低工资标准的，按照劳动合同履行地最低工资标准支付。

第三十七条 当事人在劳动合同或者保密协议中约定了竞业限制和经济补偿，当事人解除劳动合同时，除另有约定外，用人单位要求劳动者履行竞业限制义务，或者劳动者履行了竞业限制义务后要求用人单位支付经济补偿的，人民法院应予支持。

第三十八条 当事人在劳动合同或者保密协议中约定了竞业限制和经济补偿，劳动合同解除或者终止后，因用人单位的原因导致三个月未支付经济补偿，劳动者请求解除竞业限制约定的，人民法院应予支持。

第三十九条 在竞业限制期限内，用人单位请求解除竞业限制协议的，人民法院应予支持。

在解除竞业限制协议时，劳动者请求用人单位额外支付劳动者三个月的竞业限制经济补偿的，人民法院应予支持。

第四十条 劳动者违反竞业限制约定，向用人单位支付违约金后，用人单位要求劳动者按照约定继续履行竞业限制义务的，人民法院应予支持。

第四十一条 劳动合同被确认为无效，劳动者已付出劳动的，用人单位应当按照劳动合同法第二十八条、第四十六条、第四十七条的规定向劳动者支付劳动报酬和经济补偿。

由于用人单位原因订立无效劳动合同，给劳动者造成损害的，用人单位应当赔偿劳动者因合同无效所造成的经济损失。

第四十二条 劳动者主张加班费的，应当就加班事实的存在承担举证责任。但劳动者有证据证明用人单位掌握加班事实存在的证据，用人单位不提供的，由用人单位承担不利后果。

第四十三条 用人单位与劳动者协商一致变更劳动合同，虽未采用书面形式，但已经实际履行了口头变更的劳动合同超过一个月，变更后的劳动合同内容不违反法律、行政法规且不违背公序良俗，当事人以未采用书面形式为由主张劳动合同变更无效的，人民法院不予支持。

第四十四条 因用人单位作出的开除、除名、辞退、解除劳动合同、减少劳动报酬、计算劳动者工作年限等决定而发生的劳动争议，用人单位负举证责任。

第四十五条 用人单位有下列情形之一，迫使劳动者提出解除劳动合同的，用人单位应当支付劳动者的劳动报酬和经济补偿，并可支付赔偿金：

（一）以暴力、威胁或者非法限制人身自由的手段强迫劳动的；

（二）未按照劳动合同约定支付劳动报酬或者提供劳动条件的；

（三）克扣或者无故拖欠劳动者工资的；

（四）拒不支付劳动者延长工作时间工资报酬的；

（五）低于当地最低工资标准支付劳动者工资的。

第四十六条　劳动者非因本人原因从原用人单位被安排到新用人单位工作，原用人单位未支付经济补偿，劳动者依据劳动合同法第三十八条规定与新用人单位解除劳动合同，或者新用人单位向劳动者提出解除、终止劳动合同，在计算支付经济补偿或赔偿金的工作年限时，劳动者请求把在原用人单位的工作年限合并计算为新用人单位工作年限的，人民法院应予支持。

用人单位符合下列情形之一的，应当认定属于"劳动者非因本人原因从原用人单位被安排到新用人单位工作"：

（一）劳动者仍在原工作场所、工作岗位工作，劳动合同主体由原用人单位变更为新用人单位；

（二）用人单位以组织委派或任命形式对劳动者进行工作调动；

（三）因用人单位合并、分立等原因导致劳动者工作调动；

（四）用人单位及其关联企业与劳动者轮流订立劳动合同；

（五）其他合理情形。

第四十七条　建立了工会组织的用人单位解除劳动合同符合劳动合同法第三十九条、第四十条规定，但未按照劳动合同法第四十三条规定事先通知工会，劳动者以用人单位违法解除劳动合同为由请求用人单位支付赔偿金的，人民法院应予支持，但起诉前用人单位已经补正有关程序的除外。

第四十八条　劳动合同法施行后，因用人单位经营期限届满不再继续经营导致劳动合同不能继续履行，劳动者请求用人单位支付经济补偿的，人民法院应予支持。

第四十九条　在诉讼过程中，劳动者向人民法院申请采取财产保全措施，人民法院经审查认为申请人经济确有困难，或者有证据证明用人单位存在欠薪逃匿可能的，应当减轻或者免除劳动者提供担保的义务，及时采取保全措施。

人民法院作出的财产保全裁定中，应当告知当事人在劳动争议仲裁机构的裁决书或者在人民法院的裁判文书生效后三个月内申请强制执行。逾期不申请的，人民法院应当裁定解除保全措施。

第五十条 用人单位根据劳动合同法第四条规定，通过民主程序制定的规章制度，不违反国家法律、行政法规及政策规定，并已向劳动者公示的，可以作为确定双方权利义务的依据。

用人单位制定的内部规章制度与集体合同或者劳动合同约定的内容不一致，劳动者请求优先适用合同约定的，人民法院应予支持。

第五十一条 当事人在调解仲裁法第十条规定的调解组织主持下达成的具有劳动权利义务内容的调解协议，具有劳动合同的约束力，可以作为人民法院裁判的根据。

当事人在调解仲裁法第十条规定的调解组织主持下仅就劳动报酬争议达成调解协议，用人单位不履行调解协议确定的给付义务，劳动者直接提起诉讼的，人民法院可以按照普通民事纠纷受理。

第五十二条 当事人在人民调解委员会主持下仅就给付义务达成的调解协议，双方认为有必要的，可以共同向人民调解委员会所在地的基层人民法院申请司法确认。

第五十三条 用人单位对劳动者作出的开除、除名、辞退等处理，或者因其他原因解除劳动合同确有错误的，人民法院可以依法判决予以撤销。

对于追索劳动报酬、养老金、医疗费以及工伤保险待遇、经济补偿金、培训费及其他相关费用等案件，给付数额不当的，人民法院可以予以变更。

第五十四条 本解释自 2021 年 1 月 1 日起施行。

参考书目

1. 魏振瀛主编：《民法》，北京大学出版社 2000 年版。

2. 李国光主编：《劳动合同法条文释义》，人民法院出版社 2008 年版。

3. 王全兴：《劳动法》，法律出版社 2004 年版。

4. 吴高盛主编：《中华人民共和国劳动合同法条文释义与适用》，人民法院出版社 2007 年版。

5. 姜颖：《劳动合同法论》，法律出版社 2006 年版。

6. 金福海主编：《劳动法案例教程》，北京大学出版社 2006 年版。

7. 蒋勇主编：《典型劳动争议案例评析》，法律出版社 2000 年版。

8. 刘振军、李进学主编：《劳动争议处理》，中国劳动社会保障出版社 2000 年版。

9. 万羽主编：《劳动纠纷案例精选精评》，江西高校出版社 2000 年版。

10. 谢良敏、吕静：《劳动合同·劳动争议法律通》，法律出版社 2005 年版。

11. 刘玉民、常亮：《劳动合同法操作实务与案例释解》，浙江大学出版社 2007 年版。

12. 刘玉民主编：《中华人民共和国劳动合同法案例释解》，人民法院出版社 2007 年版。